U0424779

「十三五」国家重点图书出版规划项目

秦史与秦文化研究丛书　王子今　主编

秦祭祀研究

史党社　著

西北大学出版社
·西安·

图书在版编目(CIP)数据

秦祭祀研究 / 史党社著. --西安:西北大学出版社,2021.2
(秦史与秦文化研究丛书 / 王子今主编)
ISBN 978-7-5604-4672-1

Ⅰ.①秦… Ⅱ.①史… Ⅲ.①祭祀—研究—中国—秦代 Ⅳ.①B933

中国版本图书馆 CIP 数据核字(2020)第 270296 号

秦祭祀研究
QINJISIYANJIU　　史党社　著

责任编辑	马若楠　朱　亮
装帧设计	谢　晶
出版发行	西北大学出版社
地　　址	西安市太白北路 229 号
邮　　编	710069
网　　址	http://nwupress.nwu.edu.cn
E-mail	xdpress@nwu.edu.cn
电　　话	029-88303593　88302590
经　　销	全国新华书店
印　　装	西安华新彩印有限责任公司
开　　本	710 毫米×1020 毫米　1/16
印　　张	15
字　　数	260 千字
版　　次	2021 年 2 月第 1 版　2023 年 6 月第 2 次印刷
书　　号	ISBN 978-7-5604-4672-1
定　　价	102.00 元

如有印装质量问题,请与本社联系调换,电话 029-88302966。

"秦史与秦文化研究丛书"
QINSHI YU QINWENHUA YANJIU CONGSHU

―― 编辑出版委员会 ――

顾　　问　柳斌杰　朱绍侯　方光华

主　　任　徐　晔

副 主 任　卜宪群　马　来

委　　员　卜宪群　马　来　王子今　王彦辉　田明纲
　　　　　邬文玲　孙家洲　李禹阶　李振宏　张德芳
　　　　　张　萍　陈松长　何惠昂　杨建辉　高大伦
　　　　　高彦平　晋　文　贾二强　徐　晔　徐兴无
　　　　　梁亚莉　彭　卫　焦南峰　赖绍聪

主　　编　王子今

总　序

公元前221年,秦王嬴政完成了统一大业,建立了中国历史上第一个高度集权的"大一统"帝国。秦王朝执政短暂,公元前207年被民众武装暴动推翻。秦短促而亡,其失败,在后世长久的历史记忆中更多地被赋予政治教训的意义。然而人们回顾秦史,往往都会追溯到秦人从立国走向强盛的历程,也会对秦文化的品质和特色有所思考。

秦人有早期以畜牧业作为主体经济形式的历史。《史记》卷五《秦本纪》说秦人先祖柏翳"调驯鸟兽,鸟兽多驯服"①,《汉书》卷一九上《百官公卿表上》则作"蒸作朕虞,育草木鸟兽"②,《汉书》卷二八下《地理志下》说"柏益……为舜朕虞,养育草木鸟兽"③,经营对象包括"草木"。所谓"育草木""养育草木",暗示农业和林业在秦早期经济形式中也曾经具有相当重要的地位。秦人经济开发的成就,是秦史进程中不宜忽视的文化因素。其影响,不仅作用于物质层面,也作用于精神层面。秦人在周人称为"西垂"的地方崛起,最初在今甘肃东部、陕西西部活动,利用畜牧业经营能力方面的优势,成为周天子和东方各个文化传统比较悠久的古国不能忽视的政治力量。秦作为政治实体,在两周之际得到正式承认。

关中西部的开发,有周人的历史功绩。周王朝的统治重心东迁洛阳后,秦人在这一地区获得显著的经济成就。秦人起先在汧渭之间地方建设了畜牧业基地,又联络草原部族,团结西戎力量,"西垂以其故和睦",得到周王室的肯定,秦于是立国。正如《史记》卷五《秦本纪》所说:"邑之秦,使复续嬴氏祀,号曰秦嬴。"④秦国力逐渐强盛,后来向东发展,在雍(今陕西凤翔)定都,成为西方诸侯

---

① [汉]司马迁:《史记》,中华书局,1959年,第173页。
② 颜师古注引应劭曰:"蒸,伯益也。"《汉书》,中华书局,1962年,第721、724页。
③ [汉]班固:《汉书》,中华书局,1962年,第1641页。
④ 《史记》卷五《秦本纪》,第177页。

国家,与东方列国发生外交和战争关系。雍城是生态条件十分适合农耕发展的富庶地区,与周人早期经营农耕、创造农业奇迹的所谓"周原膴膴"①的中心地域东西相邻。因此许多学者将其归入广义"周原"的范围之内。秦国的经济进步,有利用"周余民"较成熟农耕经验的因素。秦穆公时代"益国十二,开地千里,遂霸西戎","广地益国,东服强晋,西霸戎夷",②是以关中西部地区作为根据地实现的政治成功。

秦的政治中心,随着秦史的发展,呈现由西而东逐步转移的轨迹。比较明确的秦史记录,即从《史记》卷五《秦本纪》所谓"初有史以纪事"的秦文公时代起始。③ 秦人活动的中心,经历了这样的转徙过程:西垂—汧渭之会—平阳—雍—咸阳。《中国文物地图集·陕西分册》中的《陕西省春秋战国遗存图》显示,春秋战国时期西安、咸阳附近地方的渭河北岸开始出现重要遗址。④ 而史书明确记载,商鞅推行变法,将秦都由雍迁到了咸阳。《史记》卷五《秦本纪》:"(秦孝公)十二年,作为咸阳,筑冀阙,秦徙都之。"⑤《史记》卷六《秦始皇本纪》:"孝公享国二十四年……其十三年,始都咸阳。"⑥《史记》卷六八《商君列传》:"于是以鞅为大良造……居三年,作为筑冀阙宫庭于咸阳,秦自雍徙都之。"⑦这些文献记录都明确显示,秦孝公十二年(前350)开始营造咸阳城和咸阳宫,于秦孝公十三年(前349)从雍城迁都到咸阳。定都咸阳,既是秦史上具有重大意义的事件,实现了秦国兴起的历史过程中的显著转折,也是秦政治史上的辉煌亮点。

如果我们从生态地理学和经济地理学的角度分析这一事件,也可以获得新的

---

① 《诗·大雅·绵》,[清]阮元校刻:《十三经注疏》,中华书局据原世界书局缩印本1980年10月影印版,第510页。

② 《史记》卷五《秦本纪》,第194、195页。《史记》卷八七《李斯列传》作"并国二十,遂霸西戎"。第2542页。《后汉书》卷八七《西羌传》:"秦穆公得戎人由余,遂霸西戎,开地千里。"中华书局,1965年,第2873页。

③ 《史记》,第179页。

④ 张在明主编:《中国文物地图集·陕西分册》,西安地图出版社,1998年,上册第61页。

⑤ 《史记》,第203页。

⑥ 《史记》,第288页。

⑦ 《史记》,第2232页。

有意义的发现。秦都由西垂东迁至咸阳的过程,是与秦"东略之世"[①]国力不断壮大的历史同步的。迁都咸阳的决策,有将都城从农耕区之边缘转移到农耕区之中心的用意。秦自雍城迁都咸阳,实现了重要的历史转折。一些学者将"迁都咸阳"看作商鞅变法的内容之一。翦伯赞主编《中国史纲要》在"秦商鞅变法"题下写道:"公元前356年,商鞅下变法令","公元前350年,秦从雍(今陕西凤翔)迁都咸阳,商鞅又下第二次变法令"[②]。杨宽《战国史》(增订本)在"秦国卫鞅的变法"一节"卫鞅第二次变法"题下,将"迁都咸阳,修建宫殿"作为变法主要内容之一,又写道:"咸阳位于秦国的中心地点,靠近渭河,附近物产丰富,交通便利。"[③]林剑鸣《秦史稿》在"商鞅变法的实施"一节,也有"迁都咸阳"的内容。其中写道:"咸阳(在咸阳市窑店东)北依高原,南临渭河,适在秦岭怀抱,既便利往来,又便于取南山之产物,若浮渭而下,可直入黄河;在终南山与渭河之间就是通往函谷关的大道。"[④]这应当是十分准确地反映历史真实的判断。《史记》卷六八《商君列传》记载,商鞅颁布的新法,有扩大农耕的规划,奖励农耕的法令,保护农耕的措施[⑤]。于是使得秦国在秦孝公——商鞅时代实现了新的农业跃进。而指导这一历史变化的策划中心和指挥中心,就在咸阳。咸阳附近也自此成为关中经济的重心地域。《史记》卷二八《封禅书》说"霸、产、长水、沣、涝、泾、渭皆非大川,以近咸阳,尽得比山川祠"[⑥],说明"近咸阳"地方水资源得到合理利用。关中于是"号称陆海,为九州膏腴"[⑦],被看作"天府之国"[⑧],因其丰饶,千百年居于经济优胜地位。

回顾春秋战国时期列强竞胜的历史,历史影响比较显著的国家,多位于文明程度处于后起地位的中原外围地区,它们的迅速崛起,对于具有悠久的文明传统

[①] 王国维:《秦都邑考》,《王国维遗书》,上海古籍书店,1983年,《观堂集林》卷一二第9页。

[②] 翦伯赞主编:《中国史纲要》,人民出版社,1979年,第75页。

[③] 杨宽:《战国史》(增订本),上海人民出版社,1998年,第206页。

[④] 林剑鸣:《秦史稿》,上海人民出版社,1981年,第189页。

[⑤] 商鞅"变法之令":"民有二男以上不分异者,倍其赋。""僇力本业,耕织致粟帛多者复其身。事末利及怠而贫者,举以为收孥。"《史记》,第2230页。

[⑥] 《史记》,第1374页。

[⑦] 《汉书》卷二八下《地理志下》,第1642页。

[⑧] 《史记》卷五五《留侯世家》,第2044页。

的"中国",即黄河中游地区,形成了强烈的冲击。这一历史文化现象,就是《荀子·王霸》中所说的:"虽在僻陋之国,威动天下,五伯是也。""故齐桓、晋文、楚庄、吴阖闾、越句践,是皆僻陋之国也,威动天下,强殆中国。"①就是说,"五霸"虽然都崛起在文明进程原本相对落后的"僻陋"地方,却能够以新兴的文化强势影响天下,震动中原。"五霸"所指,说法不一,如果按照《白虎通·号·三皇五帝三王五伯》中的说法:"或曰:五霸,谓齐桓公、晋文公、秦穆公、楚庄王、吴王阖闾也。"也就是除去《荀子》所说"越句践",加上了"秦穆公",对于秦的"威""强",予以肯定。又说:"《尚书》曰'邦之荣怀,亦尚一人之庆',知秦穆之霸也。"②秦国力发展态势之急进,对东方诸国有激励和带动的意义。

在战国晚期,七雄之中,以齐、楚、赵、秦为最强。到了公元前3世纪的后期,则秦国的军威,已经势不可当。在秦孝公与商鞅变法之后,秦惠文王兼并巴蜀,宣太后与秦昭襄王战胜义渠,实现对上郡、北地的控制,使秦的疆域大大扩张,时人除"唯秦雄天下"③之说外,又称"秦地半天下"④。秦国上层执政集团可以跨多纬度空间控制,实现了对游牧区、农牧并作区、粟作区、麦作区以及稻作区兼行管理的条件。这是后来对统一王朝不同生态区和经济区实施全面行政管理的前期演习。当时的东方六国,没有一个国家具备从事这种政治实践的条件。

除了与秦孝公合作推行变法的商鞅之外,秦史进程中有重要影响的人物还有韩非和吕不韦。《韩非子》作为法家思想的集大成者,规范了秦政的导向。吕不韦主持编写的《吕氏春秋》为即将成立的秦王朝描画了政治蓝图。多种渊源不同的政治理念得到吸收,其中包括儒学的民本思想。

秦的统一,是中国史的大事件,也是东方史乃至世界史的大事件。对于中华民族的形成,对于后来以汉文化为主体的中华文化的发展,对于统一政治格局的定型,秦的创制有非常重要的意义。秦王朝推行郡县制,实现中央对地方的直接控制。皇帝制度和官僚制度的出现,也是推进政治史进程的重要发明。秦始皇时代实现了高度的集权。皇室、将相、后宫、富族,都无从侵犯或动摇皇帝的权

---

① [清]王先谦撰,沈啸寰、王星贤点校:《荀子集解》,中华书局,1988年,第205页。
② [清]陈立撰,吴则虞点校:《白虎通疏证》,中华书局,1994年,第62、64页。
③ 《史记》卷八三《鲁仲连邹阳列传》,第2459页。
④ 《史记》卷七〇《张仪列传》,第2289页。

威。执掌管理天下最高权力的，唯有皇帝。"夫其卓绝在上，不与士民等夷者，独天子一人耳。"①与秦始皇"二世三世至于万世，传之无穷"②的乐观设想不同，秦的统治未能长久，但是，秦王朝的若干重要制度，特别是皇帝独尊的制度，却成为此后两千多年的政治史的范式。如毛泽东诗句所谓"百代犹行秦政法"③。秦政风格延续长久，对后世中国有长久的规范作用，也对东方世界的政治格局形成了影响。

秦王朝在全新的历史条件下带有试验性质的经济管理形式，是值得重视的。秦时由中央政府主持的长城工程、驰道工程、灵渠工程、阿房宫工程、丽山工程等规模宏大的土木工程的规划和组织，表现出经济管理水平的空前提高，也显示了相当高的行政效率。秦王朝多具有创新意义的经济制度，在施行时各有得失。秦王朝经济管理的军事化体制，以极端苛急的政策倾向为特征，而不合理的以关中奴役关东的区域经济方针等方面的弊病，也为后世提供了深刻的历史教训。秦王朝多以军人为吏，必然使各级行政机构都容易形成极权专制的特点，使行政管理和经济管理都具有军事化的形制，又使统一后不久即应结束的军事管制阶段在实际上无限延长，终于酿成暴政。

秦王朝的专制统治表现出高度集权的特色，其思想文化方面的政策也具有与此相应的风格。秦王朝虽然统治时间不长，但是所推行的文化政策却在若干方面对后世有规定性的意义。"书同文"原本是孔子提出的文化理想。孔子嫡孙子思作《中庸》，引述了孔子的话："今天下车同轨，书同文，行同伦。"④"书同文"，成为文化统一的一种象征。但是在孔子的时代，按照儒家的说法，有其位者无其德，有其德者无其位，"书同文"实际上只是一种空想。战国时期，分裂形势更为显著，书不同文也是体现当时文化背景的重要标志之一。正如东汉学者许慎在《说文解字·叙》中所说，"诸侯力政，不统于王"，于是礼乐典籍受到破坏，天下分为七国，"言语异声，文字异形"。⑤秦灭六国，实现统一之后，丞相李

---

① 章太炎：《秦政记》，《太炎文录初编》卷一，《章太炎全集》第4卷，上海人民出版社，1985年，第71页。
② 《史记》卷六《秦始皇本纪》，第236页。
③ 《建国以来毛泽东文稿》第13册，中央文献出版社，1998年，第361页。
④ [清]阮元校刻：《十三经注疏》，第1634页。
⑤ [汉]许慎撰，[清]段玉裁注：《说文解字注》，上海古籍出版社据经韵楼藏版1981年10月影印版，第757页。

斯就上奏建议以"秦文"为基点,欲令天下文字"同之",凡是与"秦文"不一致的,通通予以废除,以完成文字的统一。历史上的这一重要文化过程,司马迁在《史记》卷六《秦始皇本纪》的记载中写作"书同文字"与"同书文字",①在《史记》卷一五《六国年表》与《史记》卷八七《李斯列传》中分别写作"同天下书""同文书"。② 秦王朝的"书同文"虽然没有取得全面的成功,但是当时能够提出这样的文化进步的规划,并且开始了这样的文化进步的实践,应当说,已经是一个值得肯定的伟大的创举。秦王朝推行文化统一的政策,并不限于文字的统一。在秦始皇出巡各地的刻石文字中,可以看到要求各地民俗实现同化的内容。比如琅邪刻石说到"匡饬异俗",之罘刻石说到"黔首改化,远迩同度",表示各地的民俗都要改造,以求整齐统一;而强求民俗统一的形式,是法律的规范,就是所谓"普施明法,经纬天下,永为仪则"。③ 应当看到,秦王朝要实行的全面的"天下""同度",是以秦地形成的政治规范、法律制度、文化样式和民俗风格为基本模板的。

秦王朝在思想文化方面谋求统一,是通过强硬性的专制手段推行有关政策实现的。所谓焚书坑儒,就是企图全面摈斥东方文化,以秦文化为主体实行强制性的文化统一。对于所谓"难施用"④"不中用"⑤的"无用"之学⑥的否定,甚至不惜采用极端残酷的手段。

秦王朝以关中地方作为政治中心,也作为文化基地。关中地方得到了很好

---

① 《史记》,第 239、245 页。
② 《史记》,第 757、2547 页。
③ 《史记》,第 245、250、249 页。
④ 《史记》卷二八《封禅书》:"始皇闻此议各乖异,难施用,由此绌儒生。"第 1366 页。
⑤ 《史记》卷六《秦始皇本纪》:"(秦始皇)大怒曰:'吾前收天下书不中用者尽去之。'"第 258 页。
⑥ 《资治通鉴》卷七《秦纪二》"始皇帝三十四年":"魏人陈馀谓孔鲋曰:'秦将灭先王之籍,而子为书籍之主,其危哉!'子鱼曰:'吾为无用之学,知吾者惟友。秦非吾友,吾何危哉!吾将藏之以待其求;求至,无患矣。'"胡三省注:"孔鲋,孔子八世孙,字子鱼。"[宋]司马光编著,[元]胡三省音注,"标点资治通鉴小组"校点:《资治通鉴》,中华书局,1956 年,第 244 页。承孙闻博副教授提示,据傅亚庶《孔丛子校释》,《孔丛子》有的版本记录孔鲋说到"有用之学"。叶氏藏本、蔡宗尧跋本、汉承弼校跋本、章钰校跋本并有"吾不为有用之学,知吾者唯友。秦非吾友,吾何危哉?"语。中华书局,2011 年,第 410、414 页。参看王子今:《秦文化的实用之风》,《光明日报》2013 年 7 月 15 日 15 版"国学"。

的发展条件。秦亡,刘邦入咸阳,称"仓粟多"①,项羽确定行政中心时有人建议"关中阻山河四塞,地肥饶,可都以霸",都说明了秦时关中经济条件的优越。项羽虽然没有采纳都关中的建议,但是在分封十八诸侯时,首先考虑了对现今陕西地方的控制。"立沛公为汉王,王巴、蜀、汉中,都南郑",又"三分关中","立章邯为雍王,王咸阳以西,都废丘","立司马欣为塞王,王咸阳以东至河,都栎阳;立董翳为翟王,王上郡,都高奴"。② 因"三分关中"的战略设想,于是史有"三秦"之说。近年"废丘"的考古发现,有益于说明这段历史。所谓"秦之故地"③,是受到特殊重视的行政空间。

汉代匈奴人和西域人仍然称中原人为"秦人"④,汉简资料也可见"秦骑"⑤称谓,说明秦文化对中土以外广大区域的影响形成了深刻的历史记忆。远方"秦人"称谓,是秦的历史光荣的文化纪念。

李学勤《东周与秦代文明》一书中将东周时代的中国划分为7个文化圈,就是中原文化圈、北方文化圈、齐鲁文化圈、楚文化圈、吴越文化圈、巴蜀滇文化圈、秦文化圈。关于其中的"秦文化圈",论者写道:"关中的秦国雄长于广大的西北地区,称之为秦文化圈可能是适宜的。秦人在西周建都的故地兴起,形成了有独特风格的文化。虽与中原有所交往,而本身的特点仍甚明显。"关于战国晚期至于秦汉时期的文化趋势,论者指出:"楚文化的扩展,是东周时代的一件大事","随之而来的,是秦文化的传布。秦的兼并列国,建立统一的新王朝,使秦文化成为后来辉煌的汉代文化的基础"。⑥ 从空间和时间的视角进行考察,可以注意

---

① 《史记》卷八《高祖本纪》,第362页。
② 《史记》卷七《项羽本纪》,第315、316页。
③ 《史记》卷九九《刘敬叔孙通列传》:"陛下入关而都之,山东虽乱,秦之故地可全而有也。""今陛下入关而都,案秦之故地,此亦搤天下之亢而拊其背也。"第2716页。
④ 《史记》卷一二三《大宛列传》,第3177页;《汉书》卷九四上《匈奴传上》,第3782页;《汉书》卷九六下《西域传下》,第3913页。东汉西域人使用"秦人"称谓,见《龟兹左将军刘平国作关城诵》,参看王子今:《〈龟兹左将军刘平国作关城诵〉考论——兼说"张骞凿空"》,《欧亚学刊》新7辑,商务印书馆,2018年。
⑤ 如肩水金关简"囗所将胡骑秦骑名籍囗"(73EJT1:158),甘肃简牍保护研究中心、甘肃省文物考古研究所、甘肃省博物馆、中国文化遗产研究院古文献研究室、中国社会科学院简帛研究中心编:《肩水金关汉简》(壹),中西书局,2011年,下册第11页。
⑥ 李学勤:《东周与秦代文明》,上海人民出版社,2007年,第10—11页。

到秦文化超地域的特征和跨时代的意义。秦文化自然有区域文化的含义,早期的秦文化又有部族文化的性质。秦文化也是体现法家思想深刻影响的一种政治文化形态,可以理解为秦王朝统治时期的主体文化和主导文化。秦文化也可以作为一种积极奋进的、迅速崛起的、节奏急烈的文化风格的象征符号。总结秦文化的有积极意义的成分,应当注意这样几个特点:创新理念、进取精神、开放胸怀、实用意识、技术追求。秦文化的这些具有积极因素的特点,可以以"英雄主义"和"科学精神"简要概括。对于秦统一的原因,有必要进行全面的客观的总结。秦人接受来自西北方向文化影响的情形,研究者也应当予以关注。

秦文化既有复杂的内涵,又有神奇的魅力。秦文化表现出由弱而强、由落后而先进的历史转变过程中积极进取、推崇创新、重视实效的文化基因。

对于秦文化的历史表现,仅仅用超地域予以总结也许还是不够的。"从世界史的角度"估价秦文化的影响,是秦史研究者的责任。秦的统一"是中国文化史上的重要转折点",继此之后,汉代创造了辉煌的文明,其影响,"范围绝不限于亚洲东部,我们只有从世界史的高度才能估价它的意义和价值"①。汉代文明成就,正是因秦文化而奠基的。

在对于秦文化的讨论中,不可避免地会导入这样一个问题:为什么在战国七雄的历史竞争中最终秦国取胜,为什么是秦国而不是其他国家完成了"统一"这一历史进程?

秦统一的形势,翦伯赞说,"如暴风雷雨,闪击中原",证明"任何主观的企图,都不足以倒转历史的车轮"②。秦的"统一",有的学者更愿意用"兼并"的说法。这一历史进程,后人称之为"六王毕,四海一"③,"六王失国四海归"④。其实,秦始皇实现的统一,并不仅仅限于黄河流域和长江流域原战国七雄统治的地域,亦包括对岭南的征服。战争的结局,是《史记》卷六《秦始皇本纪》和卷一一

---

① 李学勤:《东周与秦代文明》,第294页。
② 翦伯赞:《秦汉史》,北京大学出版社,1983年,第8页。
③ [唐]杜牧:《阿房宫赋》,《文苑英华》卷四七,[宋]李昉等编:《文苑英华》,中华书局,1966年,第212页。
④ [宋]莫济《次梁安老王十朋咏秦碑韵》:"六王失国四海归,秦皇东刻南巡碑。"[明]董斯张辑:《吴兴艺文补》卷五〇,明崇祯六年刻本,第1103页。

三《南越列传》所记载的桂林、南海、象郡的设立。① 按照贾谊《过秦论》的表述，即"南取百越之地，以为桂林、象郡，百越之君俛首系颈，委命下吏"②。考古学者基于岭南秦式墓葬发现，如广州淘金坑秦墓、华侨新村秦墓，广西灌阳、兴安、平乐秦墓等的判断，以为"说明了秦人足迹所至和文化所及，反映了秦文化在更大区域内和中原以及其他文化的融合"，"两广秦墓当是和秦始皇统一岭南，'以谪徙民五十万戍五岭，与越杂处'的历史背景有关"③。岭南文化与中原文化的融合，正是自"秦时已并天下，略定杨越"④起始。而蒙恬经营北边，又"却匈奴七百余里"⑤。南海和北河方向的进取，使得秦帝国的国土规模远远超越了秦本土与"六王"故地的总和。⑥

对于秦所以能够实现统一的原因，历来多有学者讨论。有人认为，秦改革彻底，社会制度先进，是主要原因。曾经负责《睡虎地秦墓竹简》定稿、主持张家山汉简整理并进行秦律和汉律对比研究的李学勤指出："睡虎地竹简秦律的发现和研究，展示了相当典型的奴隶制关系的景象"，"有的著作认为秦的社会制度比六国先进，笔者不能同意这一看法，从秦人相当普遍地保留野蛮的奴隶制关系来看，事实毋宁说是相反"。⑦

秦政以法家思想为指导。法家虽然经历汉初的"拨乱反正"⑧受到清算，又经汉武帝时代"罢黜百家，表章《六经》"⑨"推明孔氏，抑黜百家"⑩，受到正统意

---

① 王子今：《论秦始皇南海置郡》，《陕西师范大学学报》（哲学社会科学版）2017 年第 1 期。
② 《史记》卷六《秦始皇本纪》，第 280 页。
③ 叶小燕：《秦墓初探》，《考古》1982 年第 1 期。
④ 《史记》卷一一三《南越列传》，第 2967 页。
⑤ 《史记》卷六《秦始皇本纪》，第 280 页；《史记》卷四八《陈涉世家》，第 1963 页。
⑥ 参看王子今：《秦统一局面的再认识》，《辽宁大学学报》（哲学社会科学版）2013 年第 1 期。
⑦ 李学勤：《东周与秦代文明》，第 290—291 页。
⑧ 《汉书》卷六《武帝纪》，第 212 页；《汉书》卷二二《礼乐志》，第 1030、1035 页。《史记》卷八《高祖本纪》："拨乱世反之正。"第 392 页。《史记》卷六〇《三王世家》："高皇帝拨乱世反诸正。"第 2109 页。
⑨ 《汉书》卷六《武帝纪》，第 212 页。
⑩ 《汉书》卷五六《董仲舒传》，第 2525 页。

识形态压抑,但是由所谓"汉家自有制度,本以霸王道杂之,奈何纯任德教,用周政乎"①可知,仍然有长久的历史影响和文化惯性。这说明中国政治史的回顾,有必要思考秦政的作用。

在总结秦统一原因时,应当重视《过秦论》"续六世之余烈,振长策而御宇内"的说法。②然而秦的统一,不仅仅是帝王的事业,也与秦国农民和士兵的历史表现有关。是各地万千士兵与民众的奋发努力促成了统一。秦国统治的地域,当时是最先进的农业区。直到秦王朝灭亡之后,人们依然肯定"秦富十倍天下"的地位。③因农耕业成熟而形成的富足,也构成秦统一的物质实力。

有学者指出,应当重视秦与西北方向的文化联系,重视秦人从中亚地方接受的文化影响。这是正确的意见。但是以为郡县制的实行可能来自西方影响的看法还有待于认真的论证。战国时期,不仅秦国,不少国家都实行了郡县制。有学者指出:"郡县制在春秋时已有萌芽,特别是'县',其原始形态可以追溯到西周。到战国时期,郡县制在各国都在推行。"④秦人接受来自西北的文化影响,应当是没有疑义的。周穆王西行,据说到达西王母之国,为他驾车的就是秦人先祖造父。秦早期养马业的成功,也应当借鉴了草原游牧族的技术。青铜器中被确定为秦器者,据说有的器形"和常见的中国青铜器有别,有学者以之与中亚的一些器物相比"。学界其实较早已经注意到这种器物,以为"是否模仿中亚的风格,很值得探讨"。⑤我们曾经注意过秦风俗中与西方相近的内容,秦穆公三十二年(前628),发军袭郑,这是秦人首创所谓"径数国千里而袭人"的长距离远征历史记录的例证。晋国发兵在殽阻截秦军,"击之,大破秦军,无一人得脱者,虏秦三将以归"。⑥四年之后,秦人复仇,《左传·文公三年》记载:"秦伯伐晋,济河焚舟,取王官及郊。晋人不出,遂自茅津渡,封殽尸而还。"⑦《史记》卷五《秦本

---

① 《汉书》卷九《元帝纪》,第 277 页。
② 《史记》卷六《秦始皇本纪》,第 280 页。
③ 《史记》卷八《高祖本纪》,第 364 页。
④ 李学勤:《东周与秦代文明》,第 289—290 页。
⑤ 李学勤:《东周与秦代文明》,第 146 页。
⑥ 《史记》卷五《秦本纪》,第 190—192 页。
⑦ 《春秋左传集解》,上海人民出版社,1977 年,第 434 页。

纪》:"缪公乃自茅津渡河,封殽中尸,为发丧,哭之三日。"①《史记》卷三九《晋世家》:"秦缪公大兴兵伐我,度河,取王官,封殽尸而去。"②封,有人解释为"封识之"③,就是筑起高大的土堆以为标识。我们读记述公元14年至公元15年间史事的《塔西佗〈编年史〉》第1卷,可以看到日耳曼尼库斯·凯撒率领的罗马军队进军到埃姆斯河和里普河之间十分类似的情形:"据说伐鲁斯和他的军团士兵的尸体还留在那里没有掩埋","罗马军队在六年之后,来到这个灾难场所掩埋了这三个军团的士兵的遗骨","在修建坟山的时候,凯撒放置第一份草土,用以表示对死者的衷心尊敬并与大家一同致以哀悼之忱"。④ 罗马军队统帅日耳曼尼库斯·凯撒的做法,和秦穆公所谓"封殽尸"何其相像!罗马军人们所"修建"的"坟山",是不是和秦穆公为"封识之"而修建的"封"属于性质相类的建筑形式呢?相关的文化现象还有待于深入考论。但是关注秦文化与其他文化系统之间的联系可能确实是有意义的。

秦代徐市东渡,择定适宜的生存空间定居⑤,或许是东洋航线初步开通的历史迹象。斯里兰卡出土半两钱⑥,似乎可以看作南洋航线早期开通的文物证明。理解并说明秦文化的世界影响,也是丝绸之路史研究应当关注的主题。

"秦史与秦文化研究丛书"系"十三五"国家重点图书出版规划项目,共14种,由陕西省人民政府参事室主持编撰,西北大学出版社具体组织实施。包括以下学术专著:《秦政治文化研究》(雷依群)、《初并天下——秦君主集权研究》(孙闻博)、《帝国的形成与崩溃——秦疆域变迁史稿》(梁万斌)、《秦思想与政治研究》(臧知非)、《秦法律文化新探》(闫晓君)、《秦祭祀研究》(史党社)、《秦礼仪研究》(马志亮)、《秦战争史》(赵国华、叶秋菊)、《秦农业史新编》(樊志民、

---

① 《史记》,第193页。
② 《史记》,第1670页。
③ 《史记》卷五《秦本纪》裴骃《集解》引贾逵曰,第193页。
④ 〔罗马〕塔西佗著,王以铸等译:《塔西佗〈编年史〉》,商务印书馆,1981年,上册,第1卷,第51—52页。
⑤ 《史记》卷一一八《淮南衡山列传》:"徐福得平原广泽,止王不来。"第3086页。
⑥ 查迪玛(A. Chandima):《斯里兰卡藏中国古代文物研究——兼谈古代中斯贸易关系》,山东大学博士学位论文,导师:于海广教授,2011年4月;〔斯里兰卡〕查迪玛·博嘎哈瓦塔、柯莎莉·卡库兰达拉:《斯里兰卡藏中国古代钱币概况》,《百色学院学报》2016年第6期。

李伊波)、《秦都邑宫苑研究》(徐卫民、刘幼臻)、《秦文字研究》(周晓陆、罗志英、李巍、何薇)、《秦官吏法研究》(周海锋)、《秦交通史》(王子今)、《秦史与秦文化研究论著索引》(田静)。

  本丛书的编写队伍,集合了秦史研究的学术力量,其中有较资深的学者,也有很年轻的学人。丛书选题设计,注意全方位的研究和多视角的考察。参与此丛书的学者提倡跨学科的研究,重视历史学、考古学、民族学与文化人类学等不同学术方向研究方法的交叉采用,努力坚持实证原则,发挥传世文献与出土文献及新出考古资料相结合的优长,实践"二重证据法""多重证据法",力求就秦史研究和秦文化研究实现学术推进。秦史是中国文明史进程的重要阶段,秦文化是历史时期文化融汇的主流之一,也成为中华民族文化的重要构成内容。对于秦史与秦文化,考察、研究、理解和说明,是历史学者的责任。不同视角的观察,不同路径的探究,不同专题的研讨,不同层次的解说,都是必要的。这里不妨借用秦汉史研究前辈学者翦伯赞《秦汉史》中"究明"一语简要表白我们研究工作的学术追求:"究明"即"显出光明"。[①]

王子今

2021 年 1 月 18 日

[①] 翦伯赞:《秦汉史》,第 2 页。

神灵祭祀与秦社会
（代序）

本书所要探讨的，是秦代的神灵祭祀系统，以及这个系统与社会的关系。在笔者的硕士论文《秦祭祀制度考论》①中，已经对这个问题有所涉及并进行了初步思考，但那时年轻且学力不足，有些问题实际并无正确或深刻的认识，只是梳理了一下相关资料，对于相关问题，则是触到皮毛而已。也由于硕士论文的缘故，笔者对这个问题做了长时期的关注，偶有心得，集合起来，就成了本书。

观察历史总是有许多角度，神灵祭祀的角度，也是其中之一。在科学不太发达昌明的时代，它总是与所谓的迷信交织在一起，这已是科学史及相关历史研究者的常识。作为兴起于西北的"后进"族群，秦人长期僻处一隅，与中原"华夏"地理和人文上隔绝，造成了自身独特的鬼神信仰传统，至于是否是更为久远的传统作用的结果（例如与东方的联系），现在还无法判断。观察这个系统，我们明显会感受到秦人对鬼神的笃信，以及鬼神信仰是对秦人、秦社会具有重要意义的存在。若再考虑到这样一个事实，秦始皇与汉武帝一样，都是在信仰系统的构建上有大作为的君王，他们的行为对古代中国的宗教历史产生了重大影响，那么，从鬼神祭祀角度去观察秦史，就成了一个重要的、不可忽视的视角。

秦人的宗教祭祀，其信仰对象指的是"人之外的力量"，人们将这种力量模拟成人的信仰，就是宗教。这些力量包括上帝、自然、祖先，等等，人们相信这些力量可以改变其命运②。本书起名没有用"信仰"这个词，是因为使用此词会被

---

① 陕西师范大学历史系，1994年。指导教师为何清谷、赵世超教授。
② 蒲慕州：《追寻一己之福——中国古代的信仰世界》，上海古籍出版社，2007年，第7—9页。

理解为宗教般的笃信神灵,秦人对神灵的态度,恐怕不完全如此,在笃信的同时,其中必然也夹杂了许多政治、社会的因素,特别是在上层的鬼神祭祀之中。

秦起于西方而仰慕东方"华夏",对于后者的文化进行了长时期的假借和学习,在神灵祭祀信仰方面,也受后者影响,例如秦人对上帝的崇拜,就与中原的周人有关。即使在统一之后,还能看到齐地对秦的影响,如封禅。若往后观察,秦宗教信仰之去向,与汉联系也甚为紧密。所以,从一个更长的历史时期来看,秦人的宗教系统,并没有脱离中国古代宗教总的干流,在注意其特殊性的同时,也必须强调其与中原系统的共性。

学界一般认为,商代有作为上帝的"帝"的存在,但其属性偏向于自然的天。西周则不同,人与神被分为两个世界,神具有对人的约束力,作为至上神的帝或天已经形成,但其行为与人事紧密相连,上帝不再是随意的自然神,而只偏爱、保佑那些有德之人,会根据人的德行赏善罚恶,人神关系通过"德"而实现。

秦在春秋初年襄公立国,遂"祠上帝西畤"①,这是继承了周的传统,以显示自己受天命,上帝从此成为秦最为尊贵的神灵。除上帝之外,还有祖先、山川以及其他杂祀,构成了秦人的神灵系统。在这个系统中,上帝虽然是最尊贵的,但并非包揽一切,战争求胜、个人求福或禳除病灾,也可以求助其他神灵。上帝的作用,主要显示在国运上,如春秋早期的秦武公及王姬钟铭文所言的秦祖受"天命"而"赏宅受国"②。对于上帝在秦神灵系统中的作用,不可估计过高,很多情况下,上帝只是众神之一,最为尊贵却不是"领袖",不是至上神。秦人经常把上帝与众多神灵同时祭祀,就是这个原因,这跟上帝在商代神灵系统的地位近似。其中原因应有以下几个:一是西周晚期以来人们对天、上帝的怀疑,上帝地位的降低,以及天道观的变化;二是秦人讲受天命,东方诸侯并不承认,多国都祭祀上帝,则上帝作用必受局限,所以不能作为诸侯间攻伐等政治、军事之借口③,只能作为盟誓之神灵之一④;三是阴阳五行说的冲击。此点在正文中会有论述。作为一个"后来者",上帝在秦人立国之时才被立祠祭祀,是由于存在政治功能而

---

① 《史记》卷五《秦本纪》,中华书局,1959年(下同)。
② 卢连成、梁满仓:《陕西宝鸡太公庙村发现秦公钟、秦公镈》,《文物》1978年第11期。
③ 《尚书·牧誓》所记周伐商为"行天之罚",秦人则不能如此。
④ 如秦《诅楚文》所记,秦、楚间盟誓,上帝只是监临的众神之一。

被强行"塞"进秦人已有的祭祀系统的,再加上上述因素,其地位也可想而知了。

春秋时期的天道观,发生了很大变化。西周时的"天命",认为人之祸福并无恒常,天对人的态度,取决于人自身的行为,天人关系并无定数。春秋以后,天的道德意义减退,自然特点增强,人们认为"天道不諂,不贰其命""天命不慆"①,天之运行是不可疑、不可更改的,具有数的特征,孔子讲"死生有命",即是如此。②"天不再具有自由的意志,不再是善恶无常、随意人性的天神,它虽兼具善恶,但其善恶有度、有章可循;它不是因为人们对它的恐惧而受到崇拜,而因有信受到人们的敬畏。在这种观念支配下,人们不是通过祭祀,也不是通过修德,而是通过'从象',通过顺天地之常,来获得福泽。"③在此观念下,观察天象、占星望气的风气兴起,与之相联系的还有分野说。至于战国,列国"争于攻取,兵革更起,城邑数屠,因以饥馑疾疫焦苦,臣主共忧患,其察禨祥、候星气尤急"④,这可能是在秦祭祀系统中存在大量天象崇拜的一个原因。众多的天象神灵及其祭祀的存在,是秦祭祀系统一个极为鲜明的特色。

战国中晚期兴起于齐的阴阳五行说,虽然它的兴起脱不了数术的背景,但反过来深刻地影响了数术之学,形成了对春秋以来天道观的新阐释。在这个思想背景下,有新的至上神被创造了出来,如"太一"(同泰一、泰壹),而旧有的上帝则变成了配角⑤,按照五色、五方,被分配到不同方位,战国末期产生于秦的《吕

---

① 《左传》昭公二十六年、二十七年。杜注:"諂,疑也。"昭公二十七年"天命不慆",慆与諂同。参[晋]杜预注,[唐]孔颖达疏:《春秋左传正义》卷五十二,上海古籍出版社影印阮刻《十三经注疏》本,1997年,第2115页、第2117页。又参杨伯峻:《春秋左传注》(修订本),中华书局,1990年,第1479页、第1487页。

② 陶磊:《从巫术到数术——上古信仰的历史嬗变》,山东人民出版社,2008年,第108—129页。

③ 陶磊:《从巫术到术数——上古信仰的历史嬗变》,第120—121页。

④ 《史记》卷二七《天官书》。

⑤ 《史记》卷一二《孝武本纪》:"亳人薄诱忌奏祠泰一方,曰:'天神贵者泰一,泰一佐曰五帝。古者天子以春秋祭泰一东南郊,用太牢具,七日,为坛开八通之鬼道。'于是天子令太祝立其祠长安东南郊,常奉祠如忌方。其后人有上书,言'古者天子三年一用太牢具祠神三一:天一、地一、泰一'。天子许之,令太祝领祠之忌泰一坛上,如其方。后人复有上书,言'古者天子常以春秋解祠,祠黄帝用一枭破镜;冥羊用羊;祠马行用一青牡马;泰一、皋山山君、地长用牛;武夷君用乾鱼;阴阳使者以一牛'。令祠官领之如其方,而祠于忌泰一坛旁。"

氏春秋·十二纪》就有如此记载。阴阳五行说在汉代以后的推广和影响,其中一个重要原因是此学说与儒学的联接。《汉书·五行志上》记载:

> 汉兴,承秦灭学之后,景、武之世,董仲舒治《公羊春秋》,始推阴阳,为儒者宗。宣、元之后,刘向治《穀梁春秋》,数其祸福,传以《洪范》,与仲舒错。至向子歆治《左氏传》,其《春秋》意亦已乖矣;言《五行传》,又颇不同。是以揽仲舒,别向、歆,传载睞孟、夏侯胜、京房、谷永、李寻之徒,所陈行事讫于王莽,举十二世,以傅《春秋》,著于篇。

蒲慕州据此认为,虽然西汉中期以后阴阳五行说对政治和社会产生了相当的影响,但秦汉官方的祭祀设计,似乎与阴阳五行并无直接的关系,因为:一是阴阳五行理论基本没有考虑鬼神问题,而官方的祭仪中许多对于神明的祭祀在此理论成熟之前就已经存在,也没有因为此理论为皇帝采纳而有所兴革,例如汉代的三一神、八神、"天神百鬼",与阴阳五行说并没有明显关系;二是皇帝对某些鬼神方士的崇信,乃至于个人好恶,经常成为祭祀存废的关键,这些都不是以阴阳五行理论为出发点决定的,若说影响也是个别性的。① 笔者鄙见,关于阴阳五行说对秦祭祀的影响,须慎重地、具体地去探讨。因为至少在《吕氏春秋》的时代,其学说已经入秦;况且,秦始皇为追求长生大用方士,这些邹衍的徒孙们,都是有阴阳说的背景的,有些神祠的废立,与其密不可分,至于祭祀礼仪,自然也是如此。②

秦汉方士的贵显,还有一个学术背景,也十分值得注意,即如秦始皇、汉武帝这些对这个祭祀系统有大的造作的历史人物,他们所听从的,多是方士的建议,而不是儒生,这与方士操有长生不老之术、迎合最高统治者的喜好有很大关系。到元帝、成帝之时,儒家学说才真正受到重视,贡禹、韦玄成、匡衡等大儒才被重用,他们对汉家的祭祀制度的建议,虽经反复,但在平帝时最终变成现实版的新的郊祀制度③。除最高层对鬼神的态度和行为方面,例如秦皇汉武对长生的追求,导致神祠众多之外,当时特殊的社会现象——方士横行,也是醒目的并值得

---

① 蒲慕州:《追寻一己之福——中国古代的信仰世界》,第109—112页。
② 《汉书》卷二五《郊祀志》,中华书局,1962年(下同)。
③ 《汉书》卷二五《郊祀志》;周振鹤主编:《中国历史文化区域研究》,复旦大学出版社,1997年,第50—81页。

关注的,秦汉时代方士阶层的活跃,对当时的祭祀格局产生了重要影响。

观察秦之神灵系统,除了以时间为轴的历史视角,还要有地域视角。

从历史的角度看,秦之神灵祭祀系统,包括天帝、祖先、自然山川的祭祀以及众多的杂祀。这个系统的建立,以秦德公元年(前677)定都雍城为明确的时间定点,《封禅书》说"雍之诸祠自此兴",此年应是秦祭祀系统初步形成的一个标志。到秦始皇统一天下后,又把山东列国故地神灵纳入,形成了一个更大的系统,其中对齐之神灵,表现出特别的重视。西汉前期,由于恢复生产以及外部匈奴的压力,无法对秦之祭祀系统进行修正,只能加以延续。一直到景帝、武帝之后,又新设立众多的神祠,如雍一地,秦代有神祠百余,汉代发展到203所,全国则为683所,并且皇帝也重新进行郊祀、祭祀后土,行封禅大礼。这与全国统一、皇权加强以及国力增强自然有很大的关系。如原来在分裂的情况下,上帝都分成了四个,汉武帝时则重造了统一的天神"太一",在云阳(今陕西淳化县)立太一甘泉山,位在五帝之上,同时按照阴阳说的要求,立汾阴后土祠,以与天神对应。一直到成帝之时,才按照匡衡等儒生的建议,遵从所谓"古礼",取消雍五畤,在南北郊祭祀天地,平帝元始五年(5)得以最终确定,并成为以后历朝的定制。

从地域视角看,除了上帝的分化,具体来说最主要的就是东西之别,即秦与东方特别是齐地神灵系统的关系,这是研究秦祭祀系统的重要问题。齐地思想家、神灵家所创造或提倡的,如封禅、八神,都对秦产生了重大影响。二者的关系,实际是秦祭祀系统的结构问题。秦统一之后,对神灵系统的统一,对齐地神灵表现出十分的重视,这既有怀绥之义,也有宣示领土归属的意思,李零把这种结构之别总结为"郊祀"与"封禅"两个系统,基本是恰当的。前者可能从周而来,后者也有深远的历史背景,可上推到东夷古礼。[①] 秦代对东方都表现了十分的重视,从文化史的角度讲,这是一种落后文化对先进文化的饥渴感的满足,因为在笔者看来,除却楚,齐毕竟是战国时最为重要的文化中心之一[②]。

[①] 李零:《秦汉礼仪中的宗教》,氏著《中国方术续考》,中华书局,2007年,第100—141页。杨华:《秦汉帝国的神权统一——出土简帛与〈封禅书〉〈郊祀志〉的对比考察》,《历史研究》2011年第5期。

[②] 史党社:《秦祭祀制度考论》,陕西师范大学1994年硕士学位论文。

除却东方之齐,还应把目光投向北方广阔的"边地"直至欧亚草原地带。秦作为与后者比邻的地区之一,与之草原地带的交往历史可上推至东周,北方之月氏、匈奴,以及"西戎"中的"胡"系人群例如义渠、乌氏等,都曾与秦发生过密切关系。北方的文化因素,包括祭祀,都曾影响到秦,例如中原秦地在战国时可能就有"胡巫"存在,而非文献所记载的要晚至汉代。

除了地域,秦宗教信仰中的上下关系,也是值得注意的。如同一切历史中的正史资料一样,我们所看到的,多是官方的记录,例如《史记》那样的文献;能反映社会下层的资料,例如考古发现、出土文献如《日书》那样的资料并不多见,但秦宗教中的上下之别,是客观存在的。例如官方祭祀,应就是以官员为主的,普通信众能否参与不得而知。同时,上下之间的联系,即所谓官方与民间信仰,联系也十分紧密,"光景动人民"①的陈宝祠,就是一个普罗大众广泛参与、影响甚大的官立神祠。又如《日书》所反映的时人对巫的轻视,恐怕也是上下一致的。

秦之神灵祭祀系统,多神崇拜明显,这些神祠经过秦皇汉武的创设,西汉后期又经兴废反复,大的格局并无变化,对中国历史形成了长久的影响;也奠定了古代中国官方祭祀的传统。多神崇拜的特征,使中原王朝的祭祀系统充满了包容性,可以接纳任何异教,多神并存,在秦例如对于匈奴的九天、齐之八神的祭祀;秦汉以后如在道教存在的情况下佛教的传入。这是中国传统神灵信仰的一大特色,也是中国文化的特征之一。这个基础,无疑是秦始皇奠定的。

神灵祭祀的社会意义,是本书关注的重点。神灵的存在及其对它们的祭祀,有重要的历史学、社会史内容,为先秦、秦汉时期的统治阶层所看重。《管子·牧民》说:

> 顺民之经,在明鬼神,祇山川,敬宗庙,恭祖旧。不务天时,则财不生;不务地利,则仓廪不盈;野芜旷,则民乃菅,上无量,则民乃妄。文巧不禁,则民乃淫,不璋两原,则刑乃繁。不明鬼神,则陋民不悟;不祇山川,则威令不闻;不敬宗庙,则民乃上校;不恭祖旧,则孝悌不备;四维不张,国乃灭亡。②

神灵对于秦社会无疑起了重要作用。神灵不仅可以作为政治的华丽外表,

---

① 《史记》卷二八《封禅书》。
② 黎翔凤撰,梁运华整理:《管子校注》,中华书局,2004年,第11页。

犹如"神道设教",而且在很多情况下也是客观真实的、与日常政治和生活紧密相关的存在,在社会上下层的生活中,都发挥着重要作用,这些鬼神实实在在地影响着时人的心理和生活。我们不能把秦人对神灵的祭祀,都想象成是为了政治目的,在相关资料——如文献与简牍、文字资料中,我们经常会看到秦不同阶层的人,对神灵祭祀的虔诚和笃信,当时人们对鬼神并未如今天我们所谓无神论者那样,看得如此真切和清楚。如同近代以前历史中的一切时期一样,鬼神的存在,总是在忽明忽暗、影影绰绰、若远若近、烟雾缭绕之中,他们活动于天地之间,非得借助于牺牲玉帛、乐舞时服,并通过祝宗卜史、方士、巫者们的祭祀、法术等方式的沟通才得以降临人间。这些神灵,不但是人们的精神寄托,同样在时人心目中,可以驱凶避祸、治疗疾病,甚或求得长生;而那些仪式,对上层来说,不啻是个政治秀场;对于下层则或为隆重的节日。凡此种种,加上秦皇汉武的个性,对神灵的重视和控制,就是正常的行为了。

对神灵祭祀对象和权力的控制,即有所立有所不立,秦对有些祭祀是禁止的,这些神灵祭祀秦称"奇祠"①,就是常说的"淫祀"。从简牍资料看,这种控制已经上升到法律层面,包括从法律角度对祭祀对象和过程的控制②;在文献中,同样可见零星的现实例证③。

对秦神灵祭祀的研究,笔者虽然关注多年,但天性愚钝,既没有我的老师何清谷、赵世超先生的宽厚;也不如周振鹤先生敏锐,一句话总能给人启发;也没有李零先生的通达,前后左右都能谈到。本书只是想寻找一个事实,就是在秦时,神灵的存在到底在社会中处于一个什么样的位置。这个问题的意义不但对秦史

---

① 见云梦秦简。睡虎地秦墓竹简整理小组:《睡虎地秦墓竹简》(简装本),文物出版社,1978年,第219—220页。

② 见云梦秦简。还有学者认为,里耶秦简中有《祠律》,所反映的是对祭祀过程的控制,参晋旅宁:《里耶秦简〈祠律〉考述》,《史学月刊》2008年第8期。岳麓秦简中也有"祠令"类条文,参陈松长:《岳麓秦简中的几个令名小识》,《文物》2016年第12期,据其介绍,即将出版的《岳麓秦简》(六)中将有相关内容。

③ 《史记》卷六《秦始皇本纪》记载秦始皇三十三年:"又使蒙恬渡河取高阙、(陶)〔阳〕山、北假中,筑亭障以逐戎人。徙谪,实之初县,禁不得祠。""禁不得祠",先前的学者对此有曲解,应是指被徙者不能参与官方祭祀。参胡文辉:《〈史记〉"禁不得祠明星出西方"问题再议》,《中国文化》2014年第2期。

研究有益,属于其中一个重要的方面,若按李零先生的说法,即把中国历史拉通去讲,也非常重要,它牵涉到中国古代宗教的特质(例如多神和包容性),还可与宗教史,例如道教起源等问题联接在一起。从这个角度看,秦皇汉武的历史影响可谓大矣,他们的影响,不仅仅是在政治方面,还应当包括对中国古代宗教的历史影响。

本书所言时段,主要为秦代,但牵涉的并非有秦一代各个层次、各个地区所有的祭祀形态,而以社会上层的祭祀为主,这是由于资料局限所带来的本书的不足之处。在西北大学出版社 2019 年 12 月举行的《秦史与秦文化研究丛书》编纂推进会上,有学者指出,本书是否可"复原"相关祭祀礼仪。笔者觉得这是一个十分重要的建议。但是,现在类似的资料,无论是传世文献还是考古、简牍资料(例如云梦、北大秦简),都不是十分充分,对相关礼仪完全还原是不可能的,但部分还是可以。这将是笔者以后研究的重点之一。

史党社
2020 年 10 月

目 录

总　序 …………………………………………………………… 1
神灵祭祀与秦社会（代序） ……………………………………… 1

第一章　秦人的神灵系统及特点 …………………………… 1
第一节　秦人神灵系统的构成 ……………………………… 1
第二节　秦人神灵系统的特点 ……………………………… 7
一、上帝地位不突出、只是众神之一 ………………………… 8
二、多神崇拜、包容性强 ……………………………………… 8
三、天象祭祀突出 ……………………………………………… 8
四、重西轻东并开始融合 ……………………………………… 11

第二章　赫赫上帝——秦人的上帝祭祀 ………………… 13
第一节　基本事实 …………………………………………… 13
第二节　秦上帝之源流 ……………………………………… 15
第三节　对上帝的祭祀礼仪 ………………………………… 23
第四节　上帝祭祀的社会、历史意义 ……………………… 40
一、上帝崇拜是君权的法理依据之一 ………………………… 40
二、上帝地位是逐渐衰落的 …………………………………… 44
三、秦之"上帝"对汉及中国历史有长久影响 ……………… 45

第三章　宗庙之灵——秦人的祖先祭祀 ………………… 47
第一节　宗庙之灵——秦祖先祭祀历史综述 ……………… 47
第二节　秦文字资料中的祖先祭祀 ………………………… 49
第三节　从马家庄到极庙——秦人宗庙祭祀的考古实证
………………………………………………………… 53

一、春秋早期：西山、大堡子山、太公庙 ················ 53
　　二、春秋中晚期至战国早期：雍城时代 ················ 62
　　三、战国中期至秦代：咸阳时代 ······················ 69
　第四节　相关问题讨论 ································ 74

第四章　祷于山川——秦人的山川祭祀 ················ 83
　第一节　秦人山川祭祀综述 ·························· 83
　第二节　山神考 ···································· 86
　第三节　水神考 ···································· 92
　第四节　结语：山川祭祀的社会意义 ·················· 102

第五章　阴阳五行说与秦之关系探析 ·················· 106
　第一节　序言 ······································ 106
　第二节　阴阳五行说对秦的影响举证 ·················· 108
　　一、学术思想 ···································· 108
　　二、政治实践——水德与"事统上法" ················ 111
　　三、秦始皇的求仙活动 ···························· 115
　第三节　一个重要问题——上帝的"五帝"与阴阳五行说
　　 ·· 119
　第四节　结语 ······································ 123

第六章　秦巫略探 ·································· 125
　第一节　人神之间——巫与巫术 ······················ 125
　第二节　秦社会之巫 ································ 135
　　一、出土文字资料中的祠官 ························ 136
　　二、秦社会中的巫 ································ 143
　第三节　结语 ······································ 148
　附录　秦地是否有"胡巫" ···························· 149
　　一、汉代"胡巫"的三类资料 ························ 149
　　二、秦与"胡巫"的关系 ···························· 154

三、结语 ………………………………………………… 158

第七章　《山海经》与秦的关系探索 ………………… 159
　第一节　序言 …………………………………………… 159
　第二节　《山海经》的性质与作者 …………………… 160
　　一、地理志 ……………………………………………… 162
　　二、巫书 ………………………………………………… 163
　　三、《山海经》与方士关系密切 ……………………… 170
　第三节　《山海经》与秦的关系 ……………………… 181
　　一、《山经》的地理范围与秦版图相合 ……………… 183
　　二、《海内东经》附录为秦代作品 …………………… 184
　　三、《山海经》用词习惯与秦相合 …………………… 191
　　四、《山海经》与《吕氏春秋》关系密切 …………… 195
　第四节　结语 …………………………………………… 198

第八章　灵山之巫——兼论血池遗址发现的意义 …… 201
　第一节　序言 …………………………………………… 201
　第二节　《大荒西经》之灵山在今陕西凤翔 ………… 204
　第三节　灵山之宗教地位 ……………………………… 207
　第四节　结语 …………………………………………… 211

第九章　秦代祭祀的意义 ……………………………… 213

第一章　秦人的神灵系统及特点

第一节　秦人神灵系统的构成

秦的神灵系统,若以秦代(前221—前206)为历史断面,就会看到一个以上帝、祖先、自然神、杂祀组成的庞大系统。秦在统一后,对天下的神灵系统及其祭祀制度,进行了统一,这是十分值得注意的历史现象。究其原因,应该还是那种固有思想的延续。《礼记·祭法》说:"天子祭天下名山大川,五岳视三公,四渎视诸侯,诸侯祭名山大川之在其地者。"对于好大喜功的秦始皇来说,在统一后祭祀天下名山大川,就是非常正常的,不然是无以称成功、无以显示自己的威权的。另外,对于长生的追求,也是秦始皇祭祀山川等神灵的重要原因。与秦始皇可资类比的还有后来的汉武帝,也对秦汉祭祀系统的废立,起了很大作用。从两人的故事中,我们都可以看出个人因素对于古代宗教祭祀的影响。

对于秦的神灵系统,许多学者对此加以注意,分类不尽相同,所根据的还是那些基本材料——《史记·封禅书》和《汉书·郊祀志》之类。如周振鹤先生把秦的神灵崇拜对象,分为天神、祖先、自然、其他多种神祇四种[1]。杨华部分地利用了简牍资料,还是按照先秦以来传统的天神、地祇、人鬼的划分[2]。

《史记·封禅书》记载:

> 昔三代之(君)[居]皆在河、洛之间,故嵩高为中岳,而四岳各如其方,四渎咸在山东。至秦称帝,都咸阳,则五岳、四渎皆并在东方。自五

---

[1] 周振鹤主编:《中国历史文化区域研究》,第51—52页。
[2] 杨华:《秦汉帝国的神权统一——出土简帛与〈封禅书〉〈郊祀志〉的对比考察》。

帝以至秦,轶兴轶衰,名山大川或在诸侯,或在天子,其礼损益世殊,不可胜记。及秦并天下,令祠官所常奉天地名山大川鬼神可得而序也。

此段文字所记就是大家常引的秦统一神灵系统的基本资料。其中关于三代、五帝那时的记载虽然不一定能靠得住,但秦代的部分则为事实。《封禅书》下文还有详细记载,《汉书·郊祀志》基本过录之,这可使我们对秦代神灵系统有一概略认识。官方对祭祀对象的管理,在受法家思想左右的秦社会,具有较早的传统。如云梦秦简《法律答问》所记:

"公祠未闋,盗其具,当赀以下耐为隶臣。"今或益〈盗〉一肾,益〈盗〉一肾臧〈赃〉不盈一钱,可(何)论?祠固用心肾及它支(肢)物,皆各为一具,一[具]之臧(赃)不盈一钱,盗之当耐。或直(值)廿钱,而被盗之,不尽一具,及盗不直(置)者,以律论。

可(何)谓"祠未闋"?置豆俎鬼前未彻乃为"未闋"。未置及不直(置)者不为"具",必已置乃为"具"。

可(何)谓"盗埱崖"?王室祠,貍(薶,即埋)其具,是谓"崖"。①

……

"擅兴奇祠,赀二甲。"可(何)如为"奇"?王室所当祠固有矣,擅有鬼立(位)殹(也),为"奇",它不为。②

简文中"具"即祭祀品物,"公祠""王室祠"指的都是官方祭祀,"奇祠"就是"淫祀",即官方规定之外的祭祀。秦始皇所为,在一定意义上是这个传统的延续。笔者认为,秦代的神灵系统,划分为上帝、祖先、自然神、杂祀四个部分比较合理且方便表述。

上帝

上帝从春秋早期襄公时代开始被立畤祭祀,是从周人那里学来的。《封禅书》等文献所记祭祀上帝的地点,可以肯定的有西(秦汉县名,今甘肃礼县)、吴阳(宝鸡吴山之南侧);密是否为地名不得而知;畤,《集解》引晋灼言因其"形如种韭畦"而得名,各畤名称由来不同。《封禅书》所记诸畤,当不是各畤初始之名,只是当时之人和司马迁为了叙述方便而言之的。秦本有四畤,祭祀黄、炎二

---

① 睡虎地秦墓竹简整理小组:《睡虎地秦墓竹简》(简装本),第161—163页。
② 睡虎地秦墓竹简整理小组:《睡虎地秦墓竹简》(简装本),第219—220页。

帝及少皞、太皞,自《吕氏春秋·十二纪》的时代阴阳五行说入秦后,又被加上颛顼成了"五帝"。不过后者"五帝",在秦基本停留在"蓝图"阶段,并未变成现实。上帝是秦祭祀对象中最为尊贵者,但并不完全等同于至上神,而是众神之一,礼仪也最为隆重而已。

秦祭祀上帝,须知有东西之别。西方为秦之"四帝";东方为封禅祭祀天地。一为秦系统;一为故齐系统。礼仪类似而来源不同。

祖先

秦在西周中期时得名为秦,秦乃其氏,春秋早期有墓祭的考古资料作为证据,春秋中期雍城时代始有宗庙实证,秦统一后庙在秦都咸阳渭河之南。秦始皇陵有陵寝,以时月常祭。祖先祭祀在秦统一后地位上升,应是秦始皇自身地位的体现。秦始皇还在郡县立有太上皇庙,在岳麓秦简中都有反映,详参本书"宗庙之灵——秦人的祖先祭祀"章。

自然神

自然神主要包括社稷、山川、天象。

社稷。按字面理解,社稷本为土地与农神,可代表国家,是国家之象征。《史记·高祖本纪》记载汉二年(前205)"二月,令除秦社稷,更立汉社稷"。《李斯列传》中李斯受赵高陷害,上书自陈其功罪,其中有"立社稷,修宗庙,以明主之贤"一项,北大藏西汉竹书有"社稷之神零(灵)"①。

名山大川。按照《史记·封禅书》的记载,主要按秦旧地与山东列国旧地划分,计崤山以东名山五、大川二,山曰太室、恒山、泰山、会稽、湘山;水曰济、淮。华山以西,名山七、名川四,名山有华山、薄山、岳山、岐山、吴岳(吴山)、鸿冢、渎山(岷山),小山则为蒲山、岳𪩘之属;名川为河、沔(汉江)、湫渊、江水。还有关中的霸(灞)、产(浐)、长水、沣、涝、泾、渭、汧、洛、鸣泽诸水,丰镐的天子辟池。

对山川的祭祀,自然是古代社会的通例,这使秦人的山川祭祀具有一般意义。除此之外,秦人祭祀山川以祛除疾病、追去长生,是一个非常显著的特点。

天象有"日、月、参、辰、南北斗、荧惑、太白、岁星、填星、[辰星]、二十八宿、

---

① 北京大学出土文献研究所编:《北京大学藏西汉竹书(叁)》(全二册),上海古籍出版社,2015年,第191页;姚磊:《北大藏汉简〈赵正书〉释文补正》,《古籍整理研究学刊》2016年第1期。

风伯、雨师、四海、九臣、十四臣、诸布、诸严、诸逑之属",这些天象祠在雍者有一百多座,西县也有数十座。另外,下邽(今陕西渭南临渭区)还有天神祠,丰镐(今西安市西南、长安区)有昭明,杜(今西安市南)有寿星祠。

按:宗庙、社稷、山川的祭祀排序,笔者是有所凭依的。《史记·乐书》有"若夫礼乐之施于金石,越于声音,用于宗庙社稷,事于山川鬼神"云云,从中可见秦汉人宗庙、社稷、山川的排序,可大致看出当时鬼神各自的地位和祭祀结构。

杂祀

陈宝。《史记·秦本纪》文公十九年(前747),"得陈宝"。《封禅书》记载更详细:

> 作鄜畤后九年,文公获若石云,于陈仓北阪城祠之。其神或岁不至,或岁数来,来也常以夜,光辉若流星,从东南来集于祠城,则若雄鸡,其声殷云,野鸡夜雊。以一牢祠,命曰陈宝。

按《史记》及注释,陈宝就是一块陨石。秦祭祀华山玉册文载①:

> □□小子之病日,故告大邑、大将军、人一、陈宝、王室相如。

连邵名释文中为陈宝②,国君有病祭祀之,显示了陈宝的重要。陈宝祠即后来的祀鸡台所在,在今宝鸡市东斗鸡台一带。《一统志》:"陕西凤翔府宝鸡县东二十里,有祀鸡台,秦文公立宝鸡祠,筑此台祀之。"③

怒特祠。《秦本纪》记载:"(文公)二十七年(前739),伐南山大梓,丰大特。"《集解》引徐广说:

> 今武都故道有怒特祠,图大牛,上生树本,有牛从木中出,后见丰水之中。

《正义》引《括地志》云:

> 大梓树在岐州陈仓县南十里仓山上。《录异传》云:"秦文公时,雍

---

① 按《史记》卷二八《封禅书》所记,汉代祭祀泰山有告神"玉牒",或许祭祀华山"玉册"也当以此名之,本书从现今流行之称谓。《封禅书》记载如下:"封泰山下东方,如郊祠太一之礼。封广丈二尺,高九尺,其下则有玉牒书,书秘。礼毕,天子独与侍中奉车子侯上泰山,亦有封。其事皆禁。"

② 连邵名:《秦惠文王祷祠华山玉册简文研究补正》,《中国历史博物馆馆刊》2000年第2期。

③ [明]董说:《七国考》,中华书局,1956年,第151页。

南山有大梓树,文公伐之,辄有大风雨,树生合不断。时有一人病,夜往山中,闻有鬼语树神曰:'秦若使人被发,以朱丝绕树伐汝,汝得不因耶?'树神无言。明日,病人语闻,公如其言伐树,断,中有一青牛出,走入丰水中。其后牛出丰水中,使骑击之,不胜。有骑堕地复上,发解,牛畏之,入不出,故置髦头。汉、魏、晋因之。武都郡立怒特祠,是大梓牛神也。"

《后汉书·舆服志下》中把南山丰大特与熊、虎、赤罴、天鹿、辟邪称作"六兽",就是六个兽类神灵。董说《七国考》引《五行传》:"秦立怒特祠,祠以白犬玄羊。"①

杜主。秦祭祀华山玉册中的"大将军"或是杜主。《封禅书》:"雍菅庙亦有杜主。杜主,故周之右将军,其在秦中,最小鬼之神者。"《索隐》:"《地理志》:杜陵,故杜伯国,有杜主祠四。《墨子》云'周宣王杀杜伯不以罪,后宣王田于圃,见杜伯执弓矢射,宣王伏弢而死也'。"《正义》:"《括地志》云:'杜祠,雍州长安县西南二十五里。'"按此,则杜主在杜和雍都有祠。

三社主。《封禅书》:"于(社)[杜]、亳有三社主之祠、寿星祠。"杜、亳或可连读,若是两地,则距离不远,都在杜县附近。三社主应是土地神,祠杜县。云梦秦简《日书》中有"田亳主以乙巳死,杜主以乙酉死,雨师以辛未死,田大人以癸亥死"的记载,杨华认为"杜主"或是"社主"之误②,其说若是,则与三社主类似。"田大人"之类的,也是土地神。

时令祠。《秦本纪》:"(德公)二年(前676),初伏,以狗御蛊。"《年表》:"初作伏,祠社,磔狗邑四门。"《封禅书》:"作伏祠,磔狗邑四门,以御蛊菑。"《正义》:"蛊者,热毒恶气为伤害人,故磔狗以御之。""伏祠"就是祭祀初伏这个日子,此时开始进入一年中最热的时候,方法是用狗作牺牲,裂牲体,以抵御热毒恶气及毒虫侵害。云梦秦简《日书》乙种:"正……癸,不可祠,人(入)伏,伏者以死。"③

---

① [明]董说:《七国考》,上引中华书局本,第271页。
② 杨华:《秦汉帝国的神权统一——出土简帛与〈封禅书〉〈郊祀志〉的对比考察》。
③ 睡虎地秦墓竹简整理小组:《睡虎地秦墓竹简》(精装本),文物出版社,1990年,第244页。

虎候山祠。《汉书·地理志》:"蓝田,山出美玉,有虎候山祠,秦孝公置也。"此为秦早年所置山川之祠。

马、羊等动物神。这在云梦秦简《日书》中也有体现①,与日常中的家畜饲养有关。

先农祠。见于里耶秦简,先农即农神②。

曲水祠。《晋书·束晳传》:"秦昭王以三日置酒河曲,见金人奉水心之剑,曰:'令君制有西夏。'乃霸诸侯,因此立为曲水。"祠在陇西(今甘肃临洮)。

社。秦地方有社祭,以树丛为依托③,云梦秦简《日书》甲种国中("邦中")立有"丛",即丛社。

蜀侯恽立祠。《华阳国志·蜀志》记载:

> (周赧王)十七年(秦昭王九年,公元前298年),闻恽无罪冤死,使使迎丧入葬[之]郭内。初则炎旱三月,后又霖雨七月,车溺不得行。丧车至城北门,忽陷入地中,蜀人因名北门曰咸阳门,为蜀侯恽立祠。其神有灵,能兴云致雨,水旱祷之。④

《太平御览》卷十一:

> 《蜀本纪》曰:秦王诛蜀侯恽,后迎葬咸阳,天雨三月,不通,因葬成都。故蜀人求雨,祠蜀侯必雨。⑤

按:秦在惠文王时期灭蜀后,实行郡国并行制,蜀王之后被封为蜀侯。除恽之外,同书又记有蜀侯绾。或以为蜀侯为秦公子,非。

蜀水三祠,所祠为江水(岷江)。《华阳国志·蜀志》:

> 周灭后,秦孝文王以李冰为蜀守。冰能知天文、地理,谓汶山为天彭门;乃至湔氐县,见两山对如阙,因号天彭阙;仿佛若见神。遂从水上立祠三所,祭用三牲,圭璧沈濆。汉兴,数使使者祭之。

---

① 吴小强:《论秦人的多神崇拜特点——云梦秦简〈日书〉的宗教学研究》,《文博》1992年第4期。

② 曹旅宁:《里耶秦简〈祠律〉考述》,《史学月刊》2008年第8期。

③ 睡虎地秦墓竹简整理小组:《睡虎地秦墓竹简》(精装本),第214页。

④ [晋]常璩撰,刘琳校注:《华阳国志校注》(修订版),成都时代出版社,2007年,第102页。

⑤ [宋]李昉撰:《太平御览》卷十一,涵芬楼影印宋本,中华书局,1960年,第55页。

按：湔氐县当为湔氐道，《水经注》记载地在今四川松潘①。

凤女祠。刘向《列仙传》："萧史者，善吹箫，作鸾凤之乐。秦穆公有女，字弄玉，好之，公遂以妻焉。日教弄玉作凤鸣。后数年，吹箫似凤声，凤凰来止其舍，公作为凤台。"②又记："秦穆公时，萧史夫妇皆随凤凰飞，故秦人为作凤女祠于雍宫中，时有箫声而已。"③

巫咸。为《诅楚文》中重要的三神之一，祭祀对象为古代著名之巫——巫咸，地点在雍。详参本书"灵山之巫——兼论血池遗址发现的意义"章。

必须指出的是，上述秦之神灵系统，是不完全的；而且都是官方的祭祀对象（当然不排除民众的参与），这主要由于受资料的限制。本书所能依赖的材料，主要是《史记·封禅书》那样的资料，加上零星的简牍资料，所记载的是上层的鬼神祭祀情况。像云梦秦简《日书》那样偏于下层、流行的资料，并不是很多。近些年，又有北大秦简《禹九策》等资料，可稍补下层资料的缺憾。在《禹九策》中，有当时流行的神灵日、虚明、明禹、肉人炊（或肉人、炊）、女子神（云中）、黄帝（巫大帝）、北斗（北君）、水（水之大者曰河、湘、江、汉，亦称大神）、山（山神即山鬼）、风伯、街鬼（简称街）、行（包括上行）、五祀（门、户、壁、炊者、楔下）、司命、司禄（夫、妻）、亲神（高大父大母）、布厉（室中布）、北宗、犬主（天鬼将军）、兵死外者等④。其中的一些神灵，是上下共有的，这对于理解秦的神灵系统，特别是下层的情况，提供了十分重要的新信息。

第二节　秦人神灵系统的特点

秦人的神灵系统，大的格局还是因周之旧，即关中秦本土，再加上山东诸侯

---

① 《水经注》卷四十一："岷山在蜀郡湔氐道西。"参［北魏］郦道元著，杨守敬、熊会贞疏：《水经注疏》，江苏古籍出版社，1989年，第3364页。有学者按照《华阳国志·蜀志》记载，认为湔氐道在四川都江堰市（旧灌县）西，岷山（渎山）所在也与《水经注》异。参［晋］常璩撰，刘琳校注：《华阳国志校注》（修订版），第103页。

② ［明］董说：《七国考》，上引中华书局本，第151页。

③ ［明］董说：《七国考》，上引中华书局本，第272页。

④ 李零：《北大藏秦简〈禹九策〉》，《北京大学学报》（哲学社会科学版）2017年第5期。

列国之神灵构成。东方者即上文《封禅书》所引的以五岳四渎为主的神灵系统，其中，楚地南部神灵的地位是不突出的，正是基于这样的历史原因。如所谓五岳，指的是东岳泰山、中岳太室(今嵩山)、南岳潜山(天柱山)、西岳华山、北岳恒山(在上曲阳，今河北曲阳)①；四渎即江河淮济。江，据学者研究为古沂水，故四渎都在河淮之间②，基本处于原来六国旧地之内。

一、上帝地位不突出、只是众神之一

从商周以来的历史去看，由于人的地位上升和阴阳五行说对上帝地位的冲击，在秦的神灵系统中，上帝更多地体现为众神之一，虽然地位重要、祭礼隆重，却非西周那样的至上神，祖先和自然神在秦的神灵系统中也很重要。

二、多神崇拜、包容性强③

秦人的神灵祭祀，具有原始性、多神性，凡天地万物、祖先、怪异灵物，都可入祀典。对于东方区域性神灵，特别是旧齐地之神，也加以保留和祭祀。这使秦之宗教祭祀系统，体现出多神性和包容性的特点。其中原因，可能与秦文化中的其他方面一样，都体现了秦文化的实用主义特质。经过秦皇汉武的推崇和确立，形成了中国古代宗教祭祀的一大特点，这给后来外来宗教的进入，留下了空间。

三、天象祭祀突出

上文所举《封禅书》所列天象祠，数量众多，说明在秦人的祭祀系统中，天象是与名山大川一样的重要组成部分。按照东周兴起的观测天象、占星望气以至知"天命"的风气，人们很容易认为，秦对天象的崇拜，是新的天道观作用下的产物。事实果真如此吗？

春秋以来，新的天道观出现，原来的天道观发生了变化。陶磊指出：

> 与西周时期的天道观相比，春秋时期的新天道观，不再认为天具有

---

① 顾颉刚:《四岳与五岳》，氏著《史林杂识初编》，中华书局，1963年，第34—45页。
② 石泉:《古文献中"江"不是长江的专称》，原载《文史》第6辑，又收入氏著《古代荆楚地理新探》，武汉大学出版社，2013年，第51—65页。
③ 吴小强:《论秦人的多神崇拜特点——云梦秦简〈日书〉的宗教学研究》。

根据人的德行赏善罚恶的能力,但天仍有知吉凶的能力,由星辰之运行,可以窥知人事之祸福,所谓"天垂象,见吉凶"。

……

新的天道观的出现,使人们对天的信仰发生了新的变化,天的道德意义减退,自然特点增强。不过这个自然之天,与巫统所尊的自然天神又有本质区别。这个天不再具有自由的意志,不再是善恶无常、随意任性的天神,他虽兼具善恶,但其善恶有度、有章可循;他不是因为人们对它的恐惧而受到崇拜,而因其有信受到人们的敬畏。

在这种观念支配下,人们不是通过祭祀,也不是通过修德,而是通过"从象",通过顺天地之常,来获得福泽。

在这个观念的支配下,人们通过观察天下,特别是对天象变化、异常情况的观察,就可知"天命"与数。这些主要的观察对象是五大行星和彗星。因此,东周时期观测天象、占星望气十分流行。①《史记·天官书》叙述这一时期占星、望气发展的原因时说:

盖略以春秋二百四十二年之间,日食三十六,彗星三见,宋襄公时星陨如雨。天子微,诸侯力政,五伯代兴,更为主命。自是之后,众暴寡,大并小。秦、楚、吴、越,夷狄也,为强伯。田氏篡齐,三家分晋,并为战国。争于攻取,兵革更起,城邑数屠,因以饥馑疾疫焦苦,臣主共忧患,其察禨祥候星气犹急。

观测天象的目的,就是为知晓"天命",秦的情况也是如此。《秦始皇本纪》记载秦代"候星气者至三百人,皆良士,畏忌讳谀,不敢端言其过",人数不可谓不众,适应的是"臣主共忧患"的形势。《史记·天官书》又记:

秦之疆也,候在太白,占于狼、弧。吴、楚之疆,候在荧惑,占于鸟衡。燕、齐之疆,候在辰星,占于虚、危。宋、郑之疆,候在岁星,占于房、心。晋之疆,亦候在辰星,占于参罚。

及秦并吞三晋、燕、代,自河山以南者中国。中国于四海内则在东南,为阳;阳则日、岁星、荧惑、填星;占于街南,毕主之。其西北则胡、貉、月氏诸衣旃裘引弓之民,为阴;阴则月、太白、辰星;占于街北,昴主

---

① 陶磊:《从巫术到数术——上古信仰的历史嬗变》,第119—121页。

之。故中国山川东北流,其维,首在陇、蜀,尾没于勃、碣。是以秦、晋好用兵,复占太白,太白主中国;而胡、貉数侵掠,独占辰星,辰星出入躁疾,常主夷狄:其大经也。此更为客主人。荧惑为孛,外则理兵,内则理政。故曰"虽有明天子,必视荧惑所在"。诸侯更强,时蓄异记,无可录者。

《汉书·天文志》有大致相似的记录。这段话指出,秦所祭祀之太白,乃"秦之疆",吴、楚、燕、齐、宋、郑则各有分野,荧惑、太白、岁星、填星等,与战争、国运密切相关,故诸侯都加以关注,秦对这些天象的关注,恐怕也有如此原因。

秦之观测天象的证据,除了国内"候星气者"众多之外,还有灵台之证。

灵台是用来观象授时、占星望气的。秦如别国一样也有灵台,《左传》僖公十五年记载,秦晋韩原之战后,秦获晋惠公以归,秦穆公夫人为晋女,以死相救,穆公乃安排晋惠公居于灵台①。秦灵台的位置当在都城雍附近②。卫③、燕④亦有灵台。韩有望气台,虽名字不同,其实一也⑤。

灵台之历史,可追溯到商周。《诗·大雅·灵台》记载商末周人作灵台之事,其作用就是观象授时、候星望气以观妖祥、以防灾变,《灵台》诗郑玄注:"天子有灵台,所以观祲象、察气之妖祥也。"《晋书·天文志上》云:"灵台,观台也,主观云物、察符瑞、候灾变也。"郑玄与《晋书》所说的都是灵台的后一种用途。

《汉书·王莽传》颜师古注:"灵台,所以观气象者也。文王受命,作邑于丰,始立此台,兆庶自劝,就其功作,故《大雅·灵台》之诗曰:'经始灵台,经之营之,庶人攻之,不日成之。'"

《左传》《史记》等文献记载秦晋韩原之战后,秦获晋惠公以归,秦穆公让晋惠公住在灵台,目的是用他来祭祀上帝,后来经周天子及穆公夫人(即晋惠公之

---

① 《左传》僖公十五年。杨伯峻:《春秋左传注》(修订本),第359页。
② 杜注:"在京兆鄠县,周之故台。亦所以抗绝,令不得通外内。"杜预认为此为旧周之灵台,在今西安鄠邑区附近,不确。见[晋]杜预注、[唐]孔颖达疏:《春秋左传正义》卷十四,第1806页。
③ 《左传》哀公二十五年。杨伯峻:《春秋左传注》(修订本),第1724页。
④ [明]董说:《七国考》,上引中华书局本,第182页。
⑤ 《七国考》引《玉海》记载韩有韩王望气台。见[明]董说:《七国考》,上引中华书局本,第182页。

姐)以死相逼才得以作罢。杨伯峻先生指出,此非周之灵台,而是秦之灵台,而且必在秦都郊外①,是十分正确的。

按《左传》,只记秦让晋惠公住在灵台,《秦本纪》透露了其中原因:秦穆公欲用晋惠公作牺牲以祭上帝。此时雍之時,只有鄜畤、密畤两处。鄜畤靠近灵山山地,而密畤在渭河以南。要祭祀上帝,作为牺牲的晋君,住宿之地当与畤接近,还在雍附近。

综上,在新的天道观的作用下,观测天象以知"天命",预知祸福吉凶、战争胜负,或是秦在东周以后崇拜天象的重要原因。但是,以下理由使笔者怀疑,秦人的天象的性质,或应偏向于自然天神,并非作为东周兴起的占星望气的对象而存在,秦之天象祭祀,因此具有了原始自然崇拜的特点,并未与时俱进,秦人对这些天象的祭祀很可能来源很久。理由如下:一是《封禅书》记载十分明白,秦人是把日月等天象当作神灵来立祠祭祀的,秦人对它们是祭祀而非观测,属于陶磊等学者所言的早期天道观背景的产物。但在新的天道观下,天上的日月星辰虽然也具有神格,但它们与人事之间,我们看不见任何崇拜的痕迹,人所要做的,就是勤于观察天象,推衍数理以知吉凶祸福②。二是天象祠除了雍所有的百余座之外,秦人老家西县也有数十座③。西从西周中期以来,就是秦人的老家,因此对于天象的崇拜,可能有着更早的渊源,是秦人长久以来就存在的神灵崇拜,不必等到东周时期。三是天象数量众多,这一点在祭祀系统中地位突出,与东周列国相比也很特别,也加深了这种印象。

四、重西轻东并开始融合

秦统一后,对于祭祀系统的整合,内容有两个明显的方面,一个是上帝,一个是名山大川。

畤祭上帝与封禅,是代表西、东的两个上帝祭祀,在秦时是并列存在的。

在秦统一天下之后,上帝的政治地位仍然没有完全失去。不过,由于秦始皇

---

① 杨伯峻:《春秋左传注》(修订本),第359页。
② 陶磊:《从巫术到数术——上古信仰的历史嬗变》,第124页。
③ 另外,关中秦故土也有天象祠。如《封禅书》记载:"《汉旧仪》云'祭参、辰星于池阳谷口,夹道左右为坛也'。"谷口在今九嵕山东泾阳县北,古称寒门,汉时为县名,是关中北向的交通要道。

的妄自尊大和上帝地位的历史局限性,东周时期流行的封禅之说被重视起来,成为天地祭祀的另外一个重要方面。

上帝本是周、秦西土的神灵,地域特征明显,特别重要的是,东方在战国中后期以来,流行封禅之说,就是东方的祭祀天地的说法。这个说法还受阴阳五行说的影响,并仅仅是一种说法,还停留在"理论"阶段,虽相传远古以来许多帝王就曾封禅,却无实际根据,故不知具体礼仪如何。由于此说在东方甚为流行,秦统一后就去实行如此的祭祀天地之说,对象也是上帝与大地。值得玩味的是,秦始皇亲自第一次行封禅,用的却是雍祭祀上帝之礼,就是因为祭祀对象相同。

封禅与西方祭祀上帝不同,同时还要祭地,即所谓的"封泰山禅梁父",以合于阴阳说,所以,汉武帝在太畤之外,还要再立汾阴后土祠。如此,秦汉国家既祭祀四帝和"五帝"、太一,也行封禅祭祀天地,东西方的上帝,在秦汉时期走向了融合,但总体线索还是清楚的。秦代郊祀与封禅并立,只是暂时的历史现象,属于这个融合过程中的一环。

名山大川之名已如上述,秦与六国故地山川并存,都得到了祭祀,但秦本土的山川并非有名者,也有很多得到了祭祀,体现出重西轻东的倾向。

这个系统的构成,基础在于国家的"提倡"和管控,废立、祭祀都是如此;再就是建立在对"淫祀"打击的基础之上,是有所立而有所不立的。

第二章　赫赫上帝——秦人的上帝祭祀

第一节　基本事实

秦人在春秋初年立国之后，即行上帝祭祀，一直到秦亡，延续了500余年。这个事实被传世文献、出土文字资料和考古发现所证明。

春秋时期，秦三次立畤祭祀上帝。《史记·秦本纪》记载，秦立国后不久的春秋早期襄公七年（前771），"用骊驹、黄牛、羝羊各三，祠上帝西畤"；文公十年（前756）"初为鄜畤，用三牢"；春秋中晚期之交的宣公四年（前672）"作密畤"。

《封禅书》的记载稍详而异："秦襄公既侯，居西垂，自以为主少皞之神，作西畤，祠白帝，其牲用骊驹、黄牛、羝羊各一云。"①文公立鄜畤所祭祀的上帝，《封禅书》也说是白帝："文公梦黄蛇自天下属地，其口止于鄜衍。文公问史敦，敦曰：'此上帝之征，君其祠之。'于是作鄜畤，用三牲郊祭白帝焉。"衍，《史记·封禅书》之《集解》引李奇曰："鄜音孚。山阪曰衍。"《五帝本纪》"大小之神"《正义》："大谓五岳、四渎，小谓丘陵坟衍。"知"衍"亦指山陵。故鄜为汧渭之会附近的山丘之名可从而知之，山陵高亢，正是上帝上下之所凭依，也反过来可证"衍"为此义。鄜畤因鄜山而名，也必在其上。秦宣公作密畤，所祭《封禅书》记载为青帝，地点在"渭南"，应就在今宝鸡一带渭河之南。

战国时期，秦继续了上帝祭祀的传统。《封禅书》记载战国早期秦灵公（前424—前415）作吴阳上畤，祭黄帝；作下畤，祭炎帝。战国中期秦献公（前384—

---

① 梁玉绳以为：《封禅书》中的"各一"当作"各三"，《秦本纪》中的"上帝"当作"白帝"。[清]梁玉绳：《史记志疑》卷四，中华书局，1981年，第122页。

前362)作畦畤栎阳,所祭为白帝。其中,灵公、献公立畤是《秦本纪》所不载的。

在出土秦文字资料中,也有祭祀上帝的内容。

澳门珍秦斋所藏秦子姬簋盖铭文,其仅存于盖上的后半段铭文,其中记载有"畤",并歌颂"秦子"的功德。器主"秦子"所指,或说为不享国的文公太子静公①;或说为五岁立而六岁即被杀的静公孙出子②;或说可能是宣公③,大致不晚于春秋早中期之交,是秦文字资料中最早的祭祀上帝的记载。此簋盖上半段铭文当存于器身,可惜器身遗失。有的学者根据现存铭文起首有"畤",与文中有"受命"字样,认为其上半段铭文或与祭天有关,与下半段的"受命"相吻合,而器物本身也可能就是用来纪念祭天之事,或是给祭天专门铸造的。这与秦公及王姬钟、传世秦公簋及钟等记载开国之君的"受天命""受大命",以及《秦本纪》记载的秦君即位即去祭祀上帝一样,是秦人心目中受命之君的成例。④ 笔者不同意这样的推理,因为根据铭文,秦子姬簋盖与传世秦公及王姬钟、秦公簋、秦公钟一样,都是为了祭祀"皇公"⑤等先人而做的,明明白白,已无须多辨。

除了上列金文资料,在凤翔秦公大墓残石磬铭上,也有"作匹配天""上帝是瞵""□绍天命"等内容,年代大致在春秋中晚期之交的景公时代⑥,也是秦人祭祀上帝的确证。

秦封泥中的"雍祠丞印"⑦,王伟认为"祠"即"祠祀"的省称。"祠祀"在秦属奉常,除了"掌宗庙礼仪"主持宗庙祭祀,也可能与上帝祭祀有关,其渊源自然可

---

① 王辉:《关于秦子戈、矛的几个问题》,《考古与文物》1986年第6期。王辉:《读〈秦子戈、矛考补议〉书后》,《考古与文物》1986年第6期。董珊:《秦子姬簋盖初探》,萧春源:《珍秦斋藏金·秦青铜器篇》,澳门基金会,2006年,第147—1527页。梁云:《"秦子"诸器的年代及有关问题》,北京大学中国考古学研究中心、北京大学震旦古代文明研究中心:《古代文明》(5),文物出版社,2006年,第301—311页。史党社、田静:《从称谓角度说"秦子"》,《中国历史文物》2010年第4期。
② 李学勤:《论秦子簋盖及其意义》,《故宫博物院院刊》2005年第6期。
③ 陈平:《〈秦子戈、矛考〉补议》,《考古与文物》1990年第1期。
④ 梁云:《"秦子"诸器的年代及有关问题》。
⑤ 参见秦公及王姬钟铭文。
⑥ 王辉、王伟编著:《秦铜器铭文编年订补》,三秦出版社,2014年,第19—22页。
⑦ 傅嘉仪编著:《秦封泥汇考》53,上海书店出版社,2007年,第10页;王辉、王伟编著:《秦出土文献编年订补》,三秦出版社,2014年,第506页。

以推到春秋早期。①

　　近几年,在秦都雍城即今陕西凤翔县城西北方向10多公里的灵山山地发现的秦汉时的遗址,为我们提供了秦汉祭祀上帝的考古资料。② 其中所出遗物主要为西汉中期以后的,考虑到秦、汉之间时的延续性,可以推测秦时祭天的遗迹,也当在此。在出土的陶文中,有"北畤""畤"等字样,说明了此处应为秦、汉的祭天遗址。《封禅书》记载古人的说法"自古以雍州积高,神明之隩,故立畤郊上帝,诸神祠皆聚"③,于此也得到了印证。

　　秦、汉上帝祭祀有一大差别,就是秦之上帝数目为四,而汉为五。这不仅仅是表面的数量差别,其实反映了在阴阳学说作用下二者的巨大差别。

　　秦是一个"上帝",汉则是五个,即青黄白赤黑"五帝"。这是汉代人硬性适应阴阳五行说而造作的结果,此前的秦之上帝,只有上帝,而黄白赤黑很可能是阴阳说流行后才有的。例如《封禅书》所说的祭祀黄帝、炎帝之吴阳上下畤,可能只是方位的差异,一开始并不具有颜色之别。以此,吴阳若指吴山之阳,则上畤必在下畤之北。

　　现在,凤翔血池遗址发现有"北畤""下祠"字样的陶器残片,发掘者田亚岐告知笔者,此处可能是秦之上畤,汉代扩展为北畤,后来五帝祭祀可能都在此处,具有五畤性质。这是有一定道理的。

第二节　秦上帝之源流

　　上帝之概念,可以追溯到商代。商代甲骨文中已有"帝"字,有许多学者曾对其含义加以研究,较新的研究例如常玉芝之说。她继承陈梦家之说,总结了商代甲骨文中"帝"的三层意思:一是自然品格的上帝;二是死去的商王,庙号用"帝"之称呼;三为禘祭之禘,即以柴薪祭祀。商人绝不把上帝称天("天"在甲骨

---

① 王伟:《秦玺印封泥职官地理研究》,中国社会科学出版社,2014年,第113—120页。
② 陕西省考古研究院:《陕西凤翔发现秦国国君和西汉皇帝亲临主祭的国家大型祭天场所》,《中国文物报》2016年11月9日第1版。
③ 《汉书》卷二五《郊祀志》记载同。

文中同"大"字),也不向上帝乞求,也从不祭祀上帝。陈梦家、常玉芝认为,虽然在商人的心目中,上帝权力无上,主宰着人间的吉凶祸福,但商代卜辞表明,商人却从来不向上帝祈求,也从来不对上帝进行祭祀。陈梦家认为这是因为上帝与人王并无血统关系的缘故①;常玉芝也认为上帝是自然神,不是人帝,它虚无缥缈,不可捉摸,人们只能通过它的臣使来联系它。② 林沄先生认为,商代也具有政教合一的传统,天神崇拜对于维持商王的威权具有很大的作用。从卜辞看,商代的"帝"是至高无上的,作为天神的代表;商王通过占卜,可以知晓天意,因此掌握占卜结果解释权的商王,实际上便成了天帝的代言人。③

还有很多学者都强调了商代上帝的自然品格,并非后来的全能神。如晁福林认为,帝在商代为天神,与祖先以及社、河、岳等自然神相互并列,互不统属,"帝"没有后世那样统领一切的功能,只是诸神之一,而不是诸神之长。④ 朱凤瀚认为,商人的上帝虽然在神灵系统中也有崇高地位,但还不是至上神,周人的上帝并非袭自商人,且神性与商人的上帝不同,它是周人的至上神和周王朝的保护神,并且,周人的上帝和天还有一定的差别。⑤ 对于商周间上帝属性、形象差别的原因,李泽厚认为,商周之上帝,并非西方宗教那样的人格神,商、周时代的巫史传统,有一个由巫术而理性化的过程,人们更加重视的是祭祀、作法的过程,而不是对象本身,这造就了中国古代的巫史传统并没有发展成为宗教,所以商周上帝的"发育"并不完整。⑥

周人的上帝与商人的上帝有所差异,是至上神、全能神,是自然与人类的主宰,上帝居于天,所以经常天、帝互用。

---

① 陈梦家:《殷墟卜辞综述》,中华书局,1988年,第580页。
② 常玉芝:《由商代的"帝"看所谓"黄帝"》,《文史哲》2008年第6期。
③ 林沄:《商王的权力》,氏著《商史三题》,"中央研究院"历史语言研究所,2018年,第95—138页。
④ 晁福林:《论殷代神权》,《中国社会科学》1990年第1期。河、岳或说为祖先神,见常玉芝《由商代的"帝"看所谓"黄帝"》。
⑤ 朱凤瀚:《商周时期的天神崇拜》,《中国社会科学》1993年第4期。
⑥ 李泽厚:《由巫到礼 释礼归仁》,生活·读书·新知三联书店,2015年,第3—116页。

周人信奉上帝,《诗经》中相关记载从始祖姜嫄①、文王就开始了,其实不一定靠得住,这些诗歌的年代,是周人建国后祭祀祖先时所作的,不能上推到灭商以前。较可信的是《尚书》中的说法。

笔者认为,按照《尚书·牧誓》的记载,周人伐商,是以天即上帝的名义进行的②,从这点来看,周人与其西方联盟之人,无疑是相信天和上帝的,已经有了这样的认识。商人作为周人讨伐的对象,若不相信天意,周人的宣誓就失去了意义,所以,按理商人也应是相信上帝的,其灭亡也是天意,至少在商代后期至商周之际如此。狄宇宙认为,表示上天之神的"天",是周人灭商之后引进到商人那样的"华夏"族群中的。③

若超越灭商的周人往前追索,自然品格的神灵天及上帝的概念,可能与更遥远的西北族群有关。在突厥—蒙古语中,有上天创造了君王这样的概念,就是后来所称的"君权神授"。这个神就是天,在突厥—蒙古语中称"腾格里"(Tengri),匈奴称"撑犁"④,周那样的"华夏"称天,显然与腾格里、撑犁在读音上存在着联系。这也不难理解,周人在定居关中西部周原之前,长期在陕北、陇东一带活动,与北方族群的交往和相互影响是难免的。许多学者怀疑周人的起源与西北非"华夏"族群有密切关系,这点也可以作为证据。

周人对于"上帝"的祭祀,是历史真实。《封禅书》记载春秋初年秦文公作鄜畤,在此之前,"自未作鄜畤也,而雍旁故有吴阳武畤,雍东有好畤,皆废无祠",所说显然是西周的情况,这些神祠废弃的原因不得而知。武畤所祭祀的对象可能就是黄帝、炎帝。同文又载:"秦灵公作吴阳上畤,祭黄帝;作下畤,祭炎帝。"《索隐》云:"吴阳,地名,盖在岳之南。又上云'雍旁有故吴阳武畤',今盖因武畤又作上、下畤以祭黄帝、炎帝。"

黄帝、炎帝本来就是周人的上帝,若细分,则黄帝是姬姓的而炎帝应是姜姓的神灵。李零先生曾指出,所谓的黄帝、炎帝之类的上帝,本来都是各族的神灵,

---

① 《诗·鲁颂·閟宫》:"赫赫姜嫄,其德不回。上帝是依,无灾无害。"《周颂·文王之什》:"维此文王,小心翼翼,昭事上帝,聿怀多福,厥德不回,以受方国。"

② 所谓"恭行天之罚"。

③ 〔美〕狄宇宙著,贺严、高书文译:《古代中国与其强邻——东亚历史上游牧力量的兴起》,中国社会科学出版社,2010年,第204页。

④ 《汉书》卷九四《匈奴传》。

性质属于宗族神。① 后来与人间的民族融合相适应，各族的上帝也经过演变，被整合成了"五帝"那样大的系统，以适应更大的族群概念，族群的含义并没有消失，只是代表的族群范围更大了而已。并且，"五帝"这个系统，经过了春秋时代的发育，成熟之时已经是战国后期，帝由自然品格的神灵，又变成了人祖，形象、性质也发生了变化。

随着周人势力的扩散，周人把无所不能的天、上帝引进到了"华夏"之中，并认为自己族群的产生，是秉承了上帝的旨意的②，后来干脆就把上帝传说"历史化"，把上帝例如黄帝、炎帝认作了自己的祖先。

秦人上帝观念的起源，应该是从商、周继承过来的。商、周各有上帝，只是品格有所差异。商代的上帝，偏向于自然属性，而西周则赋予天以道德，使其在人可控的范围之内。

鄙见认为，去看看商、周、秦人的"上帝"，都与族群有关，这反映在以下两个方面：

第一，这个上帝虽然不是祖先，但都与自己的族群有关，是他命令生了这个族群的祖先，如"天命玄鸟，降而生商"之类。

第二，实际上，由商、西周自然品格的上帝，发展为春秋战国时代神化的古代圣王，"帝"的作用其实没发生变化，那就是统治阶层合法化其政权来源的借口。正如许倬云指出的那样，春秋时代的列国公室都宣称自己是上古帝王之后，是"因为与神话人物的关系可以赋予统治者及宗族成员以权力——'命''德'和超凡魅力，这些权力使他们的统治变得合法和不可避免。"③

秦人上帝的来源自然来自于周人。笔者怀疑，先是只有周人有自己一个宗族的神灵黄帝，后来商人、秦人，还有东方的其他族群，才有了这样的概念，也认为他们各自的族群与"上帝"有所瓜葛，是"上帝"之后，不同的族群遂有了自己的"上帝"，最后才是"上帝"被整合成一个大系统。也就是说，是周人的"上帝"

---

① 李零:《考古发现与神话传说》，原载《学人》第5辑，江苏文艺出版社，1994年，第115—150页，收入氏著《待兔轩文存·读史卷》，广西师范大学出版社，2011年，第43—70页。

② 如商周的感生神话。但须明白的是，《商颂》是两周时期宋人的乐歌，西周以后被周册封的宋，也是"华夏"的一员，其上帝观念也是来自周人的。

③ 许倬云:《中国古代社会史论——春秋战国时期的社会流动》，广西师范大学出版社，2006年，第17页。

概念影响了其他族群的。各族虽然先有"上帝"的概念，但却并不完备，也没那么大的神通，例如商代甲骨文中"帝"指死去的祖先，而所谓的"上帝"所具有的还主要是自然的品格，还不是周人心目中无所不能的"上帝"；后封的秦人的"上帝"，也是个全能神，大概也是向周人学来的。顾颉刚①、胡适②先生曾认为，黄帝起先是西北地区秦人的神灵，其源流应是秦人从周人那里继承过来的。

与周一样，秦人也相信天命，认为他们有国有土，乃是上天的赐予，是合理的，这在秦青铜器铭文中有所反映，例如武公及王姬钟、秦公簋等③。故对上帝的祭祀，自认为受命之君的秦是必不可少的。后来保守的儒者认为，这是一种僭越行为，如司马迁说：

> 秦襄公始封为诸侯，作西畤用事上帝，僭端见也。《礼》曰"天子祭天地，诸侯祭其域内名山大川"，今秦杂戎翟之俗，先暴戾，后仁义，位在藩臣而胪于郊祀，君子惧焉。④

秦人的"上帝"，共有四个：黄帝、炎帝、太皞、白帝，祭祀地点从西（今甘肃礼县）到关中西、东部，这适应了秦政治中心的转移；同时，也是与天下分裂这个历史大势相适应的，到了汉代，终于有统一的天神——太一，这是大一统政治形势下的必然结果。

下文对秦所祭祀的四个"上帝"稍加辨析。

黄帝

黄帝本为周人的氏族神，即姬姓的周人一族的神灵，是周人崇拜的上帝。在更早时期，可能是周人老家陕北、陇东的地方神，如起源于此的鲜于白狄也是姬姓，就是个证明。秦统治者从周人那里把这个崇拜继承下来，徐旭生先生指出，原因是为了怀绥"秦人"中的周余民⑤。秦人创立白帝祭祀，也是模仿周人的黄

---

① 顾颉刚：《讨论古史答刘胡二先生》，《古史辨》第一册，上海古籍出版社，1982年，第121页。
② 胡适：《论帝天及九鼎书》，《古史辨》第一册下编，第199页。
③ 卢连成、梁满仓：《陕西宝鸡县太公庙村发现秦公钟、秦公镈》，《文物》1978年第11期。
④ 《史记》卷一五《六国年表》序。
⑤ 徐旭生：《五帝起源说》，氏著《中国古史的传说时代》，广西师范大学出版社，2003年，第230—252页。

帝崇拜而来的。后来黄帝的影响随着周人的殖民，扩散到了东方与南方。战国时期，为了适应统一形势，黄帝遂演变为人间共祖，成了古代人王。① 又经过燕、齐的神仙家（方士）之流的鼓吹，黄帝的形象又变得神仙化，后来司马迁作《五帝本纪》，也是去除了其中"不雅驯"即荒诞不经的部分，成了儒家形象的"五帝"之首。

东方的阴阳家按照五行说创立的"五帝"系统，把黄帝立为中央之帝，成为祭祀的主神。西方秦人创立的"四帝"系统，给这个"五帝"系统的创设，提供了"素材"。

炎帝

炎帝是灵公时所立吴阳下畤所祭神灵，其地点应在今凤翔塬附近，也当在凤翔血池遗址附近。按照《国语》等文献记载，炎帝一般认为即姜姓的神灵。《国语·晋语》记载：

> 昔少典娶于有蟜氏，生黄帝、炎帝。黄帝以姬水成，炎帝以姜水成。成而异德，故黄帝为姬，炎帝为姜，二帝用师以相济也，异德之故也。

姜姓是来自西北的族群，经常会被认为是羌人之中同化于中原者，姜姓中最为显赫的就是与姬周联姻的那支，它与姬姓构成了周统治阶层的主干。姜姓的神灵，得到了秦人的官方祭祀，与祭祀黄帝一样，反映的应是秦对周余民的怀绥。这里的"周余民"，自是生活在雍附近的人群。此处有姜氏城、姜水，应即姜姓的聚居地，王子今认为或与秦立下畤祭祀炎帝有关，是合理的。② 又，灵公处战国早期，按其谥号"灵"来说，名声也不算好，其执政间最有名的事件，除了立吴阳上下畤之外，还有就是徙治泾阳③。秦泾阳在今陕西关中泾阳附近，而非汉泾阳在平凉附近，灵公为怀柔关中一带的周人而祭祀黄帝、炎帝，也是可能的。

白帝少皞和青帝太皞

公元前770年，秦人甫立国，就祭祀上帝，《史记》之《秦本纪》《年表》记载为"上帝"，《封禅书》更为详细：秦襄公"自以为主少皞之神，作西畤，祠白帝"，把白帝跟少皞拉在了一起。少皞本东方神灵，春秋时期是东方族群认同的高祖。例

---

① 顾颉刚：《黄帝》，氏著《史林杂识初编》，第176—184页。
② 王子今：《论秦汉雍地诸畤中的炎帝之祠》，《文博》2005年第6期。
③ 见《史记》卷六《秦始皇本纪》附录。

如《左传》昭公十七年郯子说"我高祖少皞"云云这类资料，学者多有称引，此处不必枚举。有学者认为秦始祀上帝，仅是上帝而已，而非少皞，鄙见认为未必。因为秦祭祀上帝，本就是借口，若祭祀东方神灵，则正可证明自身不同于"西戎"的东方属性。所以，秦初立国而祭祀上帝少皞，应是可信的，是后来被阴阳五行家加上颜色、方位的，所以成了西方之少皞。甚或，由于秦人起源于东方山东半岛，少皞本来就是他们的宗祖神，秦人此时重加祭祀，还是对自己的东方渊源重加强调的结果。

太皞亦东方神灵，如《左传》僖公二十一年所记"任、宿、须句、颛臾，风姓也，实司大皞与有济之祀，以服事诸夏"①云云，故祭祀太皞之作用，等同于少皞。

颛顼

东周时代颛顼有数个面目，在秦人眼里是秦祖，如景公大墓残石磬铭所言；在占星家眼里，则是星宿，如《左传》昭公十年"今兹岁在颛顼之虚，姜氏任氏，实守其地，居其维首，而有妖星焉，告邑姜也"②；在阴阳五行家眼里，则是上帝，也是大巫。

作为人祖的颛顼，除了秦之外，不同的族姓（先秦之姓大约代表氏族）例如虞（姚姓）、夏（姒姓）都以颛顼为祖，这与商、周都祖帝喾一样，是族群集团不断连接、不断扩大的结果。从时间上来看，现存最早的秦人祭祀颛顼的资料是春秋中晚期之交的景公时代（前576—前537），比《吕氏春秋》的记载早了二百年。鄙见怀疑，颛顼本为东方某一或某些族群的神灵，后来经过历史化的过程，变成了许多族群心目中的古代人王，被诸多族群祭祀。如《国语·鲁语下》说：

> 有虞氏禘黄帝而祖颛顼，郊尧而宗舜；夏后氏禘黄帝而祖颛顼，郊鲧而宗禹；商人禘舜而祖契，郊冥而宗汤；周人禘喾而郊稷，祖文王而宗武王。③

《礼记·祭法》有大致相同的记载。

> 有虞氏禘黄帝而郊喾，祖颛顼而宗尧；夏后氏亦禘黄帝而郊鲧，祖

---

① 杨伯峻：《春秋左传注》（修订本），第391—392页。
② 杨伯峻：《春秋左传注》（修订本），第1314页。
③ 徐元诰撰，王树民、沈长云点校：《国语集解》（修订本），中华书局，2002年，第159—160页。

颛顼而宗禹；殷人禘喾而郊冥，祖契而宗汤；周人禘喾而郊稷，祖文王而宗武王。①

这是春秋时代东方诸国精英阶层的说法，徐旭生先生已经指出，有虞氏乃春秋时代的陈人，夏后氏指的是杞人或鄫人，商人实是宋人，周人为郑人，都属于东方"华夏"②。顾颉刚先生总结道：

> 疑颛顼之由神而人，始于郊時之祀上帝；其后以人王之配享而推之为人王之祖先，寖假而化为黄帝之孙，遂列为人间之五帝；然其上帝地位并未因此撤消，故凡言五方帝及五时帝者仍奉为北方与冬时之帝焉。③

十分有趣的是，秦、楚这样的族群都敬拜颛顼为祖，并被分别记录在《史记》之《秦本纪》和《楚世家》中。各自以为其祖应较早，但整合为一个系统，则明显是战国以后的事情。

在阴阳家所列的"五帝"系统中，颛顼为北方黑帝，例如《吕氏春秋·十二纪》以及《礼记·月令》中，以太暤、炎帝、黄帝、少暤、颛顼为"五帝"。这个系统，崔述也指出，其来源是《左传》昭公十七年郯子之言④：

> 昔者黄帝氏以云纪，故为云师而云名。炎帝氏以火纪，故为火师而火名。共工氏以水纪，故为水师而水名。大暤氏以龙纪，故为龙师而龙名。我高祖少暤挚之立也，凤鸟适至。故纪于鸟，为鸟师而鸟名……自颛顼以来，不能纪远，乃纪于近，为民师而命以民事，则不能故也。⑤

此时的颛顼等，也是古代人王，郯子之言，反映了"东夷"的历史观。阴阳家本出齐鲁，与郯并属东方族群，据此创造上帝的"五帝"系统，也是顺理成章的事。笔者认为，在黄帝、颛顼等被历史化以后，其上帝的一面也没有失去，一如顾先生所言。

---

① ［汉］郑玄注，［唐］孔颖达疏：《礼记正义》，上海古籍出版社影印阮刻《十三经注疏》本第四十六卷，1997年，第1587页。
② 徐旭生：《五帝起源说》，氏著《中国古史的传说时代》，第230—252页。
③ 顾颉刚：《颛顼》，氏著《史林杂识初编》，第189—197页。
④ ［清］崔述著，〔日〕那可通世校点：《崔东壁先生遗书十九种》（全三册），北京图书馆出版社，2007年，上册第105页。
⑤ 杨伯峻：《春秋左传注》（修订本），第1386—1389页。

战国晚期，东方的阴阳家把颛顼立为北方黑帝，可是颛顼为祖的概念在秦人心目中已经深入和固化，故虽然秦人作品《吕氏春秋》中已经有了这个上帝的颛顼，并且秦始皇本人也推崇阴阳五德学说，可秦人至亡也没有把颛顼当上帝去祭祀。

颛顼还有一品格与祭祀、神灵有关，有人推测其本就是古代的大巫。除了"绝地天通"的故事，还有《五帝本纪》所记的此类记载：

> 帝颛顼高阳者，黄帝之孙而昌意之子也。静渊以有谋，疏通而知事；养材以任地，载时以象天，依鬼神以制义，治气以教化，絜诚以祭祀。北至于幽陵，南至于交阯，西至于流沙，东至于蟠木。动静之物，大小之神，日月所照，莫不砥属。

文中书颛顼"静渊以有谋，疏通而知事"，大约是东周以降儒家眼中的颛顼形象，而"载时以象天，依鬼神以制义""动静之物，大小之神，日月所照，莫不砥属"则明显与阴阳家有关，司马迁综合的是几种颛顼的不同说法，然后"塑造"了自己的颛顼。其后，这个官方的颛顼形象就基本固定了下来，流传了两千年。

以上"五帝"，除了颛顼，大约都是秦代以前实际祭祀的上帝。阴阳五行家的"五帝"，基本还停留在学术的层面，完全变成现实的"五帝"之祠，要等到汉代了。

第三节　对上帝的祭祀礼仪

对上帝的祭祀礼仪，文献材料有记载。如《秦本纪》：

> 襄公于是始国，与诸侯通使聘享之礼，乃用骝驹、黄牛、羝羊各三，祠上帝西畤。
> ……
> （文公）十年，初为鄜畤，用三牢。

《封禅书》对于雍四畤祭祀的记载：

> 畤驹四匹，木禺龙栾车一驷，木禺车马一驷，各如其帝色。黄犊羔各四，珪币各有数，皆生瘗埋，无俎豆之具。

鄜畤，用"三牢"，在东周以来的文献《左传》《国语》中，多有"牢"的记载，学者们认为即大小相次盛肉的列鼎①。从最新发现的凤翔血池遗址来看,汉代祭祀上帝有牺牲,当是由春秋早期畤祭之"三牢"发展而来。

图 1　凤翔血池秦汉祭天遗址牺牲出土情况(田亚岐提供)

对上帝祭祀,唯雍四畤、西畤、畦畤等,"皆太祝常主,以岁时奉祠之"。皇帝祭祀,则太祝主祭祀,如秦始皇封禅,《封禅书》说"其礼颇采太祝之祀雍上帝所用,而封藏皆秘之,世不得而记也",明言祭祀上帝者为太祝。汉武帝元封二年(前109),郊雍后还长安祭祀太一,祝语作:"德星昭衍,厥维休祥。寿星仍出,渊

---

① 北京大学历史系考古教研室商周组:《商周考古》,文物出版社,1979 年,第 203 页。

耀光明。信星昭见,皇帝敬拜泰祝之享。"其中太一之祀,主祭者也为太祝,秦、汉之间,是有延续性的。

作为祭祀中心的雍,有宗庙、畤等祠,故也设有祠官,例如秦封泥中的"雍祠丞印",上文已述,也可能与上帝祭祀有关。① 另外,根据《汉书·百官表》,五畤还各有一尉,应是维持祭祀秩序、安全之官。

从文献、秦文字等资料看,早期的国君、太子(例如秦子、姬簋盖)还参与对上帝的祭祀活动。战国时代稀见,文献所记只有昭王、秦王政各一次。统一天下后则三年一郊,除雍之外,其余地点则皇帝并不亲往祭祀,故当由祠官主之而已。《封禅书》记载:

> 故雍四畤,春以为岁祷,因泮冻,秋涸冻,冬塞祠,五月尝驹,及四仲之月(祠若)月祠,〔若〕陈宝节来一祠。春夏用骍,秋冬用駵。畤驹四匹,木禺龙栾车一驷,木禺车马一驷,各如其帝色。黄犊羔各四,圭币各有数,皆生瘗埋,无俎豆之具。三年一郊。秦以冬十月为岁首,故常以十月上宿郊见,通权火,拜于咸阳之旁,而衣上白,其用如经祠云。西畤、畦畤,祠如其故,上不亲往。

> 诸此祠皆太祝常主,以岁时奉祠之。至如他名山川诸鬼及八神之属,上过则祠,去则已。郡县远方神祠者,民各自奉祠,不领于天子之祝官。祝官有秘祝,即有菑祥,辄祝祠移过于下。

对上帝祭祀礼仪,有的只是文献中的一星半点,秦始皇东行封禅,很多借用的是自身祠上帝礼仪,因为封禅本来就是传说,到了秦始皇才有了第一次实际操作。但封禅之仪秘而不宣,我们自然也无从得知了。从上述资料,我们可对上帝的祭祀礼仪稍作复原。

这些礼仪,应有皇帝亲祠与非亲祠的差别,礼仪隆杀不同,至于西汉还是如此,如《封禅书》记载武帝时"有司上言雍五畤无牢熟具,芬芳不备。乃令祠官进畤犊牢具,色食所胜,而以木禺马代驹焉。独五月尝驹,行亲郊用驹。及诸名山川用驹者,悉以木禺马代。行过,乃用驹"。下文分几个方面略加叙述。

时间

按上引《封禅书》记载,国君三年一郊,岁首(冬十月)祭祀于咸阳,平时有太

---

① 王伟:《秦玺印封泥职官地理研究》,第113—120页。

祝所主的祭祀("经祠",即常祠)。还有按照时节的祭祀:如雍四畤春天祈岁、冬"塞祷"(报神之祭),四仲之月也有祭祀,有车马,颜色各不相同。秦与汉,国君祭祀频率是有差别的,汉代国君则多次祭祀上帝,秦则多数情况下"上不亲往"。

牺牲

如上文所引文献所记,有马、牛、羊等。汉代之血池遗址中,则用男女玉人代替之,秦代是否如此,不得而知。但玉人屡有发现,又或与秦文化传统有关,故下文略微展开。

对于玉人的用途,我们很容易想到秦的人祭传统(如马家庄宗庙遗址,详见本书"宗庙之灵——秦人的祖先祭祀"),认为这些玉人本质上还属于牺牲,是活人的替代品,反映的是秦文化的传统。梁云在分析鸾亭山秦汉祭祀遗址所出玉人的寓意时,就持这种看法。①

玉人之用,不限于上帝祭祀。《新唐书》卷三七《地理志》:"真宁,本罗川,有要册湫,天宝元年获玉真人像二十七,因更名。"所谓的"玉真人",就是血池遗址出土的玉人之类,从《诅楚文》可知,祭祀上帝与水神、巫咸都有"血祠、圭玉、牺牲"②,推测其所用牺牲、品物应类似,把《新唐书》《诅楚文》、血池的考古发现打通,可证实这种推测。在凤翔血池遗址中,已经出土有玉人,用于祭祀上帝③。

还有一些零星发现的玉人,与血池出土的类似。

1971年,在西安北郊联志村距离地面不到1米的祭祀坑内,出土玉器85件,计有玉圭、玉璋、玉璧、玉琮、玉琥、玉璜、玉觿、玉人等。1980年,在西安北郊芦家口村距地面1米的地下,又发现了一座祭祀坑,出土玉器100多件,种类与联志村出土的基本相同,只增加了一件由玉璧改成的玉猪。两批玉器的玉质皆为青玉。这两批玉器,器型偏小,制作简约,例如刘云辉先生所举例:玉璧呈圆饼状,中间一孔,直径仅4.7厘米,明显非日用实物,而是象征物,凑足数目而已。其中玉人有偏髻者为男性,整个为长方形扁平体,细线阴刻五官,四肢略去,腰、背部仅刻两条细线为腰带,高7.4厘米、宽1.6厘米、厚仅0.6厘米;女性玉人则

---

① 梁云:《鸾亭山祭祀遗址的初步研究》,《中国历史文物》2005年第5期。
② 郭沫若:《诅楚文考释》,《郭沫若全集》考古编第九卷,科学出版社,1982年,第275—341页。
③ 在血池遗址发现有"上""上畤"陶文,此处是祭祀汉代所有"五帝"的所在,还是单为上畤所在,现在还不能遽定。

无髯,也为青玉做成的长方形扁平体,圆顶,面部五官为细线阴刻,四肢亦略去,腰部仅刻一条细线,背部光素,口部较小无胡须,高 11—12 厘米、宽 2.3 厘米、厚 0.5 厘米。①

按《周礼·春官·大宗伯》记载:

> (春官大宗伯之职)掌玉作六器,以礼天地四方。以苍璧礼天,以黄琮礼地,以青圭礼东方,以赤璋礼南方,以白琥礼西方,以玄璜礼北方。皆有牲币,各放其器之色。②

联志村出土的玉器种类,最接近《周礼》此处的记载。《周礼》本身是复古思想作用的结果,是战国秦汉间保守的儒者按照今制"复原"古制做成的。汉人制礼,也是古今杂糅,思路与《周礼》相合,甚或直接参照《周礼》。这大概是联志村祭祀玉器与《周礼》可以连接的原因。

按《周礼》记载,祭祀不同对象所用玉器种类、组合不同,实际的考古发现也是如此。在一坑中就出土 85 件不同的玉器,应是一次祭祀、祭祀不同的对象后所留存,很可能是祭祀上帝并兼祭其他神灵的。联志村祭祀坑所在,因此就极有可能是祭祀上帝之所了。

2004 年,考古工作者发掘了鸾亭山祭祀遗址。遗址的年代从西周延续到西汉,发掘的祭祀遗址年代大约在西汉中晚期。在房址 F3 和沟 G4 发现了至少 10 组祭祀玉器,以圭璧为主,也有男女玉人,同时还有大量兽骨及焚烧痕迹,应是汉代西畤遗存。③

2005 年,陕西历史博物馆也征集到两件玉人,与上两个地点发现的情况极为类似。师小群等学者认为,此玉人制作粗疏,与佩玉制作精良形成鲜明对比,而其颜色为青黑,是秦尚水德、重视祭祀的结果。④ 笔者鄙见,这样的看法还得慎重再思,水德在秦具体祭祀制度中的实现程度,还须更多资料的证明,因为现

---

① 刘云辉:《东周秦国玉器大观》,杨伯达主编:《中国玉文化玉学论丛》(续编),紫禁城出版社,2004 年,第 284—299 页。
② [汉]郑玄注,[唐]贾公彦疏:《周礼注疏》第十八卷,上海古籍出版社影印阮刻《十三经注疏》本,1997 年,第 762 页。
③ 早期秦文化联合考古队:《2004 年甘肃礼县鸾亭山发掘主要收获》,《中国历史文物》2005 年第 5 期;梁云:《鸾亭山祭祀遗址的初步研究》。
④ 师小群、王蔚华:《秦代祭祀玉人》,《文博》2006 年第 3 期。

在已知的玉人,都是青色。

诸批玉人的形制,大致相同,这除了时代的相近之外,也可知已经成了定制,是约定俗成、专门制作的结果。玉人的来历,应反映的是秦真实的人祭传统。考古资料中,马家庄宗庙祭祀有人坑,据推测为更隆重的上帝祭祀,以人作牺牲也是可以理解的。① 文献中有迹可寻,《左传》僖公十五年②、《史记·秦本纪》等记载,秦穆公十五年(前645)秦晋韩原之战,秦胜而获晋惠公夷吾以归,准备用其祠上帝,后来得周襄王以同姓的名义,以及穆公夫人夷吾之姊的求情,才得作罢。

以人为祭祀之牺牲,这个传统在西周之后在中原已经接近消亡,像商代那样大规模的以羌等异族为牲的情况已不再存在。人之用,主要以殉葬的方式延续下来,这与作为牺牲的人,代表的是不同的传统,玉人、周系墓葬中零星的木俑③,应是人殉传统的反映。

笔者所知的作为与祭祀相关的玉人,主要在秦系的遗存中,例如血池、鸾亭山④、要册湫⑤,从先秦延续到唐,时间已足够长了。

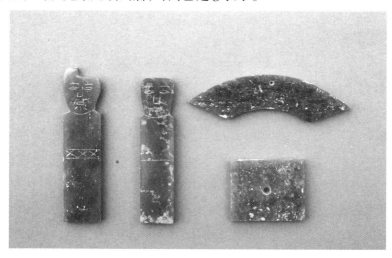

图 2　血池遗址出土玉人及璜、琮(田亚岐提供)

① 陕西省雍城考古队:《凤翔马家庄一号建筑群遗址发掘简报》,《文物》1985 年第 2 期。
② 杨伯峻:《春秋左传注》(修订本),第 341—350 页。
③ 有人认为乃驱邪的方相氏,或是。
④ 早期秦文化联合考古队:《2004 年甘肃礼县鸾亭山遗址发掘主要收获》,图版四。
⑤ 《新唐书》卷三七《地理志》:"本罗川,有要册湫,天宝元年获玉真人像二十七,因更名。"中华书局,1975 年(下同)。

第二章　赫赫上帝——秦人的上帝祭祀　29

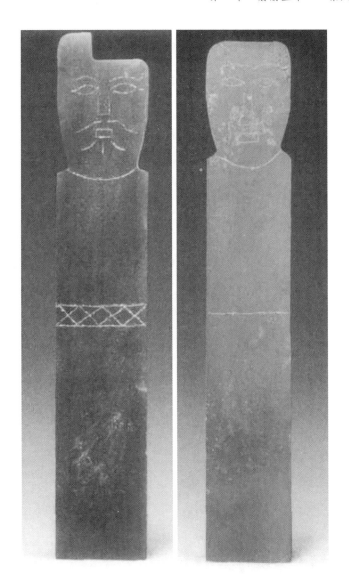

图3　礼县鸾亭山出土男女玉人(《2004年甘肃礼县鸾亭山遗址发掘主要收获》图版四)

在战国中山国的墓葬中,也出土有玉人,按用途、形制可分两类。一类发现于王族3号墓,共有13具小玉人,为男童、年轻女性和中年女性形象,质地为较好的白玉、墨玉、黄玉,高2.5—4厘米,推测其应是奴婢之类的形象复制,代表的是人殉而不是人祭传统。另一类发现于陶器作坊遗址,共出土12件,形象与血池出土玉人略似,头中部或右部有发髻,但质地为石质,高7—8.4厘米。其用途应与上述玉人不同,可能也用于祭祀,对象自然可包括祭祀上帝等神灵。① 中山是狄系的白狄东迁而来,推测为祭祀用的一类玉人形象,也与凤翔、鸾亭山出土的相似。再由此想开去,秦之祭祀上帝传统,应袭自周人。周人也起自西北,与秦、狄地域接近,三者在祭天源流上存在交接和联系虽然是可以理解的,但周人并无以人为牺牲或人殉的传统,所以使用人牲——玉人的传统,应该只与秦、戎狄有关,这个传统与西北族群的关系,是微妙和值得思考的。

图 4　西安北郊联志村出土秦玉器②

与玉人相关的是,上帝偶像是否在秦已经存在,这就是著名的"金人"问题。

---

① 侯宁彬主编:《神秘王国——古中山国历史文化展》,西北大学出版社,2017 年,第 24 页、第 32—33 页。

② 西安市文物管理委员会编:《玉器》,陕西旅游出版社,1992 年,第 42—43 页、第 127—128 页,图版 49、50。

鄙见认为,玉人为祭祀牺牲之替代品,但金人也不排除具有偶像的意义。

先秦时期,没有明确的证据说明,上帝崇拜有偶像性质存在。鸾亭山、血池、联志村发现的秦汉玉人,属于人牲的替代品,而非上帝偶像,年代都应被归入汉。汉代有明确的上帝偶像存在,如太一之神。扬雄《甘泉赋》:

> 金人仡仡其承钟虡兮,嶔岩岩其龙鳞。扬光曜之燎烛兮,乘景炎之炘炘。配帝居之县圃兮,象泰壹之威神①。

"泰壹"(也写作泰一、太一)偶像,当是受匈奴偶像崇拜的影响而产生,具体说就是受匈奴祭天金人的影响,如《汉书·地理志》所记云阳之金人祠,来源本就是匈奴。日本学者江上波夫在《匈奴的祭祀》一文中,对此偶像崇拜的渊源有过深入分析。他认为,这种偶像崇拜,有天神、祖先,等等,来源应是欧亚民族古老的萨满(也作萨蛮。下文同)崇拜。这种崇拜可分三个层次,即从树丛等依附物逐渐发展为神主(犹如中原祭祀之"尸"),然后再到神像的。② 如此,汉代已经有明确的上帝偶像记载,秦与北方草原联系紧密,也有关于金人的记载,那么,是否秦之上帝祭祀,已经发展出偶像呢?

在更早的秦,已经有金人的存在,例如秦昭襄王金人、秦始皇金人。李零曾对先秦、秦汉金人资料进行了梳理,认为秦之金人,与匈奴金人可能有关,是受后者影响而产生的,他搜集了古文献中关于金人的七种记载:一是《孔子家语·观周》所说孔子在周后稷庙中所见的金人,二是秦昭襄王金人,三是秦始皇金人,四是汉武帝金人,五是汉灵帝金人,六是魏明帝金人,七是赫连勃勃金人。③ 其中的秦昭襄王金人,地点在河曲(今青海东南果洛藏族自治州、甘肃西南部甘南藏族自治州一带),是秦与北方族群交接之处,秦灭义渠后置陇西郡,辖今甘肃兰州以东的甘肃中部、东南部,在置郡之前秦在陇西已有活动,故虽可把陇西金人的年代放在公元前272年灭义渠置陇西郡之后,也不能排除更早时期的可能。秦始皇筑十二金人,也在灭匈奴之后。秦之金人,来源也或与北方匈奴的偶像有关。至于十二的数目,应与祭天有关。笔者鄙见,鉴于现在已知的祭祀上帝的考

---

① 《汉书》卷五七《扬雄传》。

② 〔日〕江上波夫著,辛德勇译:《匈奴的祭祀》,刘俊文主编:《日本学者研究中国史论著选集》第九卷"民族交通",中华书局,1993年,第1—36页。

③ 李零:《秦汉礼仪中的宗教》,收入氏著《中国方术续考》。

古资料都是汉代的;而秦又有获得金人的历史,故不能排除秦与汉一样,也有上帝偶像的存在。在以后的考古工作中,这是一个应该重视的问题。

车马

从血池等遗址来看,车模型化或明器化,与《封禅书》"木禺车马"即"木偶车"一致;马则如《封禅书》记载,为四匹幼马,合于"驹"的记载,幼马纯洁,表达对神灵的恭敬。

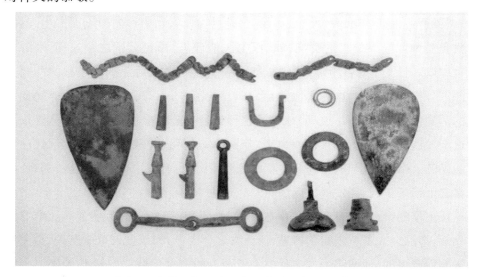

图 5　血池秦汉祭天遗址出土车马器(田亚岐提供)

圭币

圭即玉圭、璧之类;币即帛。"圭币"也可泛指,凡玉、马、皮、圭、璧、帛皆称币,用于国家、贵族间的交往,以及祭祀、盟诅等场合。① 按:血池遗址中包含的种类有玉璜、玉琮、玉璋、玉璧残片,独不见玉圭,这是殊可注意的现象(马家庄宗庙遗址出土玉器,为人随身佩带,所以祭祀祖先并不用玉,而是用于上帝、山川等祭祀②)。

按:秦墓中玉石、陶圭常见。联志村、鸾亭山、芦家口却有圭存在,包括山东

---

① 《仪礼·士相见礼》孔疏:"凡玉、马、皮、圭、璧、帛皆称币。"[汉]郑玄注,[唐]孔颖达疏:《仪礼注疏》卷七,上海古籍出版社影印阮刻《十三经注疏》本,1997 年,第 987 页。又参杨伯峻:《春秋左传注》(修订本),第 54—55 页。

② 陕西省雍城考古队:《凤翔马家庄一号建筑群遗址发掘简报》。

的日主①、阳主祠②,都是如此。上引《周礼·大宗伯》中,圭是用来礼祀东方的,璋、琥、璜则用来礼祀不同方向之神灵,《周礼》作为战国晚期东方礼家的作品,并受阴阳说的影响,与上述遗址出土资料的关系,值得注意。

图6　血池秦汉祭天遗址出土玉器(田亚岐提供)

另外还有璧、琮。上引《周礼·大宗伯》:"以苍璧礼天。"血池之璧、琮与其他玉是同色,作为象征之物,做工也粗疏,仅存其义。

图7-1　西安北郊联志村出土秦玉器

---

① 王永波:《成山玉器与日主——兼论太阳神崇拜的有关问题》,《文物》1993第1期。
② 烟台市博物馆:《烟台市芝罘岛发现一批文物》,《文物》1976年第8期。

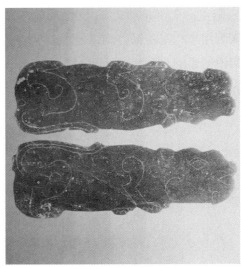

图 7-2　西安北郊联志村出土秦玉器①

权火

权火即烽火。《封禅书》记载:

  三年一郊。秦以冬十月为岁首,故常以十月上宿郊见,通权火,拜于咸阳之旁,而衣上白,其用如经祠云。

《集解》张晏曰:"权火,烽火也,状若井絜皋矣。其法类称,故谓之权。欲令光明远照通祀所也。汉祠五畤于雍,五里一烽火。"如淳曰:"权,举也。"

按:权火犹如井上桔槔,类似权之用法,故称权火。证之以河西汉简等文献,其制为一端有柴草笼生火,举高为烽。② 此以烽火在非国君亲郊之年与雍畤相连,在咸阳行郊祀,已或可以看出汉代长安郊祀的端倪。

祭祀上帝的食物,有专门的机构进行管理。秦封泥有"西共丞印""西共"③,已知的还有四件"西共"器:容庚《汉金文录》所收"杜共"鼎、巢湖北山头一号汉墓出土的秦始皇三十三年"信宫茜府"漆盘、澳门珍秦斋有"西共"罍(也叫"信

---

 ① 西安市文物管理委员会编:《玉器》,第 45—47 页、第 128 页,图版 53—55。

 ② 初师宾:《汉边塞守御器备考略》,甘肃省文物考古工作队、甘肃省博物馆编:《汉简研究文集》,甘肃人民出版社,1984 年,第 142—222 页。

 ③ 刘庆柱、李毓芳:《西安相家巷遗址秦封泥考略》,《考古学报》2001 年第 4 期;王辉、王伟编著:《秦出土文献编年订补》,第 489—490 页。

宫"罍)、南越王墓出土秦代"西共"银盘。① "共"同"供",乃"供厨"的省称,"西共"是西县负责提供祭祀食品的机构。西县即今甘肃礼县,是秦起源旧地的政治中心,《封禅书》记载秦在此有"数十祠",包括西畤、祖庙在内。"西共"所供,也必包括对西畤的祭祀。

图8　南越王墓出土秦代"西共"银盘铭文
引自全洪:《南越王墓出土秦代"西共"银洗及相关问题》,图二。

---

① 巢湖汉墓出土漆盘,见王辉、王伟编著:《秦出土文献编年订补》,第143页;"信宫"罍,参澳门基金会:《珍秦斋藏金·秦青铜器篇》,第126—131页图版,第222—223页董珊考释;以及王辉、王伟编著:《秦出土文献编年订补》,第615—616页。其余器铭据全洪《南越王墓出土秦代"西共"银洗及相关问题》一文辑录,参《文物》2012年第2期。铭文与解释,详参本书第三章"宗庙之灵——秦人的祖先祭祀"。

对于祭祀上帝的畤的形制等问题,也须探讨。此可参汉代泰畤来理解。《汉书·郊祀志》记载:

> 甘泉泰畤紫坛,八觚宣通象八方。五帝坛周环其下,又有群神之坛。

所谓的泰畤,就是祭祀最为高贵的泰壹(泰一、太一同)之坛,坛分三层,上为紫坛,作八角形;下为五帝坛,作圆形,五帝之位环绕其上;最下为群神之坛,也为圆形。①

对于畤的来源,学者们曾作出推测。凌纯声认为,畤来自于两河流域神殿祭祀。② 徐中舒先生认为,秦之立畤,出自当地习俗,也就是西北地方③,这是十分值得重视的观点。《封禅书》记载,"自未作鄜畤也,而雍旁故有吴阳武畤,雍东有好畤,皆废无祠",战国早期秦灵公时因之立吴阳上、下畤,所祭祀为黄帝、炎帝,黄、炎本是周人的神灵,故推测畤应是因"周余民"而来。

近年,在凤翔县西北的灵山之侧的山上,发现有汉代血池祭祀遗址。遗址位于今陕西凤翔县城西北约15公里的灵山山地之上,整个遗址约470万平方米,以坛为中心,有道路、建筑、壕沟、烽燧以及发现的3200多处祭祀坑,坑中有车、牺牲、玉器等多种祭祀物品,年代为汉代,推测早前的秦祭天处也在此。发现的陶器上有"畤""上畤",推测应与"上畤"有关。④ 这个遗址不但给我们提供了秦汉雍地上帝祭祀的真相,同时具有以下"纠偏"的意义。

第一,灵山山地应是所谓"三畤"(鄜畤、吴阳上下畤)所在地,而不是南侧的较为平坦的凤翔塬区。

按祭祀天帝,应于高亢之处为之,以便与神灵相接。从已经发现的礼县鸾亭

---

① 李零:《考古发现与神话传说》,氏著《待兔轩文存·读史卷》,第50页;姚生民:《甘泉宫泰畤考》,中国秦汉史研究会编:《秦汉研究》第八辑,陕西人民出版社,2004年,第145—153页。

② 凌纯声:《秦汉时代之畤》,《民族研究所集刊》1964年第18期。

③ [明]董说著,缪文远订补:《七国考订补》,上海古籍出版社,1987年,第535—536页。

④ 相关资料来源,有陕西省考古研究院:《陕西凤翔发现秦国国君和西汉皇帝亲临主祭的国家大型祭天场所》,《中国文物报》2016年12月9日第1版;2017年4月12日国家博物馆微博"国小博"报道;以及笔者数次现场观摩。

山汉代祭天遗址,以及文献所记文公立时的情况来看,秦时必在山陵地带,而不会在低下之处。《秦本纪》记载文公立鄜畤,《集解》引李奇曰:"鄜音孚。山阪曰衍。"又《索隐》引李奇《三辅记》云"三辅谓山阪间为衍"也,这两条文献所说衍为山阪或山丘之间,从鸾亭山、血池遗址的发现来说,都是对的;而《索隐》所说郑众注《周礼》云"下平曰衍",则是错误的。也可进一步知道鄜为山名,鄜畤必在鄜山之上。以今天凤翔一带地形断之,则鄜之所在,必在今凤翔县城西北方向的灵山山地,后者也包括血池遗址所在。笔者推测,鄜畤在今凤翔县城西北的长青镇至灵山山地之间的山坡附近,这与田亚岐先生的判定(血池考古工地展牌),都是相对合理的推测。

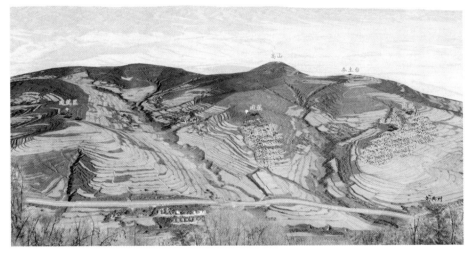

图9　血池秦汉祭天遗址布局图(田亚岐提供)

第二,很可能秦所谓三畤,连同汉初所立北畤,并在灵山山地,组成了一个畤之祭祀群。

第三,南侧较为平坦的三畤塬的得名,应是因北侧山地的畤而来。《正义》所引《括地志》之说"三畤原在岐州雍县南二十里,《封禅书》云秦文公作鄜畤,襄公作西畤,灵公作吴阳上畤,并此原上,因名也",是不准确的。

第四,畤之所在,应如《封禅书》所记,其云:"盖天好阴,祠之必于高山之下,小山之上,命曰畤。"这已经为血池遗址的考古发现所证实。血池祭天遗址之核心,并非在最高之山头之上,而在其下第二高附属之山巅。至少,在阴阳五行说流行之后的汉代如此;但秦之情况,不一定与汉完全等同。

图 10　血池遗址祭坛（田亚岐提供）

总之，畤作为祭天的地点，也是祭天之礼的重要表现形式，其起源神秘、影响深远。是否与两河流域存在形式联系，是否与欧亚草原的敖包、藏族的玛尼堆存在联系，都不失为值得注意的思路。在秦统一后实现的封禅大典，其礼也借用了西方的畤祭，这可以看作其影响。这个影响一直延续到明清，如北京的天坛之制。

我们还须考虑，是否随着天道观的变迁、阴阳五行说入秦，对上帝的祭祀礼仪也出现某些变化，从而呈现出一定的历史阶段性，如秦、汉之别。这是研究祭祀上帝之礼中十分重要的问题，但此点却被大多数学者所忽视。我们现在所知的考古资料，如上述血池等遗址的资料，年代大多归于汉，《封禅书》那样的记载，也是司马迁等人从汉代往前追述的，文献是否存在以汉代秦的情况，鄙见认为是可能的。

从战国开始，天道观发生了显著的变化，数术兴起，代替了此前以上帝为至上神的天道观，对"数"的崇拜，使上帝也变成天道、"数"的附属，神也要受"数"的约束，如《吕氏春秋·十二纪》中的五帝、五神。人们所最需要做的，是观察天象、推演数理,而不是通过祭祀取得神灵的福佑①;上帝也从四个变成了五个。

现在发现的鸾亭山、血池祭祀遗址,还有西安北郊联志村所发现的祭天之物,年代都属于汉代②。是否如上文所说,即是战国天道观作用的结果、从而与此前秦的祭天礼仪并不相同呢?是否如男女玉人那样体现阴阳思想的实物,可以作为划分时代的根据?是需要继续考虑的。

阴阳五行说兴起于战国后期的齐、燕一带,战国末期流传到秦,对秦的祭祀也产生了影响。对其源流及其与秦的关系,本书第五章《阴阳五行说与秦之关系探析》有专门论述,于此不加详说。阴阳说入秦,证据就是方士、方仙道之入秦,造成秦始皇时代轰轰烈烈的求仙运动,还有作为"理论"著作的《吕氏春秋》一书,以及秦之"水德"。《封禅书》记载祭祀"四帝"之牲,已经"各如其帝色",这是阴阳五行说作用于秦的真实记载,还是汉代的情况,需要慎重考虑。

总之,秦祭祀上帝之礼仪,来自于周又有所独创(例如人牲),融合东西而表现"杂异",并影响了汉。

例如故齐地祭祀之礼,可分两系:封禅祭天,颇用秦礼;祭祀八神,对象为东夷之后等东方人众所创设,礼则用本地传统,阴阳特征突出。这几个方面,大概都脱离不了齐鲁儒者的鼓吹和胡诌。秦对齐祭祀礼仪有所兼顾、并使东西融合:秦之封禅礼,模仿秦祭祀上帝的礼仪③;八神祭祀,神灵对象有的可能来自东夷,祭祀礼仪则为周之传统④。秦之祭祀礼仪,是兼容并包的结果,故表现出如《封禅书》所说之"杂异"特质。

又如对汉的影响。秦祭祀系统,基本被汉所继承,包括对上帝的祭祀,汉在此方面最大的变化,是在汉初所立北畤祭祀黑帝;武帝立甘泉太一祠。直到成帝、哀帝之后,才在争吵中逐渐改变,南郊祭祀系统才逐渐建立起来。原来在国都之外祭天的传统,才变成了南郊祭祀。笔者鄙见,南郊祭祀系统,背景是产生于齐地的阴阳五行说,一如"月令"一样,属于东方的学说,与西方周、秦系统的上帝祭祀不同。总的看来,南郊祭祀系统,本质上还是东方阴阳家学说影响的结

---

① 陶磊:《从巫术到数术——上古信仰的历史嬗变》,第128—129页。
② 唯刘云辉先生认为西安北郊联志村、芦家口所出玉器为战国晚期至秦代。见刘云辉:《东周秦国玉器大观》。其余诸家之说详见下文。
③ 《封禅书》记载:"其礼颇采太祝之祀雍上帝所用,而封藏皆秘之,世不得而记也。"
④ 如不用人像和人牲、与《周礼》联系紧密。

果,是在东西上帝祭祀两种不同的学说作用下,东方学说"胜出"的结果,亦是东西之争、秦齐之争。其实,若说是东方"胜出",毋宁说是东、西方"妥协"的结果,秦时不存,上帝还在,影响了中国历史几千年。在封禅与郊祀两大系统的互动中,前者断续存在至宋而亡①,后者则一直存在。

第四节　上帝祭祀的社会、历史意义

中国历史中的上帝与天,本为社会上层所提倡,政治含义极为明显。探究上帝祭祀的社会、历史意义,这是最为基本的一点,也是出发点。

一、上帝崇拜是君权的法理依据之一

此点从商周革命之时已经存在。周人宣示,其代商而有天下,乃因"天命"。如下《尚书》中的例证。

《多士》:

> 肆尔多士,非我小国敢弋殷命,惟天不畀,允罔固乱,弼我……后无我怨,惟尔知惟殷先人有册有典,殷革夏命……予一人惟听用德,肆予敢求尔于天邑商?予惟率肆矜尔,非予罪,时惟天命②。

《康诰》:

> 皇天改大邦殷之命③。

说明殷周革命,是由"天命""皇天"之命,这是周王朝创立和存在的法理依据。按《多士》所记,周公所言"天命",针对的是作为"殷顽民"的"商王士",即殷贵族,可见天命的观念,不但存在于周人,商人大概也是相信的,不然,周人何以说服商人?

周之上帝概念被秦继承,但如本书屡次强调的,上帝并非秦之至上神,而只

---

① [元]脱脱著《宋史》卷七记载真宗大中祥符元年(1008)封禅,此后史书不载封禅事。
② [唐]孔颖达:《尚书正义》,上海古籍出版社影印阮刻《十三经注疏》本第十六卷,1997年,第219页。
③ [唐]孔颖达:《尚书正义》,第十九卷,第244页。

是最为尊贵的神灵,但仍可作为政治借口而存在。如在里耶秦简中,秦始皇把"皇帝"等同于"泰上""天帝",自己也变成了最顶端的神灵,同时却不废上帝祭祀①。游逸飞指出:

> 秦始皇所制定的"皇帝"地位,实比儒家政治思想中的"天子"更高。以往我们受儒家典籍影响,以为秦始皇上泰山封禅,是人间统治者意欲沟通天地的举措。根据"秦更名方",秦始皇既取代泰上、天帝,封禅反而成为皇帝的巡狩。《汉书·郊祀志》曾言"及秦并天下,令祠官所常奉天地名山大川鬼神可得而序也"。参照"秦更名方",秦始皇不仅建立诸神位次,更让"皇帝"位于"天地名山大川鬼神"之上,成为神祇秩序中的顶点,秦朝宗教体系的核心。秦朝藉由皇帝的神格化,促使政教合一。
>
> 质言之,皇帝既是天帝,诏命就是天命。皇帝既可传之万世,周人"天命靡常"的观念也就无可制衡,秦朝皇权的理念似乎更贴近专制②。

我们还可以进一步推测,由于秦始皇自认为高于"天子"而等同于天帝,"天命"自然就在其王室手中,不存在替代问题,所以,他自己才自称"始皇帝",其子孙自二世至于万世得为皇帝。

无论信奉上帝,或自认为位比上帝,都是秦为自己有天下而造的政治舆论和借口。

秦人祭祀上帝的原因,首先自然是宣布自己"受命"的形象,即作为诸侯的合理地位。可是秦人不断立畤、大张旗鼓地祭祀上帝,在其他诸侯中是罕见的,这还牵扯出另一个因素,即秦人自认为继承了周之正统,想厕身"华夏"有关。

秦人被周立为诸侯,所封为周王室曾居的岐丰之地,即今关中平原的中西部,虽然是口头的誓言,但却是周的京畿以及先王坟墓、宗庙所在,新公布的清华

---

① 胡平生:《里耶秦简8-455号木方性质刍议》,武汉大学简帛研究中心:《简帛》(第四辑),上海:上海古籍出版社,2009年,第17—25页;游逸飞:《里耶8—461号"秦更名方"选释》,武汉大学简帛研究中心简帛网(http://www.bsm.org.cn/)2013年8月1日。

② 游逸飞:《里耶8—461号"秦更名方"选释》,魏斌主编:《古代长江中游社会研究》,上海古籍出版社,2013年,第68—90页。

简中,就说"秦中(仲)焉东居周地,以守周之坟墓"①,这与此前的诸侯都不相同。

这些土地对周王室的重要性是不言而喻的,后来秦文公伐戎后,还把岐以东的土地献给周王室,其实此时这些地方还有戎人占据,献呈于周主要还是一种政治上的象征性意义,秦人以此给周室尽诸侯之义务,以说明自身是"华夏"的一员。还有祭天、通聘享之礼、与"华夏"通婚等行为,莫不具有这层意思。武公及王姬钟铭文中说秦人"受天命"②"鼎宅禹迹"而有国,还有秦简中自称为"夏",大约都可作为证据。

再如尊周。周王室也可能把秦当作自己在故地的继承者,恢复旧地的使命,也落到了秦人身上。这样才可解释一些不合常理的现象,如从春秋中期的秦穆公到战国中期的惠文王前元时期,周天子曾三贺秦、二"致文武胙"、二"致伯"③。其中献公时的石门之战,秦仍为周室所贺。这样的行为,除了因秦之强大而媚秦外④,可能还有周王室对秦所抱有的政治期待有关,即把秦作为自己在故地的继承者这个原因。再如秦周"分合"之说,四次见于《史记》⑤,原因恐怕与上述周天

---

① 清华大学出土文献研究与保护中心编,李学勤主编:《清华大学藏战国竹简》(贰),中西书局,2011年,上册第47页、下册第141—142页。

② 秦人宣称受天命,《秦本纪》等文献都有记载,就是开国的襄公,武公及王姬钟铭文的"在帝左右"的"十又二公",明明白白,只能从襄公算起,而不是有学者所认为的西周晚期的庄公,从而错误地延伸出大堡子山陵园的主人有庄公的说法。如李零:《我们的中国》第三编《大地文章——行走与阅读》,生活·读书·新知三联书店,2016年,第265页。

③ 《秦本纪》:"三十七年,秦用由余谋伐戎王,益国十二,开地千里,遂霸西戎。天子使召公过贺缪公以金鼓。""(献公)二十一年,与晋战于石门,斩首六万,天子贺以黼黻。""惠文君元年,楚、韩、赵、蜀人来朝。二年,天子贺。三年,王冠。""(孝公)二年,天子致胙……十九年,天子致伯。""(惠文君)四年,天子致文武胙。"《周本纪》之《集解》:"胙,膰肉也。"膰肉即庙祭之肉。在《秦本纪》所记孝公求贤令中也有穆公时"天子致伯"。

④ 杨伯峻:《春秋左传注》(修订本),第326页。《左传》僖公九年(前651)"王使宰孔赐齐侯胙",周襄王赐胙齐桓公,也是因为齐之强大。

⑤ 按:分别见于《周本纪》《秦本纪》《封禅书》《老子韩非列传》。

子贺秦类似①。

　　总之，与其他诸侯不同，秦为诸侯却居于周王室故地，需要改变自己因与西方"蛮夷"的联系所带来的族群属性、政治地位的卑微，自然需要受天之命了。这也导致了周王室对秦的"偏爱"。所以，秦人祭祀上帝，恐怕不仅仅是"僭越"那么简单的，而是在一定历史条件下的政治选择，也是周王室所允许的。

　　上帝作为秦人国家权力的最终来源和法理依据，是具有强制力的。若有不从，则可以上帝之名"恭行天之罚"②，此与祖先、山川等神灵是不同的。秦人在春秋初年即行上帝祭祀，其所宣示的对象，当主要为西方的"周余民"和"戎狄"，可以想象这些族群必定是信奉上帝的，不然秦人的宣示就失去了现实意义。因为上帝信仰所具有的强制力，秦人建国、伐戎，应该都是借上帝之名而进行的，一如秦公及王姬钟铭文所说的，其祖乃"受天命赏宅受国"。

　　至于秦与诸侯的来往，则不可假借于上帝，因为上帝是周王的借口，上帝的权威对于同样作为周之诸侯的列国来说，应该是"公平"的。《六国年表》太史公自序认为秦祀上帝为僭越，应是站在后世儒者的立场说的，因为东周时期作为诸侯祭祀上帝的，不止秦一家（见下文）。所以，秦对诸侯的政治宣示，并不能以上帝为借口，上帝对诸侯是平等的；对各自的境内子民，则可以作为政治借口。上帝的权威，是仅限于秦境内的。

　　上帝在东周时代，不是只被秦所祭祀。有证据表明，晋、楚、鲁等国也曾祭祀上帝，若说属僭越，则诸侯多有之。《左传·僖公十年》记载晋惠公即位后，狐突在"下国"，即陪都曲沃新城，遇见太子申生的冤魂，太子申生托巫者之口，告诉狐突上帝将罚有罪之人（即晋惠公夷吾）。这变相说明，晋也是有上帝信仰的③。

------

① 按《史记》卷四《周本纪》记载："烈王二年，周太史儋见秦献公曰：'始周与秦国合而别，别五百载复合，合十七岁而霸王者出焉。'"对周秦"合别"的解释，司马贞《索隐》解释较优，"始周与秦国合"即非子封秦，"而别"指的是平王东迁，"别五百载复合"指的是昭襄王时秦灭周，"霸王"指的秦始皇。李零说基本同之，但李说"合十七岁而霸王者出"指的是秦王政灭周后大举攻赵，由此揭开秦灭六国的序幕，则不如司马贞解释，后者云"自周以邑入秦，至始皇初立，政由太后、嫪毐，至九年诛毐，正十七年"，此年秦王政正式及冠，执掌政事。李说见氏著《大地文章——行走与阅读》，第264页。
② 《尚书·牧誓》。
③ 同样的记载又见于《史记》卷三九《晋世家》。

另如楚,《左传·成公十三年》所记《吕相绝秦书》中有秦、楚盟誓,有"昭告昊天上帝、秦三公、楚三王"的行为。桓谭《新论》也记载,楚灵王信巫祝之道而祭祀上帝①,则楚与秦一样,都信奉上帝。又如《左传·哀公十三年》记载,鲁景伯对吴太宰嚭说"鲁将以十月上辛有事于上帝先王,季辛而毕",虽然是个借口,但吴人竟然相信了。可见其他诸侯祭祀上帝,恐怕是真实存在的。

东周诸侯、列国之间,对于上帝祭祀礼仪,则各有千秋。例如论者熟知的秦穆公十九年(前641)在韩原之战中,秦俘获了晋惠公,若非秦穆公夫人相劝,则被拿去当作祭祀上帝的人牲了。秦之用人牲,周系的晋上承周制并不用人牲,自然也不会在上帝祭祀中用之了。

二、上帝地位是逐渐衰落的

西周晚期,由于自然灾害和内外社会与民族危机,人们对上帝信仰发生动摇。东周以后,阴阳五行说兴起,上帝的属性、面目也发生了变化。徐复观论道:

> 由周初所胎动的人文精神,到了战国时期,已经把宗教性的天、帝解消尽净了。由阴阳家所重新建立起来的五帝,只可满足统治者夸张的心理,并非通过真实的信仰所肯定的。②

上帝的权威衰落的另一个重要原因,是诸侯、列国实力的增强与周天子地位的衰落,直至周室的灭亡。秦在商鞅变法后不立上帝之祠,原因也是如此,就是因为国内以县治民,最主要的是政治中心转向东方,信奉上帝的本土民众,已经完全臣服,国君亲往上帝之祠自然少见,只有昭襄王在位期间的一次③。

若以地域论,秦自春秋初年立祠祭祀上帝后,对上帝崇拜,一直仅局限于秦所在的西方,而在与东方诸国的交往中,上帝并非经常的祭祀对象。秦人的上帝,表现得更像一个地域神。

早年秦祭祀上帝,是作为单独的对象进行的,表现了上帝尊贵的地位,这应是承西周旧制而来。后来,在盟誓、祭祀等场合,上帝作为盟誓的对象,经常与祖

---

① [明]董说《七国考》卷九引,上引中华书局本,第275页。
② 徐复观:《周秦汉政治社会结构之研究》,学生书局,1975年再版,第135页。
③ 《史记》卷五《秦本纪》:"(昭王)五十四年,王郊见上帝于雍。"

先、水神等一起出现①,这其实是上帝地位下降的一个表征。

如上文所言,在商鞅变法后,秦未立新畤;对上帝的祭祀,都有祀官主持,国君亲往者,只有昭王年间一次。秦最后一次立畤,是献公时代的畦畤。这是献公时代历经初步的变革、国家实力上升之后所为。《封禅书》记载"栎阳雨金,秦献公自以为得金瑞,故作畦畤栎阳而祀白帝",可能是阴阳五行说流行后的追记,是否献公一定就认为得金瑞,还不一定,其中所含个人自大、政治宣示的意味,还是很浓厚的。献公之后,孝公承继改革旧绪,使秦后来居上,成为列国中最强的一个。秦君之个人感觉膨胀,由称王、皇帝等名号就可以看出来。此时的上帝,在人—神之关系中,是相对下降的。如秦始皇称"皇帝","天子"的意味虽然没有失去,但其中"最伟大的人间帝王"的含义,却是更显突出的。

三、秦之"上帝"对汉及中国历史有长久影响

秦人祭祀上帝,保守的儒者司马迁认为是僭越,还有《礼记·王制》说"天子祭天下名山大川,五岳视三公,四渎视诸侯,诸侯祭名山大川之在其地者",都含有东周以来儒者对西周制度的想象,与西周的情况尚有一定距离。西周时期虽然有周王对诸侯境内名山大川的祭祀,但日常所祭祀,其主者还是诸侯。

说秦人"僭越",确实有点冤枉,其他诸侯也有祭祀上帝的。上文曾举晋、楚、鲁诸国,上帝也是它们的神灵。

至于秦统一天下之后,上帝的政治作用仍然没有失去。不过,由于秦始皇的妄自尊大和上帝地位的历史局限性,兴起于东方的封禅之说又被重视起来,成为天地祭祀的另外一个重要方面。

上帝本是周、秦西土的神灵,地域特征明显,特别重要的是,东方在战国中后期流行封禅之说,即是东方的祭祀天地的说法。这个说法明显受阴阳五行说的影响,但仅仅是一种说法,虽相传远古帝王之类有七十二人曾经封禅,却无实际根据,也不知具体礼仪如何。由于此说在东方甚为流行,秦统一后就去实行如此的祭祀天地之说,对象也是上帝与天地,有趣的是,秦始皇亲自第一次行封禅,却

---

① 吕静:《春秋时期盟誓研究——神灵崇拜下的社会秩序再构建》,上海古籍出版社,2007年,第194—195页;赵瑞民、郎保利:《侯马盟书、温县盟书中的太岳崇拜——兼论侯马盟书中的"吾君"》,《史志学刊》2017年第4期。

用的是雍祭祀上帝之礼,就是因为祭祀对象的相同。

封禅与西方祭祀上帝不同,同时还要祭地,即所谓的封泰山禅梁父,以合于阴阳说,后来汉武帝在太畤之外,还要再立汾阴后土祠①,就是这个原因。秦汉国家既祭祀四帝和"五帝"、太一,也行封禅祭祀天地,东西方的上帝,在秦汉时期走向了融合,但总体线索还是清楚的。

---

① 《史记》卷一二《孝武本纪》:"(元朔四年)始立后土祠汾阴脽上,如宽舒等议。"汾阴后土祠在今山西万荣县西。

第三章 宗庙之灵——秦人的祖先祭祀

第一节 宗庙之灵——秦祖先祭祀历史综述

上章谈到,西周晚期以后,由于天灾人祸,特别是西周的灭亡,对上帝的权威是一个重大的打击,上帝之子——周天子都权威式微,他所依托的上帝,也必受到影响。随后,由于具有数术背景的阴阳五行说的兴起,进一步消解了上帝的权威。所以,我们可以从秦文字资料中看到,春秋初年秦有天下,还宣扬自己是"受天命";到了秦始皇之时,则统一天下是"赖宗庙之灵",绝口不提上帝。在上帝和祖先之间,秦最高统治阶层对二者的看法经历了此消彼长的历史变化。在讨论秦祖先祭祀之时,这是不得不明白的历史背景。

对于祖先的恭敬、崇拜,是传统中国社会的特色。从现在的材料来看,至少商周时代已经如此。商代甲骨文中,有商人对高祖的祭祀、对先王"多示"的周祭,甚至异族的祖先,都得到了祭祀和崇拜。[①] 在商人的神灵系统中,祖先甚至超过了上帝,居于核心的位置[②],有学者认为祖先充当了西方上帝的角色。商以后的西周,在中国古代社会是以重血缘而闻名的,并且一直影响了中国历史几千年,形成了中国传统社会与文化的一大特色。可以说,血缘是西周社会最重要的组织原则,是社会构成的血脉和骨干。对血缘的重视,可以有许多表现形式,例如对于姓氏、亲属关系的强调,还有本章要着重论述的祖先崇拜。

从社会人类学的角度看,祖先历史传说,是除了文化之外构成具有"民族"

---

① 常玉芝:《商代宗教祭祀》,中国社会科学出版社,2010年,第173—419页。
② 晁福林:《论殷代神权》,《中国社会科学》1990年第1期。

含义的族群的另外一个要素。对于祖先的认同和尊敬,不仅仅是族群成员的感情寄托,也是现实利益的需要,是在一定的历史、政治情势下,不同的族群碰撞、互动,即族群政治作用的结果。共同的祖先认同,作为一种心理归属,可以促进族群成员之间的联结,并可保护本族群的利益。这种认同,经常是族群的知识、精英阶层强调和"推广"的结果,具有人为的、主观的特性,并不一定是自然而然、在完全无意识的情况下发生的。祖先认同意识一旦形成,共同的祖先就成了族群的标志,促进族群成员认同意识的形成和凝聚。无论族群成员与祖先的血缘关系是真实的,还是虚拟的,如同今天的我们——中华民族同炎黄的关系一样,都会对族群成员产生影响。

秦人族群在商周文化的母体里发育壮大,对于中原文化的学习,一定程度上也是生存所迫的现实需要,所以自然延续了商周以来的文化特征。例如姓氏,有秦受封为附庸后,即以嬴姓之后自居、"复续嬴氏祀"①的事例;对亲属关系的强调,则有金文中"秦子""公族"②之例,立国及统一天下后的政治生活尤其如此。公元前221年,秦统一了天下,秦始皇欲改帝号,他在给丞相王绾、御史大夫冯劫的诏书中说"寡人以眇眇之身,兴兵诛暴乱,赖宗庙之灵,六王咸伏其辜,天下大定",把自己统一天下的功劳,也归于祖先。我们不论在他的话语中有多少政治假托或习语③的成分,但秦始皇却没把统一的功劳归于当时万能的上帝,已足可见祖先在秦政治中的作用及意义。

祖先崇拜有一个集中的表现形式,那就是宗庙制度。李玄伯曾根据《春秋》等文献所记春秋鲁国故事,列举了先秦与宗庙相关的政治活动,计有新君即位、国君出入境、朝聘、生子、战争、盟会等项④,例如盟誓须对"司慎、司盟、名山、名川、群神、群祀、先王、先公、七姓十二国之祖"⑤;战争皆要载主而行,将领出师必

---

① 《史记》卷五《秦本纪》。

② 在春秋早期秦兵器铭文中,屡见"秦子""公族",前者学界多认为是文公子静公(也作靖公),后者应指公之同族子弟。

③ 例如汉文帝十三年诏书中也说"赖宗庙之灵,社稷之福,方内艾安,民人靡疾",这样的语言已经成为习语,但对祖先的重视则是此类习语的基础。见《史记·封禅书》等文献。

④ 李宗侗(玄伯):《希腊罗马古代社会研究序》,氏著《中国古代社会新研 历史的剖面》,中华书局,2010年,第9—58页。

⑤ 《左传》襄公十二年。杨伯峻:《春秋左传注》(修订本),第989—990页。

"受命于庙,受脤于社"①。从西周开始,秦文化就孕育、产生于周文化的母体中;作为周之臣属,秦之统治阶层的宗庙制度,与周制就有了千丝万缕的联系。

由简牍资料所反映的地方上立太上皇之庙,也是专制政权发展的一种表现形式,太上皇庙遍布天下,表明天下都是嬴秦家族的了。由新公布的兔子山简文来看,可能新君之立,仪式也在宗庙举行②。

下文将要叙述的,即是此方面的实证,并以社会的上层为主,对于下层的情况,只是附带论述。

第二节 秦文字资料中的祖先祭祀

秦祖先祭祀的相关资料,主要有文献、出土文字资料以及考古资料。其中出土文字资料显得特别,因为既有器物存在,也有与祭祀祖先相关的长篇铭文,因此十分重要。

秦祖先祭祀,文献也略有记载。秦为嬴姓,《秦本纪》记载嬴姓之祖大费(柏翳)为舜调驯鸟兽有功而被赐姓嬴。到了西周中期,非子为周孝王养马,接续秦祖大骆犬丘(今甘肃礼县),封为附庸,"邑之秦(今天水至宝鸡一带),使复续嬴氏祀,号曰秦嬴"。另外的记载就是秦昭襄王五十六年(前251)秋,昭襄王卒,子孝文王立,"尊唐八子为唐太后,而合其葬于先王。韩王衰绖入吊祠,诸侯皆使其将相来吊祠,视丧事"。

还有上引《秦始皇本纪》记载秦并天下后,秦王政准备议帝号时与丞相、御史等人的对话,也是个证据。

在《秦本纪》《秦始皇本纪》中,除了以上零星的祖先祭祀记载,还有司马迁的赞语,也稍可与此挂钩,其所言为秦之族姓与分支:

秦之先为嬴姓。其后分封,以国为姓,有徐氏、郯氏、莒氏、终黎氏、

---

① 《左传》闵公二年。杨伯峻:《春秋左传注》(修订本),第271页。
② 湖南省文物考古研究所、益阳市文物处:《湖南益阳兔子山遗址9号古井发掘简报》,《文物》2016年第5期;孙家洲:《兔子山遗址出土〈秦二世元年文书〉与〈史记〉记事抵牾释解》,《湖南大学学报》(社会科学版)2015年第3期。

运奄氏、菟裘氏、将梁氏、黄氏、江氏、脩鱼氏、白冥氏、蜚廉氏、秦氏。然秦以其先造父封赵城,为赵氏。

在秦文字资料中,按照王辉《秦出土文献编年订补》的辑录,有以下多种,可为研究秦祖先祭祀提供素材。

《秦始皇本纪》曾记载被流放北边而作为兵士的人,"禁不得祠",即不得参与公私祭祀①。

不其簋②,陈梦家③、李学勤④定为秦器,李学勤认为铭文记载了西周晚期宣王时秦庄公破西戎的战役,是最早的一件秦器。不其伐戎有功受赏,乃作器祭祀其祖皇祖公伯及其配偶孟姬。不过此器的归属,虽有多数学者意见为秦器⑤,笔者认为还不能完全肯定。

"秦公"诸器,自20世纪末期礼县大堡子山墓地出土了大量秦器以来,流散于海内外,其中有带有"秦公"铭文的鼎、簋、钟、壶等数十件,年代不出春秋早期前后。与不其簋等西周晚期的器物不同,"秦公"诸器已经有了明显的秦式风格,应是作为国君的"秦公",为了祭祀祖先而作的⑥。

同样还有下列诸器为祭祀祖先而作:秦子、姬簋盖,属宪公作器以祭祀其父母秦子、姬⑦。武公及王姬钟,属武公作器以祭祀"皇公"即其祖先⑧,下文还将详引,于此不详引。秦公簋,景公前后器,是用来祭祀"皇祖"即祖先的⑨。秦公钟,景公作器,以祭祀其祖先(用于"孝享"即祭祖)⑩。

凤翔秦公大墓残石磬铭,磬铭中有"高阳有灵、四方以鼏(宓)平""□高

---

① 胡文辉:《〈史记〉"禁不得祠明星出西方"问题再议》。
② 滕县博物馆、万树瀛:《滕县后荆沟出土不其簋等青铜器群》,《文物》1981年第9期。
③ 陈梦家:《殷墟卜辞综述》171页。
④ 李学勤:《秦国文物的新认识》,《文物》1980年第9期。收入李学勤:《新出青铜器研究》,人民美术出版社,2016年,第230—240页。
⑤ 王辉、王伟编著:《秦出土文献编年订补》,第1—2页。
⑥ 王辉、王伟编著:《秦出土文献编年订补》,第2—9页。
⑦ 王辉、王伟编著:《秦出土文献编年订补》,第11—12页。
⑧ 王辉、王伟编著:《秦出土文献编年订补》,第15—17页。
⑨ 王辉、王伟编著:《秦出土文献编年订补》,第25—26页。
⑩ 王辉、王伟编著:《秦出土文献编年订补》,第26—27页。

(寝)""皇祖""眉寿无疆,屯(纯)鲁吉康"之类①,可证对高祖颛顼的崇拜和祭祀。

另外,秦文字资料还显示,秦人求医治病,也对祖先等神灵进行祭祀,如告华大山明神文,说"秦曾孙骃"有病,祷告的对象有"天地、四极三光、山川神示、五祀、先祖"以及华山②。

秦始皇统一天下后,在全国立有其父庄襄王庙。《史记·秦始皇本纪》:"二十六年……追尊庄襄王为太上皇。"按照岳麓秦简的记载,秦在县、道立有秦始皇父太上皇庙:

如下邽庙者辄坏,更为庙便地洁清所,弗更而祠焉,皆弃市……(简0624正);

更,五日壹行庙,令史旬壹行,令若丞□□□☒(简J47正);

祠焉。廷当:嘉等不敬祠,当……(简0467正);

●泰上皇祠庙在县道者……☒(简0055〔2〕—3正)③。

里耶秦简中也有多条关于祠祀的法律,太上皇庙属于官方所设立和管理的祭祀,属于"公祠",这些律文自然也适合对太上皇庙的管理。

按:秦始皇灭六国,以天下为郡县,县的本意就是国君的直属地,国君也可自豪地称自己为"县官",说白了天下都是秦始皇自家的地方,所以可在县道立其父太上皇之庙。

还有一些资料,也与祖先祭祀有关。巢湖汉墓出土秦始皇三十三年"信宫茜府"银盘、澳门珍秦斋藏"信宫"罍,以上两种与秦始皇信宫(极庙)祭祀有关。

"西共",上文《赫赫上帝——秦人的上帝祭祀》已列举封泥、秦器铭文中的"西共"。除了西县上帝祭祀,"西共"也当与祖先等祭祀有关。

秦封泥有"雍左乐钟"④,可能为雍管理宗庙等祭祀之机构用的钟。秦封泥

---

① 王辉、王伟编著:《秦出土文献编年订补》,第17—22页。
② 李零:《秦骃祷病玉版的研究》,氏著《中国方术续考》,第343—361页。另见王辉、王伟编著:《秦出土文献编年订补》,第135—136页。
③ 陈松长主编:《岳麓书院藏秦简(肆)》,上海辞书出版社,2015年,第201—202页。
④ 傅嘉仪编著:《秦封泥汇考》111,上海书店出版社,2007年,第18页;王辉、王伟编著:《秦出土文献编年订补》,第531页。

有"寿陵丞印",寿陵为孝文王之墓,刘庆柱先生推测可能设有陵邑,故有丞①。这样的因陵所设之邑,其职官也自然与陵邑祭祀相关者。秦始皇陵出土"乐府"铜钟②以及相家巷秦封泥"乐府"③"乐府钟官""乐府丞印""左乐丞印"④"丽山食官"陶文⑤、"丽山茜府"⑥,也当与陵寝祭祀有关。秦封泥"上寝"⑦,"上"在《史记》中误仍《秦记》原文,指秦始皇,在《秦始皇本纪》中有许多记载,梁玉绳早就指出过⑧,"上寝"即秦始皇陵上之寝;"太上寝印"⑨则指秦始皇父庄襄王之陵寝的管理机构之印。还有一些封泥,并不易分辨,于此不赘。

益阳兔子山汉简二世元年诏书,这是近年新公布的资料,出土于9号古井中,有二世诏书的简三·一内容如下:

> 天下失始皇帝,皆遽恐悲哀甚,朕奉遗诏,今宗庙事及箸以明至治大功德者具矣,律令当除定者毕矣。元年与黔首更始,尽为解除流罪,今皆已下矣,朕将自抚天下(正),吏、黔首,其具行事已,分县赋扰黔首,毋以细物苛劾县吏,亟布。以元年十月甲午下,十一月戊午到守府。(背)⑩

以上关于祖先祭祀的文字资料是不完整的,但足以说明问题,结合其他资

---

① 刘庆柱、李毓芳:《西安相家巷遗址秦封泥考略》,《考古学报》2001年第4期。
② 袁仲一:《秦代金文、陶文杂考三则》,《考古与文物》1982年第4期,图一。
③ 刘庆柱、李毓芳:《西安相家巷遗址秦封泥考略》。
④ "乐府丞印""左乐丞印"见傅嘉仪编著:《秦封泥汇考》59、61,第12—13页。凡此"乐府""左乐"类封泥,又见王辉、王伟编著:《秦出土文献编年订补》辑录,第514—515页、第531页。
⑤ 傅嘉仪编著:《秦封泥汇考》57,第11页。
⑥ 程学华:《秦始皇陵园鱼池遗址发现"丽山茜府"陶盘》,《考古与文物》1988年第4期,图一;王辉:《说"丽山茜府"》,《考古与文物》1988年第4期。
⑦ 傅嘉仪编著:《秦封泥汇考》877,第126页;周晓陆、路东之、庞睿:《秦代封泥的重大发现——梦斋藏封泥的初步研究》,《考古与文物》1997年第1期,图77("上寝");王辉、王伟编著:《秦出土文献编年订补》,第465页。
⑧ [清]梁玉绳:《史记志疑》卷六,第171页、第178页。
⑨ 傅嘉仪编著:《秦封泥汇考》882,第127页;王辉、王伟编著:《秦出土文献编年订补》,第480—481页。
⑩ 湖南省文物考古研究所、益阳市文物处:《湖南益阳兔子山遗址9号井发掘简报》;孙家洲:《兔子山遗址出土〈秦二世元年文书〉与〈史记〉记事抵牾释解》。

料,可以给我们提供勾勒秦祖先祭祀历史的绝好证据。

第三节 从马家庄到极庙——秦人宗庙祭祀的考古实证

在传世文献、出土与传世文字资料之外,还有多年的考古发现,可以对秦祖先祭祀的情况画出轮廓。这些资料若以年为系,有西山、大堡子山、太公庙、雍城、咸阳等地点,也可大致划成以下几个阶段:

春秋早期:西山—大堡子山—太公庙;

春秋中晚期至战国早期:雍城时代,秦宗庙制度形成;

战国中期至秦代:咸阳时代,宗庙在"渭南",与政治中心分离。

一、春秋早期:西山、大堡子山、太公庙

礼县西山祭祀遗存

图 11 礼县西山遗址远眺

位于西汉水上游、甘肃陇南市的礼县是秦人的老家,是至迟西周中期非子以来秦人的中心居地。这里有秦人的早期中心居邑——(西)犬丘[①],还是早期陵

---

① 司马迁为与今陕西关中兴平的槐里犬丘区别,加上了"西",其实当时就应叫犬丘而已。

园——大堡子山秦君陵园、最早的祭天遗址——西畤。在春秋早中期之交秦政治中心迁移到关中西部的雍（今陕西凤翔）和咸阳（今陕西咸阳）之前，这里也长期是秦人的祭祀中心之一和精神家园。

20世纪末期以来，以大规模的盗墓风潮为诱因，这里有许多的考古新发现，使我们对秦人早期历史有了新的认识。与祖先祭祀有关的遗址有西山、大堡子山两处。

西汉水发源于甘肃天水市南郊的古嶓冢山，自东向西淌了数十公里之后，在礼县县城附近转而南流，西山遗址就位于县城西侧的山梁之上，北侧隔一自然冲沟，就是鸾亭山秦汉祭天遗址——西畤。西山之上为一大型秦文化遗址，2005年，考古工作者在此处进行了发掘。遗址内有两周之际的城址、西周晚期到战国时期的墓葬群、新石器时代到战国时期的灰坑、两周时期的动物坑、东周房址等，还有祭祀遗存。西山遗址发现了西周晚期即最早的秦人三鼎墓及早期城址，令人瞩目。其中的祭祀遗址，也是十分重要的。发掘者报道：

> 在遗址区发现马坑7座、牛坑1座、狗及其他动物坑3座。其中K404—K407位于遗址东部的一处夯土平台上。夯土台南北长约17.5米，东西宽约18米，在台近南沿处，挖有4个长方形浅坑，每坑各埋1匹马。马作俯身状，口中含铜质马衔，两侧有骨镳，马身下铺芦席，尾部置铜鱼。在该组马坑的近旁，有一直径1.6米的圆坑，编号为K408，坑中埋有羊头、马肢骨与牛肢骨。K403是1个大坑，底部有2个小坑，小坑是各埋1匹马的埋牲形式。经鉴定，埋的马都是接近成年的马驹。这些与墓葬区不属同一区域的马坑和牛坑，设有专门的地域，埋置讲究，应与某种重大的祭祀活动有关。[①]

对于这个圆形夯土台上的祭祀坑以及附近的遗存，西山遗址发掘的参与者之一王志友博士的记述更加详细：

> 夯层经过简单夯筑，层次及夯窝不明显，土质较硬，系人工形成无疑，土台位于西高东低的斜坡上，平面形状呈边缘不规则的圆形。夯土

[①] 赵丛苍、王志友、侯宏伟：《礼县西山遗址发掘取得重要收获》，《中国文物报》2008年4月4日第2版；郭军涛：《礼县地区中小型秦墓的分期及相关问题研究》，西北大学2010年硕士论文，第6页。

台的西南部有个南北并行排列的马坑（K404—K407），打破夯土。坑的形状呈窄长凸字形，四角圆角。坑长 2.0 米左右，宽 0.55—0.75 米。每坑内殉 1 马，东端较窄的部分放马头，西端宽的部分放置马的躯体。马俯卧在坑中，口中有马衔与镳，马四肢折叠，放于胸钡和尾两侧，头东足西，应为杀死后掩埋。K404、K405 马尾骨附近分别有条铜鱼，坑底和南北两侧有白色席纹印迹，K406 的西半被一现代墓的墓道破坏，仅存马的颈部和头部，K407 马的尾部被 H4042 破坏，马头北侧有一长条形石块。与上述 4 个马坑有关的是位于 4 坑以东的 K408，坑口平面呈圆形，坑壁斜直，坑底略圆，是一个口小底大的袋状坑。坑口至坑底深 72 厘米，坑内堆积较厚，填土为土质疏松灰土，含有大量草木灰烬、炭屑与红烧土块。坑底发现有 3 处动物骨骼，坑西部有 2 条马的后腿骨，左右各有股骨和胫骨，股骨相连的有骸骨，马骨南有一羊的头骨，坑的东壁和北壁下各有 1 小牛的胫骨和趾骨。夯土台上还有其他圆形和长方形的灰坑，其中一坑内有一大石块。

王志友推测，这些遗迹可能与时祭有关①。鄙见认为，虽有多重证据表明王志友博士之说是有理的，但仍不能排除这些遗迹为祭祀西山秦祖的可能。在西山遗址，有 M2003 这样的嬴秦宗室的墓葬，此墓三鼎两簋，年代在西周晚期，是已知最早的、级别最高的嬴秦宗室墓，长 5.05 米，宽 2.6 米，深 11.1 米，有椁有棺，棺施漆绘，棺外设头箱。墓主人为一成年男性，仰身直肢，头朝西。发掘时发现墓主头骨上留有铜镞。墓南壁和北壁各设一龛埋置殉人，北龛殉人为约 30 岁的女性，有棺；南龛殉人为十五六岁的女性，身旁有 1 只狗。墓底设腰坑，内埋狗 1 只。随葬器物有铜器鼎 3 件、簋 2 件、短剑 1 件、戈 1 件、铜鱼 16 件；玉器璧、圭、璋、戈、玦、管；陶器鬲、盂、甗、罐及海贝等。② 按此三鼎，风格与西周晚期的无别，级别当大夫一级，我们很容易想到西周晚期自秦仲以后，秦祖庄公、世父、襄公等，屡为周之大夫、西垂大夫，所以把 M2003 的墓主想象为西周晚期的某位秦祖，是合理的。联系稍晚的大堡子山墓地等处的祭祀遗迹，是不能绝对排除西

---

① 王志友：《早期秦文化研究》，西北大学 2007 年博士学位论文，第 63—65 页、第 109—130 页。

② 赵丛苍、王志友、侯宏伟：《礼县西山遗址发掘取得重要收获》。

山祭祀遗址的祭祀对象为秦祖的可能的。

礼县大堡子山秦公陵园祭祀遗存

图 12　从大堡子山远眺西汉水

图 13　大堡子山顶部

第三章 宗庙之灵——秦人的祖先祭祀 57

图 14 大堡子山祭祀坑

图 15 大堡子山祭祀坑出土"秦子"镈（礼县秦文化博物馆藏）

从礼县县城向东沿西汉水逆行约 13 公里,到达一个南北山峰对峙、河道狭窄关隘的地方,就是大堡子山所在。遗址位于西汉水北侧的山梁上,行政区划上属于赵坪乡。这里是春秋早期秦君陵园所在,发现有西周晚期的城址、春秋早期建筑基址、祭祀遗存,两座中字形大墓(M2、M3)①以及春秋时期 400 余座中小型墓葬、车马坑、灰坑等②。大堡子山被认为是秦立国后的第一个陵园,经常被论者叫作西垂陵园。

M2、M3 为两个巨大的中字形大墓,有两座瓦刀形的陪葬车马坑。其中 M2 全长 88 米,有东西两斜坡状墓道,斗状墓室,内设二层台,在东、北、南三面二层台上有 7 人殉葬,殉人均为直肢,墓主有棺椁,仰身直肢,头西向,墓底有腰坑,内有狗 1 只,玉琮 1 件。墓室残存有金箔棺饰、罐、鬲等陶器残片,以及铜泡、戈、刀等铜器残片。M3 位于 M2 的北侧,但规模更大,全长 115 米。由于 1994 年的盗墓风潮,许多流散于海内外的"秦公"诸器,例如鼎、簋、壶等,应该出自两墓。③

关于两座墓的墓主,有不同说法。发掘者戴春阳认为,两墓上残存有不到 1 米的覆土,可能是异穴共丘的,属一座陵园。④ 两座墓的西侧也有一条南北向的壕沟,参考凤翔秦公陵园的情况,似可以给戴春阳一座陵园的说法提供支撑。梁云认为,M2 与 M3 为宪公夫妇的陵园。⑤ 赵化成等人认为,M2 为文公子太子静公之墓,M3 则为文公之墓,而所出"秦公"诸器,都属于文公。⑥ 李峰综合"秦公"诸器的铭文内容、文辞格式以及历史背景,认为两座墓只能为西周晚期的庄公及

---

① 戴春阳:《礼县大堡子山秦公墓地及有关问题》,《文物》2000 年第 5 期,收入礼县博物馆、礼县西垂文化研究会:《秦西垂陵区》,文物出版社,2004 年,第 548—553 页。
② 早期秦文化考古联合课题组:《甘肃礼县大堡子山早期秦文化遗址》,《考古》2007 年第 7 期;早期秦文化联合考古队:《2006 年甘肃礼县大堡子山建筑基址发掘简报》《2006 年甘肃礼县大堡子山祭祀遗址发掘简报》《2006 年甘肃礼县大堡子山东周墓葬发掘简报》,《文物》2008 年第 11 期;秦文化与西戎文化联合考古队:《甘肃礼县大堡子山秦墓及附葬车马坑发掘简报》,《文物》2018 年第 1 期。
③ 梁云:《甘肃礼县大堡子山青铜乐器坑探讨》,《中国历史文物》2008 年第 4 期。
④ 戴春阳:《礼县大堡子山秦公墓地及有关问题》,《文物》2000 年第 5 期。
⑤ 梁云:《甘肃礼县大堡子山青铜乐器坑探讨》。
⑥ 赵化成、王辉、韦正:《礼县大堡子山"秦子"乐器坑相关问题探讨》,《文物》2008 年第 11 期。

其子即春秋早期的襄公之墓。①

在 M2 的西南侧 20 余米处,发现有祭祀遗存,包括一乐器坑 K5,人祭坑 4 座 K1—K4,灰坑 6 个。其中乐器坑出土有分组放置的镈钟 3 件、甬钟 8 件、石磬 2 组共 10 件。发掘者认为,人祭坑和乐器坑属于同一组祭祀遗存,年代都在春秋早期偏晚或中期偏早。② 在一件镈上有铭文,可知器主即铭文中的"秦子"。春秋早期器铭中"秦子"多见,所指集中在文公子静公或宪公的小儿子出子二人身上。③

在乐器坑之外的 4 座椭圆形人祭坑里面各有 1—2 具儿童或成人的尸骨,屈肢,头向北。

学者推测,由乐器坑和人祭坑组成的祭祀遗存,为同一次祭祀所留。被争论的是,祭祀的对象是谁?发掘者虽然认为祭祀遗存与北侧的大墓有关,却认为祭祀的对象并非大墓的主人,而可能是为了墓地动土而祭祀的山川等神灵④。其余的学者都认为祭祀的就是北侧的 M2 的主人。如梁云认为,所祭对象应该就是 M2 的墓主宪公。⑤ 李峰认为,大堡子山乐器坑所出钟的年代,要晚于宝鸡太公庙村所出武公及王姬钟,应作于秦武公(前 697—前 678)之后,此时一直到春秋中期,是大堡子山遗迹年代最为集中、人群活动最为频繁的时期,原因可能与武公时设县有关,大堡子山一带属于武公十年(前 688)秦"初县邽、冀"之邽县所辖。⑥

笔者鄙见,由后来发掘的大堡子山 IM3、太公庙村祭祀遗存来看,大堡子山祭祀遗存针对的是大墓的主人即秦君,应无多大问题。此祭祀遗存位置在秦公陵园内,把其想象为祖先祭祀遗存,是一种最合理的解释;若认为祭祀别的神灵,

---

① 李峰:《礼县出土秦国早期铜器及祭祀遗址论纲》,《文物》2011 年第 5 期。
② 早期秦文化联合考古队:《2006 年甘肃礼县大堡子山祭祀遗迹发掘简报》;赵化成、王辉、韦正:《礼县大堡子山"秦子"乐器坑相关问题探讨》。
③ 参史党社、田静:《从称谓角度说"秦子"》,《中国历史文物》2010 年第 4 期;梁云:《甘肃礼县大堡子山青铜乐器坑探讨》;赵化成、王辉、韦正:《礼县大堡子山"秦子"乐器坑相关问题探讨》。
④ 赵化成、王辉、韦正:《礼县大堡子山"秦子"乐器坑相关问题探讨》。
⑤ 梁云:《甘肃礼县大堡子山青铜乐器坑探讨》。
⑥ 李峰:《礼县出土秦国早期铜器及祭祀遗址论纲》。

则显得迂曲。

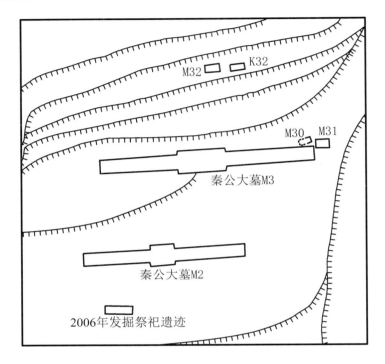

图 16　大堡子山秦公大墓及相关遗迹位置图
（由秦文化与西戎文化联合考古队《甘肃礼县大堡子山秦墓及附葬车马坑发掘简报》图二改绘）

2015—2016 年，考古工作者又在大堡子山陵园发掘了一座车马坑和墓。其中的 IM31，位于秦公大墓 M3 东北一级台地上，西距 M3 东墓道约 2 米，墓为东西向竖穴土坑，平面呈长方形，口底同大，长 4.1 米、宽 2.2 米、深 6.98 米，墓口距地表 4.2 米，有棺椁，墓主头西向、直肢，墓底有腰坑，南侧有一壁龛，随葬一屈肢 30 岁左右的成年女性，随葬有铜铃等铜器，以及陶、玉石器及海贝等器物。值得注意的是，IM31 附近有一人祭坑，发掘者有如下描述：

> 墓葬东南侧 0.5 米处发现一小型人祭坑，内埋一呈跪俯姿势的人骨，两手伏于头骨两侧，面部朝下贴着坑底，据骨骼大小大致推断年龄为 6—9 岁。祭祀坑人骨头向 M31，应为 M31 的墓外祭祀遗迹。祭祀坑平面呈圆角长方形，长 0.7 米、宽 0.5 米、深 0.52 米，坑内未发现随葬器物。

如发掘者所指出，周人没有人祭的传统，这是秦人从商人那里继承下来的文化传统,或是正确的看法①。这个坑祭祀的对象,应是 IM31 的墓主。

太公庙村祭祀遗存

太公庙村位于宝鸡市陈仓区阳平镇,渭河北岸,附近是秦武公所都之平阳所在,有多处墓葬等秦文化遗存。祭祀遗存原被认为是一窖穴,内置 5 件钟、3 件镈,3 件镈围绕钟作半圆状,坑内还有红烧土和兽骨,地表还散布有春秋时期的陶片。钟、镈都有铭文,甲、乙两钟,丙、丁、戊三钟铭文分别可连读,内容相似而可分为两组,只是行款有所差异;3 件镈各有铭文,铭文内容与甲、乙钟完全相同。铭文明确记载钟镈是春秋早期武公为祭祖而作,过录如下:

秦公曰:"我先祖受天命
商(赏)宅受(授)或(国),剌=(烈=)卲(昭)文公、静
公、宪公不豖(坠)
于上,卲(昭)合(答)
皇天,以虩事? (蛮)方。"公及
王姬曰:"余小子,
余夙夜虔敬
朕祀,以受多
福,克明又心。盩
龢胤士,咸畜左右,趩=(蔼蔼)允义,翼受
明德,以康奠协朕或(国),
盗?(盗)百?(蛮),具即其
服。乍(作)氒(厥)龢钟,灵音镗=
雝=,以匽(燕)皇公,以受大
福,屯(纯)鲁多
釐,大寿万
年。"秦公嬺
眈黐才(在)立(位),雁(膺)

---

① 秦文化与西戎文化联合考古队:《甘肃礼县大堡子山秦墓及附葬车马坑发掘简报》。

受大令(命),鼌(眉)受无疆(疆),匍有四方,斁康宝①。

钟镈之铭,明确说是秦公及其配偶王姬为了祭祀"皇公"而作,坑中又有烧土与动物骨头,可以佐证这个推测。2013年,陕西省考古研究院在祭祀坑的东北方向约100米处,发现了中字形大墓和车马坑,推测墓主也为春秋早期的秦君。祭祀坑的位置与大堡子山祭祀坑十分类似,可以相互证明各自的性质,均是墓地祭祀所为②。由于散布春秋时期陶片的原因,祭祀应至少在春秋时代举行过。陈平等先生曾经推测或是祭祀上帝的,应是不恰当的③。

二、春秋中晚期至战国早期:雍城时代

从秦德公元年(前677)初居大郑宫开始,开启了秦都历史上的雍城时代。一直到孝公十二年(前350)徙都咸阳④,雍城在秦人的历史上为都三百二十七年,地位极为重要。

学者们推测,从德公到孝公,共有20位秦君,葬于雍的应有15位左右。⑤ 雍城南郊为秦君陵园区,现已发现春秋至战国时期的秦君陵园14座。

古人认为,宗庙是祖先居住的宫室,所以也可称宫,也可称室、寝、朝等⑥,但从文献所记秦宫殿之名来看,阶段性十分明显,这仅仅是名称的差异,还是有其不同的内涵,是值得探讨的。

根据《秦始皇本纪》附录等文献,秦宫室名称大致经历了从春秋早中期的"宫",到康公以后"寝"的变化,其中还掺杂有"邑"这种称谓。这个变化主要集中在雍城时代。

---

① 卢连成、梁满仓:《陕西宝鸡县太公庙村发现秦公钟、秦公镈》。铭文根据王辉、王伟编著:《秦出土文献编年订补》,第15—17页。

② 张天恩、庞有华:《秦都平阳的初步研究》,秦始皇帝陵博物院编:《秦始皇帝陵博物院院刊》总第五辑,陕西师范大学出版社,2015年,第54—63页。

③ 陈平:《〈秦子戈、矛考〉补议》,《考古与文物》1990年第1期。

④ 《秦本纪》记载孝公十二年(前350):"作为咸阳,筑冀阙,秦徙都之。"《秦始皇本纪》附录在下一年,此不从。参史党社:《秦"徙治栎阳"及起始年代新辨》,《中国史研究》2020年第1期。

⑤ 梁云、田亚岐:《试论雍城秦公陵园的墓主及葬制》,《考古与文物》2015年第4期。

⑥ 杨宽:《试论西周春秋间的宗法制度和贵族组织》,氏著《古史新探》,上海人民出版社,2016年,第169—199页。

按《秦始皇本纪》附录及相关资料所记秦君宫室如下：

文公，西垂宫①。

宪公，西新邑。

出子，西陵。

武公，平阳封宫。

德公，大郑宫。

宣公，阳宫。

成公，之(走)宫。

康公，高寝。

共公，高寝。

桓公，太寝。

景公，高寝。

(悼公，"城雍")

躁公，受寝。

肃灵公，泾阳(邑)。

秦景公大墓残石磬铭文："乍(作)霆(匹)配天，□帚(寝)龚雍"，"配天"者为秦祖；"龚雍"即肃穆大气，故"□帚(寝)"所指应即宗庙②。另有"□百生(姓)，□□寝宫"③，其中的"帚(寝)宫"面对者为"百姓"，即不同族姓的人群，故当为朝宫之称。朝宫称"寝"，正可与《秦始皇本纪》附录对应。秦汉文字瓦当上有"橐泉宫当"等，瓦当是汉代的，但此宫据文献记载当为秦孝公始建，或可证战国秦宫称"宫"。④ 另有秦封泥、玺印(庄襄王—秦始皇时期)相关资料也可与

---

① 按文公所居，《秦本纪》也有记载："文公元年，居西垂宫。"
② 王辉、王伟编著：《秦出土文献编年订补》，第19页．
③ 王辉、王伟编著：《秦出土文献编年订补》，第20页。
④ 郁采玲、曹建宁编著：《雍城秦汉瓦当鉴赏》(内部资料)，2016年，第154—156页。

之对比："秦上寝印""秦上寝左田"①"北寝"②"上寝""北宫"（系列封泥）③。

上述记载，不限于《秦始皇本纪》附录，也有《秦本纪》以及秦公大墓残石磬铭、封泥的零星资料作为补充。邑、宫、寝，邑自然指城邑，无须多言，让人困惑的是"宫"与"寝"的关系，因为在《秦始皇本纪》附录中，从春秋后期的康公开始，忽然秦君所居由"宫"变成了"寝"，这仅仅是用词的不同，还是真正有具体的、实际的不同内涵，是需要思考的。

按：《尔雅·释宫》说："室有东西厢曰庙，无东西厢、有室曰寝。"④宫、庙、寝的辨析，不是为了纯粹的字义，而在于制度。我们知道，在文献中，蔡邕的《独断》有秦始皇始在陵墓设寝的记载（蔡说见下文），考古发现也有相关线索，对《秦始皇本纪》附录的本段记载的研究，实际可能牵涉到秦的祖先祭祀制度的历史，是十分重要的。

仔细体会，司马迁之说邑、宫、寝，都是意为国君所"居"，抛开可能的形制差异，附录前后一致，都含有一种政务中心的意思，这些不同称谓的居地，都是处理政务的地方。那么，邑、宫、寝无疑都是朝宫所在，或本身就是朝宫了，这是本节立论的出发点。

综合看《秦始皇本纪》附录和文字资料，可得以下基本认识：春秋至战国早期，国君所理政的宫殿、宗庙，都可称寝。战国以后，从瓦当及文献资料看，朝宫都称宫。战国末期到秦代，从封泥看，寝则多指陵寝了，与国都附近的庙不同。

对于《秦始皇本纪》附录的记载，从"宫"到"寝"的变化，需要从历史的角度去看。秦人兴起之时，是在西周中期，其宫室、宗庙制度，应从周人的母体中发育

---

① 王辉、王伟编：《秦出土文献编年订补》，第372页。
② 王辉、王伟编：《秦出土文献编年订补》，第74—75页。
③ 周晓陆、路东之、庞睿：《秦代封泥的重大发现——梦斋藏封泥的初步研究》，《考古与文物》1997年第1期，图77（"上寝"）、图85—90（"北宫"）；刘庆柱、李毓芳：《西安相家巷遗址秦封泥考略》；田静、史党社：《新发现秦封泥中的"上寝"及"南宫""北宫"问题》，《人文杂志》1997年第6期。"太上寝"，应指秦始皇父亲太上皇庄襄王的陵寝；"北寝"，指的应是"北园"之陵寝，"北园"即雍秦君陵园，"北宫"指的是咸阳宫等渭水以北的宫殿。章台、阿房等宫在渭水以南，与北宫—咸阳宫对应。笔者此处对上引小文，观点有所更正。
④ ［晋］郭璞注，［宋］邢昺疏：《尔雅注疏》，上海古籍出版社影印阮刻《十三经注疏》本卷五，第2598页；徐朝华：《尔雅今注》，南开大学出版社，1987年，第175页。

而来。周之宗庙,经常也是处理朝政的地方,具有朝宫性质。如何去看上述附录,幸得有考古资料的支撑。

近几十年在凤翔秦都雍城,发现了至少三处宫室类建筑基址群:城址东南的瓦窑头宫区、马家庄宫区(包括西侧的姚家岗宫区)、城址北部的铁丰—高王寺战国建筑基址区。

瓦窑头大型宫殿建筑遗址,位置在雍城的东南部,属于近年的新发现,年代早于马家庄三号朝寝遗址,调查的主持者田亚岐先生如下描述:

> (这是)一处有多进院落结构特征的大型宫室建筑,该建筑残长186米,有"五门""五院""前朝后寝"的格局,与马家庄朝寝建筑外形相似,但结构更复杂,又与岐山凤雏村宗庙遗址四合院式的组合相类同。根据文献记载及参阅相关研究,这组建筑由外及里可释为五门、五院。有屏、门房、厢房、前殿、大殿、寝殿、回廊、偏厢房、阶、碑、阙等建筑单元。从所处区域地层堆积及采集建筑板瓦、筒瓦判断,该组遗址应早于马家庄朝寝建筑,而晚于岐山凤雏村西周宗庙建筑遗址的年代,属雍城早期宫室建筑。①

马家庄宫区有一号和三号及残损严重的四号建筑遗址,其中一号被认为是宗庙,三号曾被认为是朝寝类建筑②,现在则有异说。

一号建筑遗址,是一处有围墙的建筑群,令人最为注目的是三处呈"品"字形分布的主体建筑,面朝南而略偏西,所谓朝寝建筑与东西厢形制略同但不连属,后面有中庭,分布有180多个祭祀坑③,根据学者们的研究,其宗庙性质应是无疑的。其年代,上至春秋中期,下则在春秋晚期至战国早期④,有可能早到德公⑤。

学者们指出,马家庄一号宗庙遗址,与此前的扶风云塘西周晚期建筑F1组

---

① 田亚岐:《秦都雍城布局研究》,《考古与文物》2013年第5期。
② 陕西省雍城考古队:《秦都雍城钻探试掘报告》,《考古与文物》1985年第2期。
③ 陕西省雍城考古队:《凤翔马家庄一号建筑群遗址发掘简报》,《文物》1985年第2期。
④ 韩伟:《马家庄宗庙建筑制度研究》,《文物》1985年第2期。
⑤ 梁云:《论早期秦文化的来源与形成》,《考古学报》2017年第2期。

建形制类似并具有连续性,都具有宗庙性质,是秦向周学习的证据。① 如徐良高、王巍指出,云塘F1组建筑和马家庄秦宗庙建筑在以下方面十分相似:1. 平面均为"品"字形封闭式庭院结构;2. 南部居中有门塾;3. 方向为北偏东;4. 北台基与北围墙之间有"亳社"遗存。他们认为,云塘F1组建筑,具有高级别的家族宗庙性质,是秦宗庙制度的源头。这种"散点式"建筑(包括齐镇西周建筑基址),大约是周、秦所代表的西土特色;而凤雏甲组建筑基址所代表的"密联式"建筑风格,应是承继东土之商文化而来。② 此前韩伟先生曾从文献的角度论证了一号建筑为秦宗庙,并与商周庙制关系密切,可得与后出的云塘等资料互证。③

马家庄宗庙遗址,给我们昭示了春秋时期秦宗庙祭祀的真实图景。宗庙之中庭共有祭祀坑181个,其中人坑8个,牛坑86个,羊坑55个,车马坑22个,空坑28个,人羊坑、牛羊坑各1个。④ 韩伟认为,此与殷墟小屯商后期宗庙遗址类似,说明有祭祀坑,应是基址为宗庙的一个证据。⑤ 滕铭予对马家庄一号宗庙遗址做了重新研究,已经深入到更细致的祭祀制度层面。她认为,马家庄宗庙遗址所留的空坑,或是血祭肉祭之坑,主体建筑遗址上的人坑,性质与中庭的其他祭祀坑有别,或是建筑废弃后的小型秦墓。⑥

在马家庄,还有三号建筑基址。基址位于一号建筑遗址以西约500米处,也朝南而略偏西,为一拥有五进院落的建筑群,是至今雍城发现的最大的建筑遗址。其最里面的核心院落,也是拥有三座品字形布局的主体建筑,年代在春秋末期到战国时期,早年被认为是一处朝寝建筑⑦,经2015年试掘后分析认为,可能系年代较晚、原马家庄宗庙拆除后所建的新宗庙⑧。

---

① 周原考古队:《陕西扶风县云塘、齐镇西周建筑基址1999—2000年度发掘报告》,《考古》2002年第9期;徐良高、王巍:《陕西扶风云塘西周建筑基址的初步认识》,《考古》2002年第9期;田亚岐:《秦都雍城布局研究》;梁云:《论早期秦文化的来源与形成》。
② 徐良高、王巍:《陕西扶风云塘西周建筑基址的初步认识》。
③ 韩伟:《秦宫朝寝钻探图考释》,《考古与文物》1985年第2期。
④ 陕西省雍城考古队:《秦都雍城钻探试掘简报》。
⑤ 韩伟:《秦宫朝寝钻探图考释》。
⑥ 滕铭予:《秦雍城马家庄宗庙遗址祭祀遗存的再探讨》,《华夏考古》2003年第3期。
⑦ 陕西省雍城考古队:《秦都雍城钻探试掘简报》;韩伟:《秦宫朝寝钻探图考释》。
⑧ 陕西省考古研究院等:《从文献到考古实证 再现蓄势秦都之辉煌——秦雍城遗址考古工作85周年述略》,《中国文物报》2019年6月21日第6、7版。

韩伟、焦南峰在《秦都雍城考古发现综述》中认为,姚家岗宫区位于马家庄宫区的西侧,已发现有建筑遗址、凌阴、建筑构件窖藏等。

类似瓦窑头的"朝寝"建筑,还有铁丰—高王寺战国建筑遗址,位置在城址区的北部,曾被认为是"雍受寝"。① 这也是一处多进院落建筑,采集有建筑材料如槽形板瓦、筒瓦、虎雁纹瓦当,还发现有战国铜器窖藏,出土有镶嵌燕射壶、敦、盖豆、盘、匜、提梁壶、甗。推测与马家庄三号建筑一样,当是雍城作为都城后期宫区所在。②

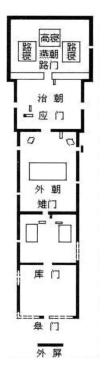

图18 马家庄三号朝寝建筑图(引自韩伟《秦宫朝寝钻探图考释》图一)

笔者鄙见,上述考古资料,按形制大致可分为两类:一类以马家庄三号建筑基址为代表,有多进院落,包括瓦窑头、高王寺建筑基址,虽然进深最里面建筑布局与宗庙类似,但整体性质应属于朝寝建筑,并非年代在马家庄一号建筑之后的

---

① 陕西省雍城考古队:《秦都雍城钻探试掘简报》。
② 韩伟、焦南峰:《秦都雍城考古发现综述》,《考古与文物》1988年5、6期合刊;田亚岐:《秦都雍城布局研究》。

新宗庙;另一类则以马家庄一号建筑基址为代表,属于宗庙。显然,第一类朝寝建筑基址,可与《秦始皇本纪》附录所言宫、寝相对应。由此可知,自春秋早中期之交开始,秦人就开始把庙、朝分开建设了。

发掘者原来推测,姚家岗建筑基址应为雍太寝,马家庄三号建筑基址则为雍高寝,铁丰—高王寺建筑基址应为雍受寝。① 田亚岐先生也曾认为,瓦窑头建筑基址群为康公所居之高寝,德公、宣公、成公、穆公抑或居于此宫,马家庄则为自桓公前后若干代秦君所居的雍太寝,铁丰—高王寺为自燥公前后若干代秦君所居的雍受寝。②

上文肯定了《秦始皇本纪》附录之宫、寝都是朝宫,韩伟先生考证了马家庄三号朝寝建筑之五门、三朝、三寝(如马家庄三号朝寝建筑图),其中的寝在最后,寝与燕朝所在的品字形建筑,显然是本组建筑的核心部分。这就可以理解,为什么在《秦始皇本纪》附录里面,自康公以后把"宫"(朝宫)改称"寝"了:因为朝宫之中"寝"的部分地位重要,所以"寝"可为朝宫之代称。虽然附录所记都有朝宫性质,但由于春秋中期宗庙的出现,使上述朝宫的内涵已经发生变化,若有形制的变化,也是正常的。

田亚岐先生认为:"这一发现(指瓦窑头)初步显现出秦早期传承周制的寝庙合一组合模式。按照秦国庙寝制度的演变趋势,从春秋寝庙合一发展到春秋中晚期庙寝分开并列,再演变到战国以后为突出天子之威,朝寝于国都中心,将宗庙置于南郊的情形。"③

宗庙与"朝"的分立,是现在雍城考古带给我们的最大收获。《周礼》所记"前朝后市、左宗右社"那样的所谓西周制度,具有想象的成分,但证之以金文,可知宗庙确实在西周时代经常充当了朝宫的角色。周人经常把宗庙当作处理政务的地方,其策命、赏赐、朝聘等,经常在宗庙举行,这不但指"周"即周原的宗庙,还包括位于其他城市的宗庙,甚至是大臣宗庙。这其实不难理解,周朝就是以血缘为纽带建立起来的政治组织,统治者非兄弟即甥舅,本就是具有血缘关系的一家人,在宗庙里面对祖先举行政事活动,也是十分正常的。同时,周人自然

---

① 陕西省雍城考古队:《秦都雍城钻探试掘简报》。
② 田亚岐:《秦都雍城布局研究》。
③ 田亚岐:《秦都雍城布局研究》。

也有专门的朝堂,位处宗周(镐京)。朝堂的存在,在建筑形式上,朝、庙已经分开,这跟上述《周礼》的记载是一致的。春秋以后,秦人的宗庙,可以想象,也是独立的。与周人一样,这并不排斥秦人在宗庙里举行政治活动。

从用牲具、"圭币"等方面来说,从马家庄、血池遗址的考古发现来看,证之以《封禅书》等文献,可知对祖先的祭祀,在牺牲、品物方面,与对上帝、山川等的祭祀既有类似之处,也有不同的地方。

雍城的宗庙遗存,代表了一个时代的开始,其更早时期存在有墓祭的情况,如大堡子山、太公庙等。但这些祭祀并非常祭,应是为了某些大事而特别进行的祭祀。雍城秦公陵园,上面经常由瓦片、散水等建筑遗存,推测上面当是有建筑的,加之并未发现祭祀坑等遗存,因此可能与日常的祭祀有关;大堡子山祭祀遗存有乐器坑、人祭坑,则更显隆重和特殊,但都属于"墓祭",本质并无区别。春秋中期兴起的国中立庙的宗庙制度,与墓祭是并存的现象,二者的关系,是值得注意和探讨的。

三、战国中期至秦代:咸阳时代

孝公十二年(前350),秦自雍徙都咸阳,咸阳正式成为秦之首都。从此至子婴元年(前206)秦亡,咸阳为都共计一百四十四年,时间并不算短。在此期间,经过商鞅变法这样重大的历史事件,秦之实力进入了战国时代一流国家的行列。实力之上升,导致国君自我意识的膨胀,遂有秦惠文王的称王以及昭襄王短暂的称帝行为,最后到了秦统一天下,秦始皇使用了具有神性的"皇帝"之号。这个膨胀还表现在陵墓、宗庙制度等方面。例如陵墓随着秦之称"王",由中字形变成了亚字形,称"皇帝"之后,则规模比"王"陵更为宏大。①

在宗庙制度方面,秦始皇也进行改革,一是生为自己立庙,二是建立陵寝之制;随后的秦二世,也对庙制进行了修正。

《秦始皇本纪》记载:

  二十七年,始皇巡陇西、北地,出鸡头山,过回中。焉作信宫渭南,

---

① 杨宽:《秦始皇陵布局结构的探讨》,氏著《中国古代陵寝制度史研究》,上海人民出版社,2016年,第182—195页;焦南峰:《秦、西汉帝陵封土研究的新认识》,《文物》2012年第12期。

已更命信宫为极庙,象天极。自极庙道通郦山,作甘泉前殿。筑甬道,自咸阳属之。

……

（二世元年）二世下诏,增始皇寝庙牺牲及山川百祀之礼。令群臣议尊始皇庙。群臣皆顿首言曰:"古者天子七庙,诸侯五,大夫三,虽万世世不轶毁。今始皇为极庙,四海之内皆献贡职,增牺牲,礼咸备,毋以加。先王庙或在西、雍,或在咸阳。天子仪当独奉酌祠始皇庙,自襄公已下轶毁,所置凡七庙,群臣以礼进祠,以尊始皇庙为帝者祖庙。"

此所记秦始皇二十七年(前220),是秦统一天下后的第二年,所作信宫在完工后,又改名为极庙,二世元年(前209)对庙制又加改革。文中记载明确无误地说明,秦自始皇始,是有庙和陵寝的,庙在咸阳渭河南,以适应此前诸庙在渭河以南的规制①,陵寝则在秦始皇陵上。秦始皇称皇帝,在庙寝制度方面也开始有了新的创造,以与自己绝高的地位相适应。

《尔雅·释训》郭璞注:"再宿为信。"王辉先生据此认为信宫为暂宿之宫,秦都咸阳在渭水北,故于渭南作信宫②。笔者鄙见,信宫既为极庙,象天之中,则地位十分重要,并非为行宫那样的暂宿之宫。聂新民先生也认为,信宫一开始就是作为始皇庙而建造的,之所以称"宫"而不称"庙",是因为秦始皇正当英年而讳死事的一种曲折称呼,如同他的陵园称"丽山"一样。二世所祭七庙,按《秦始皇本纪》所述,只是秦始皇庙。襄公以下诸先祖庙,只由臣下以礼进祠即可,突出了秦始皇的地位③。

信宫在发现的文字资料中也有证据,如上文已提,计有巢湖汉墓出土三十三年"信宫酋府"漆盘、澳门珍秦斋藏"信宫"罍。三十三年"信宫酋府"漆盘文作:"卅(三十)三年工市(师)=为信宫酋,私官四升半,今西共□,今东宫。"④"信宫"罍铭文作:"四斗,古西共今左殷,信宫左殷。西廿(共)左十九斤。"王辉先生

---

① 《秦始皇本纪》说"诸庙及章台、上林皆在渭南",这些庙当是秦迁都咸阳后逐渐建立的。
② 王辉、王伟编:《秦铜器铭文编年订补》,第615—616页。
③ 聂新民:《秦始皇信宫考》,原载秦俑博物馆编:《秦陵秦俑研究动态》,1991年第2期,收入聂新民著,聂莉整理:《聂新民文稿》,西北大学出版社,2013年,第100—110页。
④ 王辉、王伟编著:《秦出土文献编年订补》,第143页。

断定此罍年代上不早于秦始皇二十七年作信宫之年,下限当为西汉早期①。根据全洪的解释,此漆盘先为秦始皇三十三年(前214)工师所造,然后用于信宫为酒器,后归后宫,由私官(管理后宫之官署)校检,最后归西县供厨及东宫(后宫)②。按:酋即酒,为酒府之省,与秦始皇陵所发现"丽山酋府"③一样,都是管理祭祀用酒饮的机构,只是一为秦始皇庙(极庙—信宫),一为陵寝所有而已。

秦始皇及二世对庙制的改革,已被考古资料部分证实。1956年,在西安北郊阎家村发现一处方圆数百米的夯土建筑遗址,当时认为是汉代的离宫。聂新民推测,本处建筑遗址年代应在秦代至汉初,很可能是秦始皇之极庙所在。④ 按照位置及年代来看,聂说是有道理的。但由于当时发掘面积甚小,现在已全被建筑所压,我们无法完全确定其属性了。

除了为生人立庙,秦代还有一大创制就是陵寝了。

东汉蔡邕在《独断》中说:"宗庙之制,古学以为人君之居,前有'朝',后有'寝',宫则前制庙以象朝,后制寝以象寝,庙以藏主,列昭穆,寝有衣冠、几杖象生之具,总谓之宫。《月令》曰'先荐寝庙',《诗》云'公侯之宫',《颂》曰'寝庙奕奕',言相连也,是皆其文也。古不墓祭,至秦始皇出寝,起之于墓侧,汉因而不改,故今陵上称寝殿,有起居、衣冠,象生之备,皆古寝之意也。"⑤按蔡邕之说,秦始皇开始在陵上建寝殿,布置如生人起居之处。旁边还有休息闲晏之处,就是便殿。《汉书·武帝纪》颜师古注:"凡言便殿、便室、便坐者,皆非正大之处,所以就便安也。园者,于陵上作之,既有正寝以象平生正殿,又立便殿为休息闲宴之处耳。"相家巷秦封泥有"囗寝",刘庆柱先生等人怀疑为"上寝"。在文献与秦封泥等文字资料中,"寝"可指生人所居宫室,也可指庙寝,包括陵上之寝殿。⑥

1976年、1977年,考古工作者在秦始皇陵封土北、内城北墙南的中间区域,

---

① 王辉、王伟编著:《秦铜器铭文编年订补》,第615—616页。
② 全洪:《南越王墓出土秦代"西共"银洗及相关问题》,《文物》2012年第2期。
③ 程学华:《秦始皇陵园鱼池遗址发现"丽山酋府"陶盘》,《考古与文物》1988年第4期,图一;王辉:《说"丽山酋府"》,《考古与文物》1988年第4期。
④ 聂新民:《秦始皇信宫考》。
⑤ [东汉]蔡邕:《独断》卷下,抱经堂丛书本。
⑥ 刘庆柱、李毓芳:《西安相家巷遗址秦封泥考略》,《考古学报》2001年第4期。

发掘了一、二、三、四号建筑遗址①,2010 年又发掘了更北的部分,这是一处与南侧建筑相联系的大型礼制性建筑。整个建筑群的东、西、北三面则夯土围墙,共有十门、九通道、十进院落,建筑遗存用南北向通道连接起来,东西对称。最南侧的第十院落之内,有一大型建筑,距离封土仅 53 米,建筑平面近似方形,南北长 62 米、东西宽 57 米,周围有回廊,中间为高台建筑基址,正殿内有青石板铺就的石台阶,地面为夯土,之上铺河卵石,其上再铺泥土,最上为菱形纹石块筑成,墙壁表面涂有白垩。② 以上整个建筑群的面积超过 10 万平方米,规模十分宏大,既处内城之内,又与封土靠近,无疑是具有重要意义的建筑。

孙伟刚认为,这个十进院落的大型建筑群,就是蔡邕的《独断》所说的"朝寝",与马家庄三号建筑相似,第十院落内的大型建筑群就是寝殿、便殿,北侧的九个对称的院落则是"朝",整个建筑面朝北,符合"前朝后寝"的说法。③ 现在,虽然对这个建筑群的认识还有某些疑义,但秦始皇陵上有寝,则是诸家都承认的。

庙、寝之制,被汉所继承,其祭祀之礼,《汉书·韦贤传》记载如下:

> 日祭于寝,月祭于庙,时祭于便殿。寝,日四上食;庙,岁二十五祠;便殿,岁四祠。又月一游衣冠。

秦之情况估计与此类似。在内外城之间,还有园吏寺舍,中间出土有陶文"丽山飤官",说明秦始皇的食物,应就是由专门的官员管理的④,与"酒府"一样,都是为陵专门设立的,所用必与陵寝祭祀有关,如"日上四食"之类。另外,此处还发现有"乐府"错金铜钟,秦封泥也有"乐府""乐府丞印",证明秦代已有乐府这个管理音乐、储藏乐器的机构,也可说明陵寝祭祀也是有音乐的,如西周之庙堂之乐。按照《汉书·礼乐志》的记载,"至武帝定郊祀之礼……乃立乐府,采诗夜诵"。颜师古注曰:"乐府之名,盖起于此。""乐府"铭文错金铜钟、秦封泥"乐

---

① 临潼县博物馆、赵康民:《秦始皇陵北二、三、四号建筑遗迹》,《文物》1979 年第 12 期。

② 陕西省考古研究所、秦始皇兵马俑博物馆:《秦始皇帝陵园考古报告(1999)》,科学出版社,2000 年,第 11—12 页。

③ 孙伟刚:《秦始皇陵北部西侧建筑遗址的性质及相关问题》,《考古》2012 年第 6 期。

④ 秦始皇陵考古队:《秦始皇陵西侧"丽山飤官"建筑遗址清理简报》,《文博》1987 年第 12 期。

第三章 宗庙之灵——秦人的祖先祭祀 73

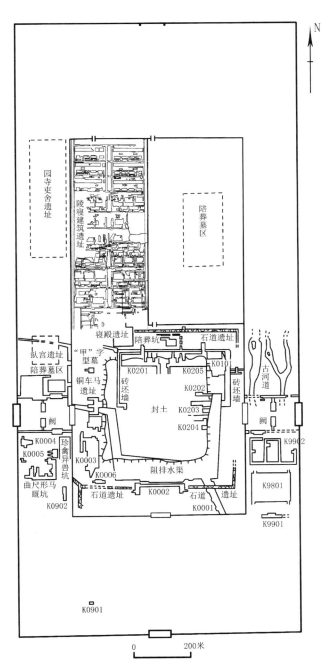

图 19 秦始皇陵园遗迹分布及陵寝位置图
引自孙伟刚:《秦始皇陵北部西侧建筑遗址的性质及相关问题》图一。

府丞印",可证《汉志》及颜注之误。《汉书》说乐府为郊祀而立,恐怕也不确切。乐府钟发现于秦始皇陵,说明其作用不仅于此,还用于陵寝祭祀。

秦始皇为自己立庙、二世尊始皇庙为帝者祖庙,以及设立陵寝的创设,都是秦代突出皇帝自身权威之举。秦人对待祖先祭祀重今薄古的态度,在这个方面发挥到了极致。

图 20　"乐府丞印"秦封泥

资料来源:周晓陆、路东之、庞睿:《秦代封泥的重大发现——梦斋藏封泥的初步研究》图 45。

第四节　相关问题讨论

对祖先的祭祀,看似是生者与死者关系的体现,实际反映的是生者之间的关系。作为祭祀祖先及政治活动的场所,宗庙被赋予的意义是重要的。

秦至迟在春秋中期建立宗庙制度,但单凭宗庙的存在,并不能说明秦有发达的宗法制。

在马家庄宗庙遗址中,有祖庙、昭庙、穆庙,合祖先之庙和国庙为一,但如钱杭所指出的:"如果仅凭这点就得出秦国具有完整、发达的宗法制度的结论,实在是过于仓促了。如果没有在宗庙中进行了何种性质祭典的记载,宗庙系统本身是无法告诉我们宗法制度发达与否的。一个在宗族祖先崇拜观念上显得相当淡薄的国家,与它具有宏伟庞大的宗庙建筑群,两者并非一定矛盾,因为它们各自的根据不同。"①

---

①　钱杭:《周代宗法制度史研究》,学林出版社,1991 年,第 84 页。

对祖先、宗庙重视的本质,就是重视血缘关系。

从春秋中期非子封秦到秦亡,秦最高权力的控制者,一直是嬴秦之人,起码名义上如此。即使对于统一天下这样的大事,秦人也要说是"赖宗庙之灵",即祖先保佑的结果。本节,笔者将对秦政治历史中的血缘关系稍加论证,以期证明秦人祖先祭祀的必然性。

古代中国是典型的血缘社会。血缘与地缘的关系,曾经被恩格斯那样的经典作家当作探索文明与国家起源路径的方法①。一般认为,文明社会之前的氏族社会,血缘是重要的组织原则,进入文明社会后,血缘纽带受到地缘因素的冲击。古代中国的实际情况可能并非如此,血缘非但没有消失,在某些情况下还会强化。下面以姓氏为例说起。

至迟从西周以来,人们经常认为同姓氏的人,就是同血缘的。实际上,同姓氏即同血缘,从社会人类学的角度来看,只是一种拟称,即不一定是真实的血缘关系的反映。先说姓,先秦时期有很多同姓的族群,实际上的差别是非常大的,并不一定就存在真实的血缘关系。例如周人中的姬姓,据顾栋高《春秋列国爵姓及存灭表》②辑录及笔者所知,有鲁、蔡、曹、卫、滕、晋、郑、吴、燕③、祭、东虢、西虢、极、邢、鄅、凡、息、郜、芮、魏、随、巴、荀、贾、虞、滑、原、耿、霍、阳、密、顿、管、毛、聃、雍、毕、鄑、郇、邗、应、韩、蒋、茅、胙、沈、刘、焦、杨等,除此之外,还有白狄鲜虞、大戎及戎人中的骊戎等族群。"华夏"与"戎狄"这么多的族群都以姬为姓,而且地域分布极广,显然不是真实的血缘关系的反映,即不是因为血缘关系而同姓,而仅仅是因曾经生活地接近而已。社会人类学学者认为:

> 姓不仅仅是一个血缘符号,他同时还可以是一个地缘符号。换言

---

① 恩格斯:《家庭、私有制与国家的起源——就路易丝·亨·摩尔根的研究成果而作》,《马克思恩格斯选集》第四卷上,人民出版社,1972年,第1—175页。例如恩格斯在分析罗马人的氏族与国家时说:"在罗马也是在所谓王政被废除之前,以个人血缘关系为基础的古代社会制度就已经被炸毁了,代之而起的是一个新的、以地区划分和财产差别为基础的真正的国家制度。"第126页。

② [清]顾栋高辑,吴树平、李解民点校:《春秋大事表》,中华书局,1993年,第561—608页。

③ 顾书作"北燕"。有的学者认为即《周本纪》所说的燕京之戎,不是召公所封之燕。参上引《春秋大事表》,第566页。

之,"姓"除了可以标志此一血缘集团与彼一血缘集团的血缘界限,还可以标志两个血缘集团的地域范围。如姬、姜两符号,既是指姬姓、姜姓这两个血缘性的氏族集团,又代表着这两个集团进行生活与生产的主要地域,即姬水流域和姜水流域。凡是生活在同一地域或同名地区的族群,即便血缘关系不同,也可以成为同姓。这就是为什么在一姓之下可以有众多不同血缘关系或世系关系的同姓族群的最主要的原因。

……

不同名的地域可能形成不同姓的氏族;生活于同一地域或同名地域内的各无血缘关系的氏族,也有可能成为同姓氏族。

……

在古姓发展史上,地缘关系具有极端的重要性。即使是出于同一父系血缘的同姓兄弟,只要迁居两地,同姓、同类关系就可以成为性质完全不同的异姓、异类关系。反之依然,血缘非常遥远的异姓者如在同地,即可成为同姓;根据"同姓为兄弟"的约定,互相就形成不可通婚的同姓、同类关系。①

按照这样的看法,同姓在起源上不一定同血缘,而同姓之下位处不同地域的诸多分支,以此推理只能是曾处同一地域人群迁徙的结果。对于嬴姓,其后秦、穀、黄、梁、葛、徐、江、奄等分支,或许也可以做这样的推测,他们原本生活于一地,就是时下学者所说的山东莱芜的那个嬴邑②,后来经过迁徙,便到了今天的山东、江苏、安徽、山西、陕西等地,原来他们的祖先(嬴姓),都是生活在山东嬴这个地方的。

对于姓的族群意义的界定,或许杨希枚先生的说法是正确的:

古之所谓姓,其义与"子族"二字相通,而且说明古之所谓姓,也就是宗族或姓族的集团,一种以血缘相结合而彼此不得互婚的亲属集团,

---

① 钱杭:《血缘与地缘之间——中国历史上的联宗与联宗组织》,上海社会科学院出版社,2001年,第86—90页。

② 相关说法的集中论证,可参宋镇豪主编:《嬴秦始源——首届中国(莱芜)嬴历史文化学术研讨会论文集》,中国社会科学出版社,2013年。

其组织相当于近代原始民族的"gens"或"clan"。①

氏与姓经常并称,因此有的学者认为氏乃姓分裂的结果,其实二者是不同的概念。相对于氏,姓的古义主要指先秦社会的姓族(gens、clan)和氏族组织,是指具有血缘世系关系的亲族集团,氏则系邦国采邑之类的政治区域性集团。②

氏之起源,按照传统的解释,大致有三种:一是以地名,如《左传》隐公八年"胙之土而命之氏",包括邑名("邑亦如之");二以祖名,其中多以王父字,如《公羊传》成公十五年"孙以王父字为氏";三是职司,如《白虎通义》卷八所说的"或氏其官,或氏其事"。③ 我们可以理解,以地为氏大概是最常见的,在不能以地命名的情况下,则可以祖名或以职司名。

需要指出,这里所谓"命氏",只是一种传统的说法,氏之来源,也与姓一样,与地域有很大的关系,当今学者更加强调氏的地域性,即与土有关。④ 这可与下面所要谈到的分宗列土进行联系。

氏之地域性,一是表现在其来源主要与地域有关;而且,一氏之中,也容有不同血缘的人群,如鲁,在鲁氏之下,既有姬姓的最高统治者,也有"殷民六族"之类的子姓之人(还有"商奄之民")。"秦"也为氏,可以想象,也是包含了不同族群的,不单是秦人"公姓"那样的主体人群,应该至少还有下文将说的"臣"那样的外族降服人士,还有下层的"西戎",等等。

无论是传统对姓、氏的解释,还是杨希枚先生那样的新说,都强调了姓、氏的地域性。

虽然同姓的族群在起源上不一定同血缘(一氏之中也不同血缘),但问题的关键是,至少从西周以来人们是相信同姓即同血缘这个说法的,并在继嗣、政治、

---

① 杨希枚:《姓字古义析证》,原载《"中央研究院"历史语言研究所集刊》第23本,1951年,第409—442页;收入氏著《杨希枚集》,中国社会科学出版社,2006年,第1—46页。按:gens相当于中国的姓族或宗族,而clan则经常会被翻译为氏族,杨先生认为所谓的氏族,其实是姓族的误用,参见《杨希牧集》第27—28页。

② 杨希枚:《论先秦姓族和氏族》,原载《中国史研究》1992年第一期,收入氏著《杨希枚集》,第62—76页

③ 林沄:《对早期铜器铭文的几点看法》,《古文字研究》第五辑,中华书局,1981年,收入氏著《林沄学术文集》;李学勤:《考古发现与古代姓氏制度》,《考古》1987年第3期。

④ 例如上引钱杭即持此说,见上引钱著《血缘与地缘之间》,第100页。

婚姻、祭祀等一系列社会活动中，遵从了这个原则。

西周社会是以血缘关系作为基本的组织原则的，这是早期氏族社会的遗留，历史学者对此并无什么多疑之处。由此逆推，商代大致也是如此①，现代学者甚至认为商王也如西周一样，是大宗，下面有甲骨文所记载的"多子""小子"，即众多的大小族长，商王与这些人，还有外族的族长（"多生[姓]"），分配、掌握着商朝的政治权力。西周社会，在王之下，则有"子"（大宗）、"小子"（小宗）等族长，以及"百生（姓）"等异姓族长。② 商王不但祭祀王族自己的祖先，也祭祀民众的祖先，后者的祖先也与商王的祖先一起接受祭享，由此商王可以达到控制民众的目的。据周原甲骨文反映，周人也祭祀商王的祖先，就是这种祖先一体概念的产物③。商周青铜器铭文中有类似的"族徽"，代表"氏"或更小的血缘单位。在

---

① 王国维在《殷周制度论》（氏著《观堂集林》卷十，1921 年）一文中认为，商代无嫡庶之分，嫡庶之制盖始自西周，其所立以弟及为著，辅之以子继。李宗侗（玄伯）在 1935 年发表的《希腊罗马古代社会研究·序》中则认为，"商人的王位资格恐亦有相当条件，亦即说商人恐已有大小宗的现象，虽然现在的商代史料对此尚无足证"（李宗侗[玄伯]著：《中国古代社会新研 历史的剖面》，第 36 页）。后来学者利用发现的甲骨文资料，认为商代有大小宗的存在无可置疑，血缘是商代政治社会的重要法则。

② 林沄：《从武丁时代的几种"子卜辞"试论商代的家族形态》，原载《古文字研究》第一辑，中华书局，1979 年，第 314—336 页，收入氏著《林沄学术文集》，中国大百科全书出版社，1998 年，第 46—59 页；裘锡圭：《关于商代的宗族组织与贵族和平民两个阶级的初步研究》，原载《古文字研究》第十七辑（1983 年），收入氏著《古代文史研究新探》，江苏古籍出版社，1992 年，第 296—342 页；张亚初、刘雨：《西周金文官制研究》，中华书局，1986 年，第 49—50 页；〔加拿大〕蒲立本（E. G. Pulleyblank）著，樊诗琪译：《姬、姜：异姓族群在周人政体组织中的角色》，伊佩霞、姚平主编：《当代西方汉学研究集萃·上古史卷》（此分卷主编陈致），上海古籍出版社，2012 年，第 171—197 页。裘先生认为，《左传》定公四年所记载的"殷民六族""殷民七族"，就是卜辞中的"多子族"，即商王的同族；而金文中的冀、"怀姓九宗"，大概就是外族了，其也是有宗族组织的。吉德炜（David N. Keightley）认为，"多生"，意思与后来的"百姓"相似，蒲立本不同意这个说法；但对于吉德炜所认为的卜辞中的"多生（姓）"为商王的宗族或姻亲，"生"同"甥"，指的是父亲的姐妹的儿子或母亲的兄弟的儿子之说法，蒲立本则认为较有说服力（详参上引蒲文）。吉、蒲二人对"多生"的理解，与林、张、刘等先生所说其为外族族长不同。

③ 林沄：《商王的权力》。

"氏"之上，还有一个更加古老的从氏族社会遗留下来的表示血缘的名词，即"姓"①。同姓则被认为是同血缘，例如嬴姓，其下有秦（《秦本纪》所说"秦嬴"同）、江等分支，其实就是氏了。

可是，姓起源的时代，实在是让人费解的。有许多学者认为姓是古老的氏族社会——具体说是母系社会留下来的血缘概念（因为有许多姓从"女"，姓字本身也是如此）。笔者鄙见，与其追溯姓氏的起源，毋宁说姓氏被强调的时代，是不早于商周的，是此间族群互动与融合的产物，仅仅是族群的标志之一而已。此时恰是"秦人"的起源阶段。

血缘也是秦人的社会纽带，在"秦"氏之中，秦人"公族"也经过了多次分裂，分成更小的单位，即宗族、家族之类。这种"分裂"，一是反映了秦人口、势力的增长，"分裂"成为必然的结果；二是标志着在秦人权力构成的要素中，除血缘之外，地缘因素也在增长。西周对商遗民的分流，造成了人口的迁移，但并没有打乱他们的宗族组织，如"殷民六族""殷民七族"之类，"族"大约相当于"姓"下之"氏"，现在周原、洛阳、北京等地的考古发现也可证明这一点。这是一种迁移的情况。另一种是族群的"分裂"，即另立宗分土，经常也会造成人群的迁移，但还是保持了血缘关系的，这个情况一直延续到了郡县制实行前的东周时代。商周时代氏的"分裂"所伴随的居地的"分裂"或变化，无疑是血缘政治中地缘因素增长的表现，但地缘因素的增长，从来就没有代替血缘关系在政治中的地位，这构成了中国古代社会政治的一大特色。

综上，至少西周以来，虽有地缘力量的存在，还有其他种种因素对血缘传统都造成冲击，但中国社会的血缘传统，却从来未被根除，仍然是社会构成与权力、资源分配的基本法则。例如西周春秋时代的"国人"，这些人士虽对政治有很大影响，并且是基本的兵力来源，但如何怀宏所指出的，直至春秋，还是一个"大夫社会"，大夫阶层还是有决定性的政治影响力，"国人"只是大夫可以利用的一个阶层。大夫之间，有分裂、有矛盾，但以血缘构成的大夫集团仍是控制社会的基本力量，他们的特权就是来自于血缘，所谓"刑不上大夫"情况的改变，只能到战

---

① 按此氏即姓下的分支氏，周初分封的殷民六族之"族"，就是指的是氏。说参林沄：《对早期铜器铭文的几点看法》，《古文字研究》第五辑，收入氏著《林沄学术文集》，第60—68页。

国中期列国变法对其造成强大的冲击之后了①。但这种冲击与变革,仍然是部分的和不彻底的,血缘的力量仍然沉淀在政治的血液里,发挥着巨大的作用。而作为血缘"表象"的祖先,也必将端坐于庙堂之上,继续发挥他的象征性等诸多作用,受统治阶层的膜拜和祭祀,虽然我们并不知道这种心情是发自内心的,还是情势使然。在社会的上层之外,对于元元黎民来说,上层政治中的祖先祭祀,对他们的影响或可"稀释",但也必定会上行下效地对他们产生影响;并且,这种影响长期存在于中国历史之中。秦人的祖先祭祀,也只不过是其中某个历史阶段的实例罢了。

对于秦祖先祭祀的分析,还须分清楚历史的阶段性和阶层性。

从本章所举青铜器铭文,以及墓地、宗庙等考古资料来看,秦在春秋时期,曾以十分隆重的仪式祭祀祖先,表现了对祖先的重视,其中所蕴含的宣示国君权威、团结我群的含义是十分明显的,无须在此啰唆。随着人—神关系的变迁,包括祖先在内的人群,则"让位"于时君,后者在这个对立并存的系统中,地位相对上升。所以,我们在战国以降所看到的秦祖先祭祀的事实无非是:秦始皇立极庙,又出寝于自己的陵园、立太上皇庙,简直就是祭不过三代了! 二世也是"增始皇寝庙牺牲和山川百祀之礼",就是不见对远祖的重视,表现出十分明显的厚今薄古特点,即轻远祖、重近祖,总的趋势表现为由"远"而"近"。

上层如此,下层如何? 吴小强先生曾根据云梦秦简《日书》,分析了秦人的神权体系,他认为:

> 秦人的神权体系中几乎找不到祖先神的位置,祖先神在秦人眼中是微不足道的,这与殷周社会对待祖先神明恭敬备致的态度形成了鲜明对照。遍寻《史记·封禅书》的字里行间,但见秦人祭祀上帝,祭祀日月星辰,祭祀名山大川及八神,祭祀陈宝神,甚至祭祀其在秦中最小鬼之神者杜主(周宣王时无辜而被诛的杜伯),却唯独不见秦人祭祀列祖列宗的只言片语。在秦简《日书》中也根本找不到秦族祖先女修、大业、大费、中潏、造父、非子、秦仲、秦襄公、秦穆公、秦孝公等人的踪影,没有祭祀先公先王的日期规定。《日书》出现的唯一人名是禹(反面简

---

① 何怀宏:《世袭社会及其解体:中国历史上的春秋时代》,生活·读书·新知三联书店,1997 年。

894），与秦人祖先崇拜无涉。

若说秦人有对祖先的崇敬，也是仅限于对父母的崇敬，其程度远胜于对远祖的崇敬。①

笔者鄙见，对《日书》中不出现远祖之名，吴先生总结甚确。但其中没有祖先神，应是由于对祖先的祭祀，时日本就是固定的，形成了传统，无须再去推测时日宜忌，所以《日书》中不出现祖先祭祀也很正常，并不代表秦不重视祖先祭祀。

吴先生指出，秦轻远祖重近祖，造成这个情况的原因，应与社会组织的变化所造成的血缘单位的"分裂"、碎化有关。在"秦人"形成的初始阶段，即西周中期之时，是以家族为单位的血缘群体，进入东周之后，这个群体肯定扩大，形成以千、万计数的更大的群体，此就是学者常说的嬴秦，是广义"秦人"的最上层，生活在首都雍、平阳以及西等核心聚落里面。对上层来说，嬴秦之后的人数越来越多，分蘖频繁导致家庭——最多是宗族的，成为实际的血缘单位。对下层来说，也是如此，特别是战国中期以后，随着社会经济的发展和变法运动，法律上鼓励"分异"，使血缘单位越来越小，小家庭也成了最基本的单元。如此情况下，崇敬、祭祀父母或稍远的祖先，已经足以达到团结族群的目的，高祖之被遗忘，也成必然。对于最高层来说，国君地位从霸到王，再到皇帝，已经至高无上，无须以祖先作为政治借口，嘴上所宣示的"赖宗庙之灵"等统一天下的话语，恐怕只是个套语，背后矜夸的，还是国君——例如秦始皇自己。

近年公布的益阳兔子山秦二世诏书，为我们提供了秦敬近祖的证据。按照汉代情况来看，凡大事，还是要"臧于高庙"，即至少要告庙向祖先汇报②。兔子山所记秦代情况，新君即位，仪式或部分仪式可能是在高庙举行的，这就是上引简文所记二世所言的"朕奉遗诏，今宗庙事"云云，具体当是在秦始皇庙内举行祭祖、告祖等活动，以取得合法的君位。

看来，祖先祭祀的本质，除了人类对祖先本来的感念之情，还具有一定的政

---

① 吴小强：《论秦人的多神崇拜特点——云梦秦简〈日书〉的宗教学研究》，《文博》1992年第4期。

② 《汉书》卷三《高后纪》记载高后二年春诏曰："高皇帝匡饬天下，诸有功者皆受分地为列侯，万民大安，莫不受休德。朕思念至于久远而功名不著，亡以尊大谊，施后世。今欲差次列侯功以定朝位，臧于高庙，世世勿绝，嗣子各袭其功位。其与列侯议定奏之。"按此，分封等大事都要告于高庙。

治功能和含义。小民重前者,上层则突出的是后者。从政治的角度来看,秦人的政治借口,有一个从上帝到祖先的变化过程,实在是非常有趣的。

《秦本纪》记载,春秋初年秦人建国,"秦人"多包含的人众,除了嬴秦自身外,主要是关中一带的"周余民",具体说来,是上层贵族东迁后留在当地的西周社会的中下层。秦一立国,除了与"诸侯通聘享之礼"以显示自己的诸侯地位外,还立时以騮驹、黄牛、羝羊各三以祭祀上帝。騮驹,《集解》引徐广说"赤马黑髦",即黑色的鬃、红色毛的马。羝羊即公羊,用马牛羊三牲祭祀上帝,是非常隆重的。

这个记载也反映在上述秦文字和考古资料中,即我们屡引的秦人宣扬自己"受天命"的行为。令人瞩目的是,与后来秦统一天下的借口相比,二者拥有巨大的差别。春秋早期的资料反映,秦人宣扬自己有国有土,是因为上帝的赏赐;后来秦人认为自己能统一天下,是"赖宗庙之灵"即祖先的功劳。这种变化起码从表面看来,相对于上帝,祖先的地位是提高了。这个变化除了上帝地位的降低之外,还有一个原因,秦之上帝是有地域特征的,秦祀上帝是西方周、秦之说,况且东方那些保守的儒者,认为秦祀上帝是一种僭越行为①,本身就不承认,因此秦始皇为了弥补这个缺憾,就去行了封禅,致使秦代"郊祀"(祭祀四帝)与封禅并存,汉人费了好大的劲才把二者整合在一起,确立了南郊祭祀之礼。

上帝地位降低,高祖不如近祖,这些神灵都没有秦始皇自己伟大,所以从春秋早期到秦代政治口号从上帝演变到祖先("宗庙之灵"),背后的现实原因,还是国君权力、地位的逐渐上升,与其说秦君夸赞祖先,还不如说在炫耀自己。秦祖先祭祀的历史及本质,无非如此。

---

① 见《封禅书》司马迁语。

第四章 祷于山川——秦人的山川祭祀

第一节 秦人山川祭祀综述

山川是人类心目中最早的地标,特别是崇高而神秘的大山,可以呼风唤雨、陟降神灵;大河则绵延千里,哺育万物。对山川的崇拜,可上溯至更早的史前阶段,进入文明社会后,这个传统仍得延续。例如商代除甲骨文中有对洹水等周近河流的祭祀之外,还有对"十山""五山"等的综合祭祀,以祈年求雨、免除病患。①西周也如此。《诗·大雅·时迈》就是成王灭商以后,巡行各地并祭祀名山大川的乐歌,《礼记》所谓"天子祭天下名山大川"的记载,是有一定历史根据的,虽然也有"祭不越望"之说,但周天子作为天下共主,理论上自然是可以祭祀政治版图内的任何山川的。

秦人崇拜山川神灵,最早的当是商末秦祖飞廉的故事。《史记·秦本纪》记载:

> 周武王之伐纣,并杀恶来。是时蜚廉为纣石北方,还,无所报,为坛霍太山而报,得石棺,铭曰"帝令处父不与殷乱,赐尔石棺以华氏"。死,遂葬于霍太山。

这个故事稍显神秘,但霍太山即霍山(在今山西临汾)的神性已经显示出来。一些学者认为,商代甲骨文中的"河岳"、侯马盟书中的"岳",都是指的此

---

① 常玉芝:《商代宗教祭祀》,中国社会科学出版社,2010年,第159—166页。

山。① 西周中期秦别祖造父被封于赵城（今山西洪洞），也在此山附近。霍山是商周以来的名山之一，秦祖与名山发生关系的记载，以此为最早。商周时期，在王朝的政治势力范围之内，不同族群的社会发育程度并不相同，若以族群、政体为分割标志，不同地域的人祭祀不同的山川，故对于秦人来源的探索，霍山或许还有着特殊的意义。

秦人的山川祭祷，除了占梦、治病（如秦二世祠泾水）等意义外，求长生也是一个大的特色。例如《封禅书》载："于是始皇遂东游海上，行礼祠名山大川及八神，求仙人羡门之属。"②《李斯传》记李斯、赵高诈赐扶苏书曰："朕巡天下，祷祠名山诸神以延寿命。""名山"指泰山之属，还有与其同地存在的八神之类，也是其求长生的祭祷对象。

除了上述实用意义，祠祷山川还具有一定的政治文化意义，也是值得重视和发掘的，但我们不能把秦祭祀山川的含义，全归于政治，而否定山川祭祀的宗教意义，对于秦人来说，山川祭祀不仅仅是政治借口，实际上，从有限的资料——例如诅楚文、祭祀华山玉册以及传世文献来看，秦人对神灵是有相当程度的信任与精神依赖的。这是秦人的山川崇拜以至于整个神灵信仰的一大特点。

秦人的山川祭祀，包括对其他神灵的祭祀，是随着疆域的扩大而变化的。例如湫渊，可能来自于北方的义渠或匈奴，还有蜀之岷山、江水祠，是统一之前秦领土扩大的结果；齐地八神之类，则由统一而来，因此对山川神灵的祭祀，还有表示疆域范围的意味和象征。③

在统一后的秦神灵系统中，秦旧土神灵数量众多，这个现象与秦代政治格局是相符的④；山川祭祀也是如此，至少从数量上看，西土领于官家的神灵众多，东土则非，表现出西重东轻的局面。《封禅书》记载华山以西即秦旧土名山七、名

---

① 赵瑞民、郎保利：《侯马盟书、温县盟书中的太岳崇拜——兼论侯马盟书中的"吾君"》，《史志学刊》2017 年第 2 期。

② 汉武帝也曾礼祠八神，见《汉书》卷六《武帝纪》。

③ 詹鄞鑫：《神灵与祭祀——中国古代宗教综论》，江苏古籍出版社，1992 年，第 325—326 页；周振鹤主编：《中国历史文化区域研究》，第 67—68 页。

④ 周振鹤主编：《中国历史文化区域研究》，第 67—68 页；周振鹤：《假如齐国统一天下》，原载《二十一世纪》总第二十八期（1995 年 4 月号），收入氏著《学腊一十九》，广西师范大学出版社，1999 年，第 225—239 页。下引周说非注明者出处相同。

川四,而华山以东的六国旧地则只有名山五、大川二。不仅如此,在祭祀礼仪方面,秦地的"四大冢鸿、岐、吴、岳"等"皆有尝禾",即以新谷祭祀,表现得更为隆重。就是小山川如"霸、产、长水、沣、涝、泾、渭"等,虽然皆非大川,但因为靠近秦都咸阳,所以"尽得比山川祠",有官方的祠官加以祭祀,六国例如楚地那样"好巫鬼"、神灵众多的地区,大概更多的是由民间各自祭祀了。

还须特别强调,秦的神灵系统是东西并存的,数量并不能代表重视程度。李零先生把这个对峙关系,用"郊祀"和"封禅"来概括①,这两种祭祀系统,从秦始皇、秦二世的实际行为来看,东方的神灵,表面看似乎极受重视,并非如上从数量看的重西轻东。

众多的山川神灵,也是秦人多神崇拜的重要组成部分。对于外族山川神灵(包括其他神灵)祭祀的延续,除了上文实用与政治的原因之外,也显示了秦人多神崇拜的文化传统,即随灵立祠,秦旧都邑雍(今陕西凤翔)和西(今甘肃礼县)立有众多的神祠,这在列国中是不多见的。

周振鹤、李零曾对秦汉祠祀做过综合研究②,李零的学生田天继续了这个工作,其中都有山川祭祀的部分③。李零所列的山川祠祀,主要根据的是《汉书·地理志》,其中一些山,并非作为祭祀的对象,而是祭祀的地点而已,但考虑到古代山川被祭祀的原因,有的是因为山岳本身的灵异,有的则是神灵所在,对其祭祀具有悠久的历史,如"八神"中的天齐渊、阴主所在的三山、阳主所在的芝罘、月主所在的莱山、日主所在的成山、四时主所在的琅琊山等。还有封禅所在的泰山,春秋时为鲁望,季氏曾旅祭泰山;1954年在此发现一窖藏,被认为是战国时代旅祭泰山的遗迹。④ 由于泰山气势之突兀,并被长久祭祀,才构成了泰山封禅说产生的基础。还有秦刻石,其所在之山,也可能久远以来就被祭祀,这些刻石所在除泰山外,还有绎山、琅琊、碣石、会稽,根据这些纪念性的文字等情况推测,

---

① 李零:《秦汉礼仪中的宗教》,收入氏著《中国方术续考》。
② 李零:《秦汉祠祀通考》,氏著《我们的中国》第二编《周行天下:从孔子到秦皇汉武》,生活·读书·新知三联书店,第149—175。下引李说非注明者出处同。
③ 田天:《秦汉国家祭祀史稿》,生活·读书·新知三联书店,2015年1月,第258—327页。
④ 袁明:《山东泰安发现古代铜器》,《文物资料丛刊》1954年第7期;杨子范:《山东泰安发现的战国铜器》,《文物参考资料》1956年第6期。

附近还当有祭祀这些山的遗迹。① 这些祭祀遗迹,自然也属山川祭祀了,故这类山川被列入,就是有道理的。但另外有一些山川,也只是作为古代帝王传说的祭祀地而存在,恐怕历史上也没有真的被加以祭祀,如齐地传说的封禅地云云、亭亭、社首等山,所以本章并未列入。其中的泰山、会稽两山比较特殊,在秦作为华东名山而被祭祀。另外有一些山川,例如无锡历山,《地理志》注"春申君岁祠以牛",想必秦时还有祠祀,故一并列入。

第二节　山神考

《史记·封禅书》记载秦统一后整合祭祀对象,以华、崤为界分东西述其分布,这种地理概念,如同张家山汉简《二年律令》的《津关令》所表达的"大关中"概念一样,是在疆域变迁基础上形成的、秦汉时期流行的地理和文化心理观念②。本节按《封禅书》及《地理志》,参考周振鹤、李零等先生的研究,先行辑考山川祭祀如下。秦汉祭祀地点变化不大,下列地名多属汉代,秦汉相因,秦时祭祀地点,亦当多同于汉。

自殽以东,《封禅书》记载"名山五,大川祠二"。

太室山,祠阳城(今河南登封东南)西北。

恒山,祠上曲阳(今河北曲阳)西北(今河北阜平东北)③。

泰山,祠博县(今山东泰安东南)。按:泰山既是封禅祭天处,其山也作为名山受到祭祀,来源可能很久(见上文)。

会稽山,祠山阴(今浙江绍兴东南)。

湘山,祠益阳(今湖南益阳)北,地在今岳阳君山。《史记·秦始皇本纪》记载,秦始皇二十八年(前219)出巡:"西南渡淮水,之衡山、南郡。浮江,至湘山祠。逢大风,几不得渡。上问博士曰:'湘君何神?'博士对曰:'闻之,尧女,舜之

---

① 李零:《秦汉礼仪中的宗教》,收入氏著《中国方术续考》。

② 王子今、刘华祝:《说张家山汉简〈二年律令·津关令〉所见五关》,《中国历史文物》2003年第1期。

③ 《封禅书》之《正义》引《括地志》云:"恒山在定州恒阳县西北百四十里。《周礼》云并州镇曰恒山。"按:唐恒阳即今河北曲阳。

妻,而葬此。'于是始皇大怒,使刑徒三千人皆伐湘山树,赭其山。"《正义》:"湘山者,乃青草山。山近湘水,庙在山南,故言湘山祠。"

以上为秦之东方五名山。

历山,地在无锡(今江苏无锡),并非名山,《汉书·地理志》自注:"春申君岁祠以牛,莽曰有锡。"秦代或继续祭祀,故列于此。

邹峄山,山在邹县(今山东邹县东南)北,秦始皇二十八年(前219)东巡,祠此山①。

属于齐地"八神"所在的有以下诸种,多与山有关,都在今山东,来源有的当是东夷那样的族群,齐、秦、汉因之。

地主,祠博阳(今泰安)梁父山②,李零认为在今山东新泰西前寺庄映佛山。按:梁父山也是秦汉禅地之处。

阳主,祠腄县(今烟台)芝罘山,具体地点在今烟台芝罘岛老爷山南。1975年在此发现有二组8件玉器,各为一璧、一圭、二觿。另还有石雕坐像一尊,具有汉代特点。在最高峰老爷山顶和阳主庙前,还有大量的春秋战国时期的陶片和汉代板瓦。阳主庙修于何时已不可考,只存有元代贞元间重修阳主庙的碑记。从出土玉器等来看,此处应是秦汉阳主祠所在。③

阴主,祠曲成(今莱州东北)三山(参山)④,李零认为在今莱州海岸北汕岛。

月主,祠黄县(今龙口)东南莱山。在莱山之上,"发现有战国至汉代的砖瓦建筑遗迹及遗物。莱山之上见有月主祠、莱君祠,古代有很多关于莱山祀月主的文献记载"。⑤

日主,祠不夜县(今荣城)⑥,具体地点在今荣城东北成山角,因为"盛(成)山斗入海,最居齐东北阳,以迎日出云"⑦,这里是我国最东面的海角,每天最早

---

① 见《史记》之《秦始皇本纪》《封禅书》等篇。
② 《史记》卷二八《封禅书》,下同。
③ 烟台市博物馆:《烟台市芝罘岛发现一批文物》,《文物》1976年第8期。
④ 张华松:《八主析论》,《管子学刊》1995年第2期。
⑤ 李振光、刘晓燕:《海岱地区古代山地祭祀初探》,《齐鲁文博:山东省首届文物科学报告月文集》,齐鲁书社,2002年,第357—371页。
⑥ 见《封禅书》及《索隐》引韦昭说。
⑦ 《汉书》卷二五《郊祀志》。

看到日出,所以在此祭祀日主。1979年、1982年在此地俗称"酒棚"的土堆上东西相距2.5米的距离内,分别发现有玉器两组:A组包括玉璧一、圭二、璜一;B组包括玉璧一、圭二。另在西北的庙西遗址,还发现有大量秦汉时期的砖瓦残片和"千秋万岁"瓦当;南侧还有灰烬、烧土块以及有其他包含物的烧土沟。有的学者根据玉器的形制和花纹推测,B组玉器的年代稍早,大约在战国末到汉初,有可能是秦始皇祭祀日主的遗物;A组则稍晚,年代相当于西汉前期,或是汉武遗物。酒棚可能是祭日之坛,烧土沟应是焚烧祭品等的遗留。①

四时主,祠琅邪县(胶南)琅邪台(今琅琊东南东海边),有山如台②,《汉书·郊祀志》记载在此设祠祭祀四时主的原因是:"琅邪在齐东北,盖岁之所始。"这些山在《封禅书》中并非名山,对其神灵也是"上过则祠,去则已"。但由于是八神所在,也就有了神性,属于被祭祀的对象,如秦始皇二十八年(前219)第二次出巡,"行礼祠名山大川及八神"③,八神所在的诸山,也应该位列其中,在时人心目中若非神山,是说不过去的。

另有以下东方诸山,秦时也得祭祀。

碣石山。《封禅书》:"二世元年,东巡碣石,并海南,历泰山,至会稽,皆礼祠之。"《汉书》卷六《武帝纪》注:"文颖曰:'在辽西絫县。絫县今罢,属临榆。此石著海旁。'"碣石是古代名山,是个著名的地理坐标,其祠大致在今河北昌黎至秦皇岛一带海边。

蒲山,今晋南中条山或其中某山④。

岳堵山,不知所在。

华山以西,包括有名山七,名川四,如下。

---

① 王永波:《成山玉器与日主——兼论太阳神崇拜的有关问题》,《文物》1993年第6期。

② 《汉书》卷二五《郊祀志》颜师古注:"《山海经》云琅邪台在勃海间,谓临海有山形如台也。"

③ 《史记》卷二八《封禅书》。

④ 按:《五帝本纪》之《集解》引郑玄曰:"在河东。"《正义》引《括地志》云:"蒲州河东县雷首山,一名中条山,亦名历山,亦名首阳山,亦名蒲山,亦名襄山,亦名甘枣山,亦名猪山,亦名狗头山,亦名薄山,亦名吴山。此山西起雷首山,东至吴坂,凡十一名,随州县分之。历山南有舜井。"

虎候山祠。《地理志》:"山出美玉,有虎候山祠,秦孝公置也。"在今陕西蓝田。此山非华西名山。

华山,乃《封禅书》所谓的"华西"名山,也长期是与东方(例如晋、魏)的边界地理标志。在《山海经》中,华山为《西山经》所记"西山"十九山之首,被称为"冢",是山之大者,郭璞注:"冢者,神鬼之所舍也",即鬼神之所聚集的大山,即神山的意思,其祠用太牢,即牛羊冢。①《韩非子·外储说左上》记载:"秦昭王令工施钩梯而上华山,以松柏之心为博,箭长八尺,棋长八寸,而勒之曰'昭王尝与天神博于此'矣。"②天神既可在华山,与《山海经》称其为"冢"义同,都言为鬼神所聚之大山。

20世纪末,坊间曾有祭祀华山玉版被公布。其物共两件,内容基本相同,互相参照可以连读,说的是秦君䭲病愈后还祷"华大山"事。③ 大同太、泰,有尊、大的意思,如"泰山""霍太山"之太,都是此意,秦称华山为华大山,是尊称而已,与齐人称泰山、晋人之称霍太山类似。玉版的年代,李学勤说"䭲"即"驷"④,乃作器者惠王之名(前337—前311年在位)⑤。按:秦有其地才可祭祀其山神,根据《秦本纪》等文献,秦在春秋早期地已至华山附近黄河拐弯处,但其后华山所在,在秦与晋、魏间反复,直到惠文王前元六年(前332)魏纳阴晋(今华阴),阴晋才正式属于秦,秦更名阴晋为宁秦。华山地属宁秦,秦祭祀之,必在惠文王前元六年之后。有学者据霍山有神庙,即专门的祭祀场所⑥,推测华山也是如此,玉版所出,应即华山祠所在,是今天西岳庙的前身⑦。

玉版所记祭祀华山之牺牲,可与《山海经》对应。《山海经·西山经》:

---

① 袁珂:《山海经校注》(增补修订本),巴蜀书社,1996年,第38页。
② [清]王先慎撰,钟哲点校:《韩非子集解》,中华书局,1998年,第276页。
③ 李零:《秦䭲祷病玉版的研究》,氏著《中国方术续考》,第343—361页。
④ 《秦本纪》之《索隐》记载惠王名驷。
⑤ 李学勤:《秦玉牍索隐》,《故宫博物院院刊》2000年第4期。
⑥ 《汉书》卷二八《地理志》华阴注:"故阴晋,秦惠文王五年更名宁秦,高帝八年更名华阴。太华山在南,有祠,豫州山。"赵瑞民、郎保利:《侯马盟书、温县盟书中的太岳崇拜——兼论侯马盟书中的"吾君"》。
⑦ 《汉书》卷二八《地理志》华阴县下注:"太华山在南,有祠,豫州山。集灵宫,武帝起,莽曰华坛也。"西汉集灵宫、华坛之类,自是承秦华山祭祀而来。

华山,冢也,其祠之礼,太牢。渝山,神也,祠之用烛,斋百日以百牲,瘗用百瑜,汤其酒百樽,婴以百圭百璧。其余十七山之属,皆毛牷用一羊祠之。烛者百草之未灰,白蓆采等纯之。

文中云祭祀华山之礼,是用牛羊豕构成的"太牢",圭璧玉器显然是不用提也肯定有的。参照祭祀渝山之礼,在牺牲之外,还有酒与圭璧、美玉(瑜)、火把(烛)、白茅之席等等。秦祭祀华山玉册云秦王病愈之后,祠华山以"介圭吉璧",及牛羊豕("牛牺""羊""豢")三牲。圭璧、三牲(太牢),两种资料正可对应。

关于《山海经》与秦的关系,本书有专章论述,于此不赘。

薄山,即衰山、首山、雷首山,在蒲阪(今山西永济西南)①。其位置非在华西,《封禅书》叙述颇让人困惑,或许是因为古人方位感并不十分准确的缘故。

岳山,《尚书·禹贡》敦物(见下文《地理志》注),又称武功山,今称鳌山、西太白,在今眉县。此山海拔3476米,是青藏高原以东第二高峰(第一为太白山主峰,海拔3771米),向东绵延数十公里,与秦岭主峰太白山连成一梁。《周礼·职方氏》雍州"其山镇曰岳山"、《尔雅·释山》"河西曰岳",并指此山。② 有与吴山(旧称汧山)误为一山,《汉书·地理志》误作"垂山",其在右扶风武功县下云:"垂(岳)山,古文以为敦物。皆在县南(东)。斜水出衙领山北,至郿入渭。褒水亦出衙领,至南郑入沔。有垂(岳)山、斜水、褒水祠三所。"祠当在今眉县。田天认为或是更东属周至的翠峰山,或是因为《地理志》有山在汉武功县(今眉县)东的记载③。还有一种可能,鳌山既与太白山为一山,为秦岭主梁,则岳山也可能指的就是太白山。

岐山,祠美阳(今陕西岐山),主峰为今箭括岭,在岐山县北部。

吴山(吴岳),在汧(今陕西陇县南),古文以为汧山,为陇山支脉,在今陕西宝鸡陈仓区千阳县,主峰在陈仓区。

---

① 李零:《秦汉祠祀通考》。
② 《汉书》卷二五《郊祀志》颜师古注。
③ 田天:《秦汉国家祭祀史稿》,生活·读书·新知三联书店,2015年,第284—285页。

图 21　吴山（宝鸡市陈仓区，从东往西摄）

鸿冢，在雍（今陕西凤翔），具体不知所在，疑在凤翔西北、北部山地。① 但既为"四大冢"之一，则为大山②；其他三山也都高峻，鸿冢当如之，因此推测应是凤翔北比较高峻的现在称作千山的那座山，而非西北的灵山山地。此山与东侧美阳（今陕西岐山）的岐山为一道山梁，东西横于关中平原北侧。

按：岳、岐、吴、鸿四山，《封禅书》号称"四大冢"，即四大山，笔者颇疑其来源，当是周人而秦因之，"四大冢"当即前世西周、春秋时代的"四岳"，乃姬、姜两姓为主的周人所祭祀。从关中西部的周原远望，四大冢环列其周，十分显眼。

岷山，也称渎山、汶山，祠在湔氐道（今四川松潘西），这里是西北与西南来往的通道，故其来源当与西北南下羌人及"西南夷"都有关系。

还有一些山，见于一些零星的资料，可能也被祭祀。如下面的例子。

旱山，地在汉中郡。秦封泥有"旱丞之印"，刘庆柱认为或即《汉书·地理志》载汉中郡南郑县内之旱山。《地理志》本注："旱山，池水所出，东北入汉。"

---

① 《史记》卷二八《封禅书》记载："鬼臾区号大鸿，死葬雍，故鸿冢是也。"《索隐》："黄帝臣大鸿葬雍，鸿冢盖因大鸿葬为名也。"类似记载都说鸿冢在雍附近。

② 《史记索隐》云四大冢："案谓四山为大冢也。"大冢即大山，乃神灵所聚。侯马盟书谓霍山为"岳公大冢"，与此同。

"旱丞"或为"旱山承"之省称。① 按其推测,则旱山或因池水所出而被祭祀。

陉山,秦封泥有"陉山",刘庆柱认为即《史记·六国年表》记"魏败我陉山"之"陉山"②,在秦属颍川郡,地在今密县附近。

第三节 水神考

崤以东,《封禅书》记载"名山五,大川祠二"。

济水祠,祠临邑(山东东阿)③。

淮水祠,在平氏(河南桐柏西北)④。

以上为秦代东方两名川。

天齐渊,为八神之一的天主祭祀地,在原临淄南(今淄博),具体在今临淄城南牛山脚下,有人认为即太阳神⑤。但参考八神之中有日主,指的就是太阳,则此说应不可靠,所谓天主,指的就是天神了。天齐渊虽非名川,但由于属"八神"所在,得到求长生的秦始皇的特别祭祀,地位也十分重要。

鸣泽,在汉涿郡遒县(今河北涞水),具体约在今涞水至涿鹿一带。《封禅书》之《索隐》引服虔说:"鸣泽,泽名,在涿郡遒县也。"按:汉遒县即今涞水,又《正义》引《括地志》云:"鸣泽在幽州范阳县西十五里。"唐范阳即今涿县。故知鸣泽在涞水、涿鹿间⑥。

华以西,《封禅书》记载"名山七,名川四"。

曲水祠,本书"秦人的神灵系统及特点"章已引《晋书·束晳传》,记载昭襄王时在陇西(今甘肃临洮)立祠。按:此祠或秦代犹存,河曲在陇西郡,秦置陇西

---

① 刘庆柱、李毓芳:《西安相家巷遗址秦封泥考略》。
② 刘庆柱、李毓芳:《西安相家巷遗址秦封泥考略》。
③ 《汉书》卷二八《地理志》。
④ 《汉书》卷二八《地理志》。
⑤ 张华松:《八主析论》,《管子学刊》1995年第2期。
⑥ 参谭其骧主编:《中国历史地图集》,中国地图出版社,第二册第27—28页、第五册第48—49页。按:李零先生《秦汉祠祀通考》认为在靠南的容成县北,或是因为以唐遒县南移于此的缘故。

在昭襄王三十五年（前272），有陇西然后可至河曲，故曲水祠之立，当在此年前后。

天子辟池，一说滈池，或说即镐水发源地，在今西安市长安区；一说旧周天子辟雍池。《索隐》："顾氏以为璧池即滈池，所谓'华阴平舒道逢使者，持璧以遗滈池君'，故曰璧池。今谓天子辟池，即周天子辟雍之地。故周文王都酆，武王都滈，既立灵台，则亦有辟雍耳。张衡亦以辟池为雍。"在天子辟池所祭祀，为一水神是无疑的。

按以上二水非名川。

河水，《地理志》云祠临晋。按：临晋有说为西周后期芮国内迁之地（汉代有芮乡乃其延续）①，东周时代为大荔戎邑，名王城②，战国初年厉共公十六年（前461）秦取之，更名临晋③，临晋可能从此始为秦县。后秦简公六年（前409），可能被魏侵夺④。至迟在秦惠文王后元八年（前317），临晋复属秦⑤，汉因之⑥。临晋地在洛河之东、洛河入渭、渭水入河附近，靠近黄河，并且是洛河上的重要渡口——临晋渡所在，为关中东部交通干道的重要节点，东向正对为蒲阪，其间黄河上的渡口也称临晋关，后世称蒲津关，是黄河上的重要渡口，除南侧之崤、函、武关，北侧的夏阳渡（今韩城附近）之外，这条路也是东出进入六国故地最重要的通道之一。故在此祠河，地点是恰当的。

2006年，法国高美斯先生捐献给秦始皇帝陵博物院宜阳铜鼎，上面除了"宜阳""咸"等秦文字外，另有汉代文字"临晋"及"临晋厨鼎一合容一斗四升盖重一斤十四两下重十斤八两并重十二斤六两名卅（横刻）"，由铭文可知汉代此鼎为成套的，为临晋县官物，以供厨用。以河水祠在临晋，此鼎为汉代临晋祭河所用，

---

① 见《史记》卷五《秦本纪》及《索隐》等文献。
② 参《左传》僖公十五年、僖公二十四年、成公十一年，以及《史记》卷四四《晋世家》等文献，此不备举。
③ 参《史记》卷五《秦本纪》《汉书》卷二八《地理志》等文献。
④ 《史记》卷四四《魏世家》《史记》卷一五《六国年表》。
⑤ 《史记》卷一五《六国年表》记载此年魏纳少梁（今陕西韩城）、河西地于秦，故临晋至迟此时属秦。秦始皇陵上出土陶文有"临晋"印记的陶文3件（袁仲一：《秦代陶文》，三秦出版社，1987年，第575页），可证临晋之为秦县。
⑥ 《汉书》卷二八《地理志》。

是非常可能的。汉河水祠因秦而来,秦之河水祠也当在此,具体地点在今陕西大荔县。①

《史记·六国年表》记载灵公八年(前417):

城、堑河濒。初以君主妻河。

《索隐》:"谓初以此年取他女为君主,君主犹公主也。妻河,谓嫁之河伯,故魏俗犹为河伯取妇,盖其遗风。殊异其事,故云'初'。"

按此秦之祭河,也用人牲,或是魏俗。祭祀地点应在临晋,因按上文临晋此时属秦。

图22 秦始皇帝陵博物院藏临晋厨鼎

沔水(汉水),祠汉中(今陕西南郑)。

朝那湫,祠朝那(今固原平东南彭阳古城一带),所祭祀为湫渊水神。湫渊为一山中湖泊,今称东海子。《封禅书》之《集解》引苏林曰:"湫渊在安定朝那县,方四十里,停不流,冬夏不增减,不生草木。"唐时地震致使东南角溃泻,水面减小。北宋英宗治平(1064—1067)年间于朝那湫得大沉厥湫文,为秦惠文王后元十三年(前312)祭湫渊水神之文②,现湖东还有宋祭祀台等遗迹。湫渊水神祭

---

① 史党社:《宜阳鼎跋》,《文博》2007 年第 6 期。
② 郭沫若:《诅楚文考释》,《郭沫若文集》考古编第九卷。

祀,可能来自乌氏、匈奴等北方族群,不必是中原的传统神灵。汉代其祠犹存。①

图23　朝那湫(固原东海子。照片右侧即为宋祭祀台)

江水,即今岷江,祠蜀(今成都)。选择成都祠水的原因,自然是因为近江水的缘故。

以上为秦代华西四名川。

亚驼,为秦《诅楚文》三神之一,也曾是重要的水神,其说有异,下文加以考证。

秦《诅楚文》石刻共三种,文字大致相同,都说的是秦王使宗、祝诅咒楚王而求战胜楚师的文章,只是所求之神不同而已。三石刻分别在北宋时发现于三个不同的地方。祀巫咸文,嘉祐(1056—1063)年间出于凤翔开元寺。祀朝那文,治平(1064—1067)中得之朝那湫旁。祀亚驼文大致在大观(1107—1110)年间,

---

①　《史记》卷二八《封禅书》记载:文帝十三年(前167),"其河、湫、汉水加玉各二",湫,《正义》谓湫泉,当包括湫渊。《地理志》也记载朝那有湫渊祠。

出土于要册湫。对《诅楚文》的出土和流传情况,陈昭容教授之著作述之甚详①。文中所述战事,为惠文王后元十三年(前312)楚举全国之力攻秦之事,危急之下秦求之于境内大神,也是战前动员。在国家危急关头乞求神灵保佑,是极为普遍的。如《周礼·大宗伯》所记:"国有大故,则旅上帝及四望。"作文以诅楚,是仪式的一个环节,即以文字告神,文中说"著者石章,以盟大神之威神"。另外还有斋戒、用牲等仪节。文字刻在石头上,由宗、祝告神("布檄"),诅楚以求"克剂楚师"即战胜楚军。其用法当或埋石于地(巫咸文),或沉于水(大沉厥湫、亚驼文)。

三神分别是巫咸、大沉厥湫和亚驼,后二者乃秦之水神。

朝那湫,如上文所说,所祭对象为湫渊水神,学界基本无异议。

亚驼,即今之滹沱,文献中又写作虖沱②、呼沲③、虖池④、呼池⑤、恶池⑥、呼沱⑦等,为北方水之名或地名,今山西、河北仍有滹沱一河⑧。通过学者们从文字角度的论证,上述诸多写法相通,已无障碍。如李零所指出,滹沱作为水名,无论是河流、湖泊、泉水,总是古代我国北方靠近内蒙古草原地带的水名。⑨

---

① 陈昭容:《从秦系文字演变的观点论〈诅楚文〉的真伪及其相关问题》,《"中央研究院"历史语言研究所集刊》第62本第4分册,第574—576页、第602页,1993年;收入氏著《秦系文字研究:从汉字史的角度考察》第四章《论〈诅楚文〉的真伪及其相关问题》,"中央研究院"史语所专刊之一〇三,2003年,第213—246页。
② 《穆天子传》卷一;《山海经》之《北山经》《海内东经》;《后汉书·明帝记》李贤注。
③ 《战国策·赵策四》。
④ 《周礼·夏官·职方氏》:"正北曰并州,其山镇曰恒山,其泽薮曰昭余祁,其川虖池、呕夷。"[汉]郑玄注,[唐]贾公彦疏:《周礼注疏》第三十三卷,上海古籍出版社影印阮刻《十三经注疏》本,第863页。
⑤ 《战国策·秦策一》。
⑥ 《礼记·礼器》:"晋人将有事于河,必先有事于恶池。"参[汉]郑玄注,[唐]孔颖达疏:《礼记正义》第二十四卷,上海古籍出版社影印阮刻《十三经注疏》本,第1439页。
⑦ 《战国策·燕策一》。
⑧ 何建章:《战国策注释》(上中下),中华书局,1990年,上册第97页;李零:《再说滹沱——赵惠文王迁中山王于肤施考》,《中华文史论丛》2008年第4期。
⑨ 李零:《滹沱考》,陕西师范大学、宝鸡青铜器博物馆编:《黄盛璋先生八秩华诞纪念文集》,中国教育文化出版社,2005年,第345—348页;李零:《再说滹沱——赵惠文王迁中山王于肤施考》。

亚驼文出土地要册湫,是泾水支流支党河的上源,后世还是著名的祭祀圣地。在唐天宝元年(742),曾出土有二十七个玉人像,所在的罗川县因此被改为真宁县。① 据推测,这些玉人像与凤翔血池遗址所出玉人为同类之物,其形制也当与凤翔血池遗址的形态相似,是作为人牲的替代品使用的,亦即《诅楚文》"皇天上帝及大神厥湫之血祠、圭玉、牺牲"中的"牺牲",综合判断,此处就是曾经祭祀"亚驼"水神的地方。

亚驼文中"亚驼"也是水神,学者意见基本是统一的。② 但亚驼所指为何水之神,则有异议。岑仲勉认为即泾水③。姜亮夫认为即今山西、河北的呼沱河④。裘锡圭认为即今泾川至正宁一带的一水名,或湫或河⑤。陈昭容同意裘锡圭的观点,认为亚驼神即为秦境内的水神⑥。李零推测,亚驼文的"亚驼"所指,有三种可能:一是泾河支流马莲河,即古称泥水的那条河;二或就是泾河本身;三或是清水河,即古称乌水的那条河,在今宁夏一带,发源于陇山而北流入黄河(因为乌、亚音近可通,湫渊又是乌水的发源地,这样又与湫渊联系起来了)。这三条河流中,泥水的可能性最大。雍际春认为指的是泾河支流芮河,古称黑水,就是《穆天子传》卷一的虖沱,亦即亚驼,与要册湫所在的支党河(阎子川)(一河之上下游称呼不同)同为泾河支流,二者一西一东,从不同的方向流入泾河,因为入泾的地方相距甚近,故把祭祀芮河(亚驼)的地方放在了要册湫⑦。以上诸说,可代表对"亚驼"所指的主要看法。

按古书中名为"滹沱"的水有以下数条:今山西、河北的滹沱河;泾水,今甘肃境内的呼池,西汉为国家养马的禁苑之名,所言呼池,应指泾河;奢延水(今陕

---

① 参"赫赫上帝——秦人的上帝祭祀"章引《新唐书》卷三七《地理志》。
② 笔者知见只有吴郁芳说认为亚驼为地神,而巫咸、大沉久(厥)湫分别为天神、水神,其说并不可据。见吴郁芳:《诅楚文三神考》,《文博》1987 年第 8 期。
③ 岑仲勉:《〈穆天子传〉西征地理概测》,《中山大学学报》1957 年第 2 期。
④ 姜亮夫:《秦诅楚文考释——兼释亚驼、大沉久湫两辞》,《兰州大学学报》1980 年第 4 期。
⑤ 裘锡圭:《诅楚文"亚驼"考》,《文物》1998 年第 4 期;李零:《滹沱考》,陕西师范大学、宝鸡青铜器博物馆编:《黄盛璋先生八秩华诞纪念文集》,第 345—348 页;李零:《再说滹沱——赵惠文王迁中山王于肤施考》。
⑥ 陈昭容:《从秦系文字演变的观点论〈诅楚文〉的真伪及其相关问题》。
⑦ 雍际春:《"亚驼""呼池"与要册湫考辨》,《陕西师范大学学报》2008 年第 2 期。

北无定河),古时可能别名为肤施,《汉书·地理志》所记的山西北部的县名"虑虒",即赵灭中山迁其王之地,李零认为都可与肤施、滹沱相通。

有很多证据表明,古时泾水曾称呼池,即滹沱,并与两个重要的地名呼池苑、安民县有关。

《汉书》卷十二《平帝纪》记载,元始二年(2)郡国大旱,"罢安定呼池苑,以为安民县,起官寺市里,募徙贫民,县次给食。至徙所,赐田宅什器,假与犁、牛、种、食"。

《后汉纪》卷五记载,光武帝建武六年(30),"建威将军耿弇屯漆,征虏将军祭遵屯汧,征西将军冯异屯上林,大司马吴汉在长安,中郎将来歙坚领众军在安民"①。

《水经注》卷十七"渭水"记载,"建武八年,中郎将来歙与祭遵所部护军王忠、右辅将军朱宠,将二千人,皆持卤刀斧,自安民县之杨城,从番须、回中,伐树木,开山道至略阳,夜袭击嚣拒守将金梁等,皆杀之,因保其城"②。

悬泉汉简有如下记载:"明昭哀闵百姓被灾害,困乏毋訾,毋以自澹(赡),为择肥壤地,罢安定郡呼池苑,为筑庐舍。"(ⅡⅠ90DXT0115①:1)③

从上四处记载可知,安民县是西汉平帝时罢呼池苑后设置的,延续至安帝(公元107年至公元119年在位)时废。安民县之所在,裘锡圭可能为了把其与要册湫距离拉近,所以认为《后汉书》"安定呼池苑"之安定指的是县而非同名之郡,地在今甘肃东部泾川一带。李零指出其非,认为"安定"当为郡名,呼池苑就在安定郡的境内,很可能是独立的一块,若从已有的县中分离析地而建,则未免有叠床架屋之嫌,悬泉汉简证明李说是正确的。雍际春根据顾祖舆《读史方舆纪要》卷五十八的记载,认为安民县位置在今华亭县。按《纪要》云:"(阳城)在县(华亭)西南。后汉初,隗嚣败赤眉于乌氏、泾阳间,赤眉复进至阳城,入番须中,逢大雪,士多冻死。道元曰:'阳城在安民县。'汉成帝永始二年(前15),罢安

---

① [晋]袁宏:《后汉纪》卷五,商务印书馆,1971年,第60页。
② [北魏]郦道元著,杨守敬、熊会珍疏,段熙仲点校,陈桥驿复校:《水经注疏》,江苏古籍出版社,1989年,第296页。
③ 张德芳:《汉简确证:汉代骊城与罗马战俘无关》,《光明日报》2000年5月19日。

定呼他苑为安民县,后汉废。安民应在县(华亭)界,今《汉志》不载。"①按:这个阳城,《水经注》作"杨城",位置自然与番须、回中等不远,可能属安民县内的地名。笔者十分怀疑,这个杨城,应在今平凉南侧大寨塬附近,此处有地名上杨、下杨,西周时期的多友鼎铭文中的杨冢,可能就指的此处②,而与之相联系的安民县,也可能在平凉附近。顾、雍等人把杨城、安民地点都放在靠南的华亭一带,其实把两地所在想象得宽泛而更靠北一点,即华亭至平凉,直至固原一带,则更显合理。

把安民县的位置放在华亭一带,此前的呼池苑,自然就被放在此处,这是雍说把"亚驼"认定为芮水的根据之一。其所引资料之一是《穆天子传》卷一的记载:"癸未,雨雪,天子猎于鈃山之西阿,于是得绝鈃山之队,北循虖沱之阳。"鈃山即汧山,在秦汉汧县(今陕西陇县)西,是汧、芮二水的发源地。《汉书·地理志》班固自注:"汧,吴山在西,古文以为汧山,雍州山。北有蒲谷乡弦中谷,雍州弦蒲薮。汧水出西北,入渭;芮水出西北,东入泾。"若《穆天子传》所记果真为陇山东侧的山水地形,水既有阴阳,又可知大致应作东西流,符合条件的,只有芮河、泾河两条,非此二水没有别的。最为重要的是,后世平凉西崆峒山建有呼池寺③,则"虖沱""亚驼"水所指,就非泾水莫属,定为芮水,失之偏南。同样,安民县的位置,也当更加靠北才是,上文以平凉南大寨塬附近当之,也就是有一定道理的。

亚驼、滹沱所指,除了泾水,自然还有一种可能,就是亚驼文出土地要册湫,位于今甘肃正宁县东子午岭西侧湫头村,其东不远就是子午岭上交通东西的重

---

① [清]顾祖禹撰,贺次君、施和金点校:《读史方舆纪要》卷五八,中华书局,2005年,第2783页。

② 李峰:《西周的灭亡——中国早期国家的地理和政治危机》,上海古籍出版社,2007年,第184—191页。如李书所推测,多友鼎铭文所示之共,在今甘肃泾川的泾河河谷附近,随后追击向西北逃窜的猃狁,所经的世、杨冢,应更往西北平凉方向求之,因此把杨城想象在平凉附近,是合理的。

③ [明]李应奇《崆峒元鹤赋》、[明]吴同春《游崆峒记》,参见[清]张春溪、[清]朱愉梅编纂,仇非校点:《崆峒山志·柳湖书院志》,平凉地方志办公室,1993年,第102—112页。按:此寺建于唐,明天启二年(1622)重修后改称真乘寺,今已毁。见仇非主编:《新修崆峒山志》,甘肃人民出版社,1996年,第92页。

要关隘调令关。

综上,在陇东有两水可称"虖沱"即"亚驼",一为泾水,二为要册湫,"亚驼"水神,也必在此两水间选择。

按:泾水之祠,是因为靠近秦都咸阳,故得祭祀,对其的祭祀实实在在发生过,《史记》卷六《秦始皇本纪》记载一事:

> 二世梦白虎啮其左骖马,杀之,心不乐,怪问占梦。卜曰:"泾水为祟。"二世乃斋于望夷宫,欲祠泾,沈四白马。

泾水从西北来,流经秦都咸阳之北,在咸阳东北入渭,望夷宫就在泾水南侧的高地之上。二世祠泾,是在天下皆叛、刘邦已经屠武关进军咸阳、秦王朝风雨飘摇的情况下,所以咸阳附近例如望夷宫一带是否就是泾水祠所在,还不能肯定。从要册湫在战国时代的地位来看,其与朝那湫一样,在危急的情况下都被加以祭祀,地位十分重要。可是,秦时要册湫不但不被列于名山大川之中,就是不出名的小山川之中,也没有它的位置。这其实很不正常,推测有以下两种可能。

第一,鉴于泾水古称"呼池","滹沱""亚驼"与之相通,所以秦在要册湫所祭祀的"亚驼"水神,有可能就是泾水之神。在文献中,用支流代替干流而被祭祀,也是有迹可寻的。例如《礼记·礼器》说:"晋人将有事于河,必先有事于恶池。""恶池"即滹沱,就是现在的滹沱河,流入子牙河后从天津入海,先秦时则流入未改道前的河水(黄河)北支。同理,秦人祭祀泾水,当然也可以在其支流支党河进行。李零先生认为此处"滹沱""亚驼"或指《水经注》卷十九的泥水或马岭水,前者为泾水支流马莲河,而后者则为马莲河上源环江①,以湫头村位置断之,失之偏北偏远。不过,此还存在一种可能,就是如下"《山海经》与秦的关系探索"章所论证,或许马莲河(古代的泥水)在战国时期被认为是泾水的上源,一如《山海经·海内东经》附录所记述的那样。若果如此,则亚驼为泾水之神可得较顺畅的解释了。

第二,以要册湫所祭祀的"亚驼"为泾水之神,仅仅是个推测。泾水在秦统一后,《封禅书》明确地记载其被看作小山川,远不具朝那湫那样作为名山大川的地位,从惠文王到秦统一,不及百年,若"亚驼"为泾水之神,其地位升降如此剧烈,也有点出乎常理。因此,"亚驼"可能就是指要册湫水神,而与泾水无关。

---

① 李零:《秦汉礼仪中的宗教》,收入氏著《中国方术续考》。

要之,《诅楚文》中的"亚驼"水神,很可能就是要册湫水神本身,同时也不排除泾水之神的可能。无论是哪个神灵,从战国到秦代,地位可能有所升降。"亚驼"水神的来源,从位置以及东周时代北方游牧文化的部分来说,或可能与义渠有关,秦祀"亚驼",是在宗教上兼容并蓄的结果。

图24　正宁县湫头村附近地形(从西往东摄,远处为子午岭)

以上为华以西三名川与《诅楚文》三水神,此外另有霸(灞)、产(浐)、长水、沣、涝、泾、渭等水,《封禅书》说这些河流"皆非大川,以近咸阳,尽得比山川祠,而无诸加",都是咸阳附近小山川,因为地近首都,所以也得祭祀,其祠也必近咸阳。

另有"汧、洛二渊,鸣泽、蒲山、岳嵍山之属,为小山川,亦皆岁祷塞泮涸祠,礼不必同。"

汧水,为华西小山川,《汉书·地理志》云祠郁夷,在今宝鸡市陈仓区西部,祠之地点应近千河入渭处,即有名的"汧渭之会"附近。李零疑祠在汧水上游,或为汧水上之玄蒲薮乎?

洛渊。不知所在。

第四节　结语：山川祭祀的社会意义

秦人的山川祭祀,只据《封禅书》等文献,其礼仪仍不可完全复原。粗略述之,其祭品有圭币(玉圭、玉璧、皮毛等)、马、小牛(甚或人)等牺牲、谷物、车马,等等;还有鼎等器用,用以盛放祭品;具体过程则有斋戒、祝、沉、埋,等等;一般有专门的祭祀之官,平常按时节祭祀,国君巡行经过也行亲祭。其礼仪过程,整体上并没有摆脱商周以来的祭祀传统。

先秦山川祭祀礼仪,文献中也不乏其例。

例如对名山的祭祀。秦惠王祭华山玉册记载,对华山的祭祀品有牺牲玉帛,具体有牛、羊、豕及圭、璧、车马等,用法当如上文有埋等种类。

再如祭祀水神。《左传》襄公十八年晋伐齐,中行献子领兵渡黄河之前,有一个祭祀河神的仪式:

> 献子以朱丝系玉二瑴而祷曰:"齐环怙恃其险,负其众庶,弃好背盟,陵虐神主,曾臣彪将率诸侯以讨焉,其官臣偃实先后之,苟捷有功,无作神羞,官臣偃无敢复济,唯尔有神裁之。"沈玉而济。①

其祷文中历数齐之罪恶,有负神主,故应讨伐。吕静指出,其文字与"沈玉"的祭祀礼仪,与《诅楚文》是异曲同工的,或许"大沉厥湫"文名为"大沉",也与"沈玉"等礼仪有关。② 以祭品沉水,是讨好水神的普遍办法,估计操作方便是其被采用的重要原因,从商代甲骨文到秦汉以后文献,都有记载③。例如《穆天子传》卷六记载西周祭祀河神,"天子授河宗璧,河宗伯夭受璧,西向沉璧于河,再拜稽首,祝,沉牛马豕羊"。《穆》书中的故事,虽然被怀疑,但这个祭法恐怕反映的还是一种共同的祭祀传统,至少此书产生的东周时代如此。《汉书·沟洫志》记载,武帝时代治河,"湛白马玉璧",当是沿用先秦遗法。

---

① 杨伯峻:《春秋左传注》(修订本),第1036—1037页。
② 吕静:《关于秦〈诅楚文〉的再探讨》,《出土文献研究》第五集,科学出版社,1999年,第125—138页。
③ 于成龙:《战国楚卜筮祭祷简中的沉祭》,《东南文化》2008年第3期。

秦祭祀水神沉玉而祭,有《左传》文公十八年的记载。秦晋河曲之战前,"秦伯以璧祈战于河",自然也是沉璧祭祀水神,以求战胜,与上文晋之中行献子祭河的情况类似。

又如祭祀山川所宣读之祭文,一般刻于玉石等载体,由祝读完投入水中或埋藏。向神宣读,称作"册(策)祝",如《尚书·金縢》说周公祭祷的时候有史官"册祝",《国语·晋语》"川涸山崩,策于上帝",《史记·周本纪》提到武王伐纣成功之后举行祭祀上天的仪式,有尹佚"策祝",等等。① 秦诅楚文、惠王祷华山文之载体乃单体,并未编连,所以与上述之物类似,应称作"玉版"或"玉牍"。

秦国家层面的山川祭祀对象,主要由两部分组成,一是秦人自身的,另一部分来源于山东列国故地,从数量、礼仪隆杀程度来看,表现出明显的重西轻东的倾向。例如,秦始皇第五次出巡,蒙氏有还祷山川之举。② 杨华认为,所谓"还祷",即回到关中,向秦国故地的神山进行祭祷。这说明秦朝的上层社会中,在文化心理上尚未打破"祭不越望"的界限。③ 若稍换个视角,表现的正是对关中山川神灵的重视,或许对秦统治者来说,拥有悠久历史的本土的神灵,比起山东诸神更加方便祭祀和可靠。

山川崇拜是古老的祭祀传统的延续,比起祭祀上帝等要古老得多。对山川的祭祷,目的不外乎求胜、占梦、治病、消灾、乞求风调雨顺、诅咒等。分析山川祭祀的社会意义,需要放在一定的历史文化背景中去分析,作为国家的祭祀对象,在秦从诸侯到集权国家的历史中,政治史、思想史的背景,恐怕是最主要的,这也是分析秦对于其他神灵祭祀时最为必要的。

春秋初年,秦始为诸侯即行上帝祭祀,后来形成了以上帝为代表的神灵系统,山川神灵为其组成部分。商周以来,天道观不断演进变化,神灵的作用不断在降低,在人神系统之中,表现为人的地位不断提高,如秦之称王、称帝、称皇帝,就是表现之一。战国中期,大致可以看作是一个转折点。从此以后,随着数术的正式产生以及在此背景下阴阳五行说的流行,上帝祭祀正在失去其本义,只变为

---

① 董涛:《秦汉时期的祝官》,《史学月刊》2015 年第 7 期。
② 《史记》卷八八《蒙恬列传》:"始皇三十七年冬,行出游会稽,并海上,北走琅邪。道病,使蒙毅还祷山川,未反。"
③ 杨华:《秦汉帝国的神权统一——出土简帛与〈封禅书〉〈郊祀志〉的对比考察》。

仪式、仪节等形式。其他神灵也是如此，因此才会有秦轻关东神灵以及对神灵系统的统一之举和汉代祠祀数量增减省罢如儿戏的现象。

可是，神灵虽遭以上"冲击"，但并不废其祭祀仪式的作用。从人类学的角度来看，统治阶层正是通过不断操演、重复的仪式，宣示了自己的威权。① 如本书曾在序言中所引《管子·牧民》言："顺民之经，在明鬼神，祇山川，敬宗庙，恭祖旧……不祇山川，则威令不闻。"对于社会的下层，虽然不一定能亲自参与其中，但也不啻为自身的节日，对其生活的影响是实实在在的，我们在此是不能把大、小传统以及社会的上下层截然分开的，况且有的神灵本身就来自于民间。毕竟，上帝高冷神秘，距离老百姓很远，而山川很近，对山川的祭祀，具有更加广泛的群众基础和更好的政治、社会效果。

本书屡言，秦人对鬼神的祭祀，经常是笃信神灵的结果，不能仅仅以政治宣示等来解释，对山川神灵也是如此，在强调神灵祭祀的社会政治意义、笃信等含义之外，还应强调实用这个原因。

《礼记·祭法》云："山林、川谷、丘陵能出云，为风雨，见怪物，皆曰神。有天下者祭百神，诸侯在其地则祭之，亡其地则不祭。"②这道出了山川祭祀的一般原因，即人们因山川的力量、神奇而产生崇拜。实际上对山川的崇拜，实用的目的一直很突出。按照稷下学者的说法，山川还可以给人们提供财用——金银铜铁等矿产，及其他资源以为"国用"，所以也被当做神灵加以祭祀。如《管子·地数》说：

> 管子对（桓公）曰："地之东西二万八千里，南北二万六千里，其出水者八千里，受水者八千里，出铜之山四百六十七山，出铁之山三千六百九山，此之所以分壤树谷也。戈矛之所发，刀币之所起也，能者有余，拙者不足。封于泰山，禅于梁父。封禅之王，七十二家，得失之数，皆在此内，是谓国用。"
>
> ……

---

① 〔美〕保罗·康纳顿著，纳日碧力戈译：《社会如何记忆》，上海人民出版社，2000年，第59—60页。

② 〔汉〕郑玄注，〔唐〕孔颖达疏：《礼记正义》，上海古籍出版社影印阮刻《十三经注疏》本第四十六卷，第1588页。

> 伯高对(黄帝)曰:"上有丹沙者,下有黄金。上有慈石者,下有铜金。上有陵石者,下有铅锡赤铜。上有赭者,下有铁。"此山之见荣者也。苟山之见其荣者,君谨封而祭之。距封十里而为一坛,是则使乘者下行,行者趋,若犯令者罪死不赦。然则与折取之远矣。修教十年,而葛卢之山发而出水,金从之,蚩尤受而制之以为剑铠矛戟,是岁相兼者诸侯九,雍狐之山发而出水,金从之,蚩尤受而制之,以为雍狐之戟芮戈,是岁相兼者诸侯十二,故天下之君,顿戟一怒,伏尸满野,此见戈之本也。①

说的就是对有铜铁等资源的山陵的祭祀,此自是为了实用的目的。刘宗迪据此认为,《山海经》中的《山经》的形成,就是由于这个原因而形成的地理博物志。②鄙见认为,刘说认为山川因可提供"国用"因而成为神灵,是有道理的,但若据此推测《山海经》的性质,却并不恰当,详可参本书第七章。

另外,秦之山川神灵也是人们治病、求长生的祭祀对象,这个特征也是十分突出的。例如秦惠文王祭祀华山、秦始皇"还祷"山川,所求都为治病;秦地方士作《山海经》的目的,很可能也是为了满足秦始皇求长生的欲望,而非刘宗迪所谓为了"国用"。

总之,如本章开头已指出,秦上层对于山川的崇拜,并不能全然归为仪式,是有相当的笃信的,表现为一种原始的风格形态。对于上层来说,对山川的祭祀可以带来政治宣示意义和实际的效用(如治病);对于民众,也以实际的效用而对他们的生活发生影响,这种影响存在于相当长的历史时期之内。对秦山川祭祀社会历史意义的估计和评价,应不外如此。

---

① 黎翔凤撰,梁运华整理:《管子校注》,中华书局,2009年,第1352—1360页。
② 刘宗迪:《〈山海经〉出自稷下学者考》,《民俗研究》2003年第2期。

第五章　阴阳五行说与秦之关系探析

第一节　序言

阴阳五行说简称阴阳说,盛行于战国以后,但却有着更早的背景,其说本于古代宇宙、社会、人类的一体意识。古人认为天、地、人之间,凡是对称的部分都有着神秘的联系,他们把这种联系和对应分别概括为阴阳和五行,世界就是由这些神秘联系构成的一个和谐而统一的整体,各个部分互相感应,并有种种显示的征兆,也有不同的招取和攘除之法。①

对于阴阳五行说的源流、本质的认识,学界尚存争议。许多学者认为,阴阳五行说是阴阳、五行两说"合流"的结果。② 另外的学者则强调了阴阳五行说的数术背景,他们不从子学而是从数术历史的角度去探讨阴阳五行说的源流。如李零认为,阴阳五行学说虽然与子学、数术之学都有关系,但主要还是产生于古代的数术之学,来源于占卜方法的数字化,是沿着古代数术的内在逻辑发展而来,并非诸子之学从旁嵌入或移植的结果③。陶磊也认为,阴阳五行说属于数术

---

① 〔英〕鲁惟一著,王浩译:《汉代的信仰、神话和理性》,北京大学出版社,2009 年,第 45 页;葛兆光著:《中国思想史》第一卷《七世纪前中国的知识、思想与信仰世界》,复旦大学出版社,1998 年,第 70—74 页。有类似说法的论著很多,此处只列出两种,并引述葛兆光之语。

② 侯外庐、赵纪彬、杜国庠著:《中国思想通史》,人民出版社,1957 年,第一册第 645—656 页;庞朴:《阴阳五行探源》,《中国社会科学》1984 年第 3 期;白奚:《中国古代阴阳与五行说的合流——〈管子〉阴阳五行思想新探》,《中国社会科学》1997 年第 5 期。

③ 李零:《从占卜方法的数字化看阴阳五行说的起源》,氏著《中国方术续考》,第 62—72 页。

的范畴,摆脱不了东周时期数术兴起这个背景;往更大去想,则与春秋以来天道观的变化有直接联系。在这种天道观念之下,天之运行有自身定数,不可更改,而非西周时期天人之间需要以德立事,即上天只福佑有德之人,春秋战国数术勃兴,天人之间以象、数相合,人所要做的,就是勤于观察天象,推演数理,立事须"因阴阳之恒,顺天地之常"①。东周诸侯列国间兴起的占星望气以及分野之说,就是这个观念作用的结果②。刘宗迪认为,阴阳五行说源于古老的历法月令制度,这种制度是古人"观象授时"的结果,五行与四方四时密切相关,五行是以后者为基础演变而来的系统理论,所谓的五德终始说,也属于历法月令之学。③

战国晚期,阴阳五行说从东方西传到秦,对秦的学术、思想、政治和社会都产生了影响。④ 代秦而起的汉,经过董仲舒等人的推动,阴阳五行说发生了精密化和意识形态化的蜕变⑤,变成了汉代一切学术思想的基本色,"无论在宗教上、在政治上、在学术上,没有不用这套方式的"⑥,在《史记》《汉书》《后汉书》等所记秦汉史事及典籍中,可以看到此学说的广泛存在⑦,并影响了后世久长的历史,一如梁启超所言:"阴阳五行说,为二千年来迷信之大本营。直至今日,在社会

---

① 《国语·越语下》。参徐元浩撰、王树民、沈长云点校:《国语集解》(修订本),中华书局,2002年,第578—579页。
② 陶磊:《从巫术到数术——上古信仰的历史嬗变》,第117—129页。
③ 刘宗迪:《失落的天书——〈山海经〉与古代华夏世界观》,商务印书馆,2016年,第583—610页。
④ 〔日〕井上聪:《先秦阴阳五行》,湖北教育出版社,1997年,第229页。
⑤ 李零:《从占卜方法的数字化看阴阳五行说的起源》,氏著《中国方术续考》。
⑥ 顾颉刚:《汉代学术史略》,东方出版社,1996年,第1页。
⑦ 例如《汉书》卷二七《五行志下》记载:"汉兴,承秦灭学之后,景、武之世,董仲舒治《公羊春秋》,始推阴阳,为儒者宗。宣、元之后,刘向治《穀梁春秋》,数其祸福,传以洪范,与仲舒错。至向子歆治《左氏》传,其《春秋》意亦已乖矣;言五行传,又颇不同。是以揽仲舒,别向、歆,传载眭孟、夏侯胜、京房、谷永、李寻之徒所陈行事,迄于王莽,举十二世,以傅《春秋》,著于篇。"梁启超《阴阳五行说之来历》因此说:"仲舒自以此术治《春秋》,京房、焦赣之徒以此术治《易》,夏侯胜、李寻之徒以此术治《书》,翼丰、眭孟之徒以此术治《诗》,王史氏之徒以此术治《礼》,于是庄严纯洁之六经,被邹衍余毒所蹂躏无复完肤也。"原载《东方杂志》第二十卷,第十号,1923年5月25日,后收入顾颉刚编著:《古史辨》五,上海古籍出版社,1982年,第343—362页。

上犹有莫大势力。"①今天的中医、武术等"国粹",还在使用这套理论,民间之"先生"们,也奉以为法宝,可见其对中国思想文化的影响。

在阴阳五行说西传及系统化的过程中,秦地学者的造作、整理是极为重要的一环,阴阳五行说的西传因此成为中国学术史上的重大事件。但阴阳五行说到底在哪些方面、在何种程度对秦产生了影响,与秦旧有的思想传统关系如何,以往的研究还有未尽之处,专论文章也很稀见②。本章想在此前学界讨论的基础上,从学术思想、政治实践、秦始皇求仙以及"五帝"祭祀制度的形成等方面,继续探讨这个问题。这其实是研究秦祭祀的重要基础问题。这样的分类,只为行文方便,并不一定完全合理。

第二节 阴阳五行说对秦的影响举证

一、学术与思想

东周以来,相比于东方诸国,军国体制下的秦是一个不产生"思想"的地方,诸多学派都是从东方入秦的,如三晋之尉缭兵学、商鞅法学、东方齐鲁宋卫之墨学,都是如此。阴阳五行说学者多认为其产生于东方齐之稷下学宫那样的地方,对于其入秦的时间,旧说多根据《史记·封禅书》"自齐威、宣之时,驺子之徒论著终始五德之运,及秦帝而齐人奏之,故始皇采用之",认为阴阳五行说入秦已经晚至秦始皇的时代,此说实际是有偏差的。阴阳五行说盛行于齐威、宣之时,在秦当惠王至昭王时期,这个风靡一时的学说,是否此时已经入秦,我们没有证据,不敢妄言;但至迟在秦王政的时代,即秦未称帝之前,与东方稷下学宫密切相关的阴阳五行说已经入秦,并对秦产生了影响,却是可以证明的历史事实。这种影响首先表现在学术、思想的层面上,至于《封禅书》所说的五德终始说对秦政治的影响,年代要稍微靠后,已到了秦始皇时期。

---

① 梁启超:《阴阳五行说之来历》,收入顾颉刚编著:《古史辨》五,第 343 页。
② 汤其领:《简论阴阳五行说对秦之影响》,《苏州大学学报》(哲学社会科学版)1988 年第 4 期。

齐人邹衍被认为是阴阳五行说的代表性人物,按照不多的文献记载,他的学说最有名的有两个主要部分:一是政治哲学,即五德终始说。这个学说以五行生克为原理推衍上下古今,讲帝王世系和国运推转,认为改朝换代是五德转移的结果。如《史记·孟子荀卿列传》附《邹衍传》所说"天地剖判以来,五德转移,治各有宜,而符应若兹",具体之说,见于《吕氏春秋·应同》等文献。二是地理学说即"大九州"说。此说认为,中国即《禹贡》九州,名之为赤县神州,"中国外如赤县神州者九,乃所谓九州也。于是有裨海环之,人民禽兽莫能相通者,如一区中者,乃为一州。如此者九,乃有大瀛海环其外,天地之际焉"。其说又见《盐铁论·论邹》及《论衡·谈天篇》①,这个学说反映了战国晚期在即将统一的背景之下人们地理视野的扩大。

邹衍以阴阳学说见重于诸侯,自此后阴阳家大行于天下。《史记·封禅书》记载:

> 驺衍以阴阳主运显于诸侯,而燕齐海上之方士传其术不能通,然则怪迂阿谀苟合之徒自此兴,不可胜数也。

邹衍的生年,大致在秦昭王至秦王政初年②。阴阳说传入秦最明显的证据,就是《吕氏春秋》的《十二纪》。

---

① 《盐铁论·论邹》:"邹子疾晚世之儒墨,不知天地之弘,昭旷之道,将一曲而欲道九折,守一隅而欲知万方,犹无准平而欲知高下,无规矩而欲知方圆也。于是推大圣终始之运,以喻王公,先列中国名山通谷,以至海外。所谓中国者,天下八十一分之一,名曰赤县神州,而分为九州。绝陵陆不通,乃为一州,有大瀛海圜其外。此所谓八极,而天地际焉。《禹贡》亦著山川高下原隰,而不知大道之径。故秦欲达九州而方瀛海,牧胡而朝万国。诸生守畦亩之虑,闾巷之固,未知天下之义也。"《论衡·谈天篇》:"邹衍之书,言天下有九州,《禹贡》之所谓九州也。《禹贡》九州,所谓一州也。若《禹贡》以上者九焉。《禹贡》九州,方今天下九州也,在东南隅,名曰赤县神州。复更有八州,每一州者四海环之,名曰裨海。九州之外,更有瀛海。"参王利器校注:《盐铁论校注》,中华书局,2017年,第512页;黄晖《论衡校释》,中华书局,1990年,第413页。对邹衍学说的总结,见以下论著:梁启超:《阴阳五行说之来历》收入顾颉刚编著:《古史辨五》;郭沫若:《先秦天道观之进展》,郭沫若著作编辑出版委员会编:《郭沫若全集》历史编第一卷,人民出版社,1982年,第317—376页;杨超:《先秦阴阳五行学说》,《文史哲》1956年第3期。

② 邹衍生年据侯外庐等之说,大致为公元前305至公元前240年。见侯外庐、赵纪彬、杜国庠著:《中国思想通史》第一卷,第645页。

《吕氏春秋》成于战国末的秦王政八年（前239），顾颉刚先生指出，《吕氏春秋·十二纪》所记载的那些制度，是媚上的知识分子为了适应战国晚期统一的大趋势，讨好大国之君对宇宙间事物重新做出的设计，是拿阴阳五行说来创造制度的结果①。笔者鄙见，《序意》说，"凡十二纪者，所以纪治乱存亡也，所以知寿夭吉凶也"，当时人君所关心的两件大事，无非是国家的治乱存亡和个人的寿夭吉凶，这说明《十二纪》确是《吕氏春秋》一书的核心所在。总观其书，先言"纪"而后有"览"和"论"，先言天道而后人事，目的是"法天地"②，以使"凡举事，无逆天数"③，顺序、主次十分明晰，所以，《十二纪》应是"骨"而诸种论说属于"肉"而已，前者为后者所依附。

对于《十二纪》的源流，较新的研究可以刘宗迪的观点为代表。他认为，邹衍的五德终始说，实际为历法月令之学。邹衍因历法之学而起，《汉志》所录邹衍之书虽然失传，但邹学并非像人们认为的失传，而是恰恰相反，邹子之学被发扬光大，其要义五行说依附于历法月令之学，成为人们日常生活所需，广为流布，所以作为一种普遍性的知识背景，才不名一家。《管子》中的《幼官》《四时》《五行》《轻重乙》诸篇，《吕氏春秋》中的《十二纪》，正是邹衍及其后学的著作。《淮南子》中的《天文训》《地形训》《时则训》诸篇也属阴阳五行家的文献，与《管子》及《吕氏春秋》上述篇章一脉相承。《史记·吕不韦列传》记载：

> 当是时，魏有信陵君，楚有春申君，赵有平原君，齐有孟尝君，皆下士喜宾客以相倾。吕不韦以秦之强，羞不如，亦招致士，厚遇之，至食客三千人。是时诸侯多辩士，如荀卿之徒，著书布天下。吕不韦乃使其客人人著所闻，集论以为八览、六论、十二纪，二十余万言。以为备天地万物古今之事，号曰《吕氏春秋》。

吕不韦在秦招贤纳士之时，正是稷下学宫衰落之时，稷下学宫中的邹子一派，必有徒众西入秦，其中的《十二纪》，就出自吕不韦宾客中的邹子之徒④。

鄙见认为，《吕氏春秋·十二纪》与《管子》上述诸篇，确实存在关系，而《管

---

① 顾颉刚：《中国上古史研究讲义》，中华书局，2000年新一版，第41—42页。
② 《吕氏春秋·序意》。
③ 《吕氏春秋·仲春纪》。
④ 刘宗迪：《失落的天书——〈山海经〉与古代华夏世界观》，商务印书馆，2006年，第598—599页。

子》相关诸篇,被认为是阴阳五行说较早的文献①。至少,《吕氏春秋·十二纪》受《管子》相关阴阳篇章的影响,应是明显而无疑的。《十二纪》中的"月令"——四时教令思想,与《管子》中的阴阳五行说密切相关。"月令"思想的核心,就是行政令而不违天时。这种学说来源悠久,本为东、西方所共有,但到了《管子》的《幼官图》《四时》等篇,以及《吕氏春秋》的《十二纪》,这种思想被以阴阳五行的模式加以系统化,并被《淮南子》等书所继承,经过董仲舒等儒家的引入和推崇,成为秦汉思想、学术的一大底色。但《吕氏春秋·十二纪》的作者是否就一定是邹子之徒,倒不一定。因为,自从阴阳五行说在《管子》上述诸篇的时代产生之后,就成了许多人士共同的学术"底色",不同学派、不同背景的人都受其影响。从《十二纪》后来被编成《月令》入了《礼记》推测,与其说《十二纪》的作者为邹子之徒,毋宁说为儒者。

阴阳五行说在入秦之后,最早的影响恐怕还是体现在学术、思想的层面,整理、宣传鼓吹这个学说的,还是那些来自东方的学者。这样的证据除了《十二纪》本身还停留在书本与学者中间外,《吕氏春秋》中的"五帝"系统,也是个证据。后来在汉代变成现实的"五帝"说,虽然在秦时已经诞生,但却与秦已经存在的"四帝"是分离的,《十二纪》中的"五帝",也仅仅是个"设计"而已。这一问题下文还有更详细论述,于此暂且不论。

总之,从《吕氏春秋》一书《十二纪》来看,至迟在战国末年,阴阳五行说已经入秦,并影响到了秦的学术、思想等方面。从此以后,秦的学者、官员,以及其他人众,直至国君,思想和行为都可能受这个思想定律的影响,并且开启了秦汉以后长久的思想史传统的先河。

二、政治实践——水德与"事统上法"

五德终始说是阴阳五行说在政治领域内的扩展,这是阴阳家邹衍显赫于世的根本。这个学说谈的是改朝换代,欲取天下或已取天下的国君们自然喜欢。战国后期此学说已经流行开来,上文引《封禅书》说邹衍"以阴阳主运显于诸侯",说的是这个学说在战国时期的流行程度。另外,司马迁在《史记·三代世

---

① 白奚:《中国古代阴阳与五行说的合流——〈管子〉阴阳五行思想新探》,《中国社会科学》1997 年第 5 期。

表》中说：

> 余读谍记，黄帝以来皆有年数。稽其历谱谍终始五德之传，古文咸不同，乖异。

以此也知用六国古文书写的"终始五德之传"在战国时期有多种版本，此应是不同人士、不同地域的作品，但战国时代五德终始说是否如基本形态阴阳五行说一样抵秦，却无明确证据。其抵秦并发挥作用，已经到秦统一天下之后了。

《史记·封禅书》记载，"自齐威、宣之时，驺子之徒论著终始五德之运，及秦帝而齐人奏之，故始皇采用之"，秦自认为水德，以代周之火德，"于是秦更命河曰'德水'，以冬十月为年首，色上黑，度以六为名，音上大吕，事统上法"①。《秦始皇本纪》又记载："刚毅戾深，事皆决于法，刻削毋仁恩和义，然后合五德之数。""五德"即木、金、火、水、土，每朝各有一德，五德循环交替，就产生改朝换代，这自然也代表"天道"。秦始皇自认为秦代周之火德，而秦为水德，自然有"符应"，故有秦文公获黑龙的故事。《秦本纪》等曾记载，春秋早期秦文公自西犬丘东进关中，到达千渭之会，然后筑城。但《秦本纪》记载仅为文公卜居筑城而已，《封禅书》记载则为"或曰……昔秦文公出猎，获黑龙，此其水德之瑞"，比起《秦本纪》所记，多了黑龙一说，这明显是有人为附会阴阳五行说添油加醋的结果，这个人应不是代秦而起的汉人，而应是秦代媚上之人。故可婉转证明，秦是尚水德的。

五德终始说，是秦有天下的绝好借口，并且，如有的学者所认为的，利用东方人相信的理论来取得东方人的支持，缓和他们的反抗，也明显地具有策略性②。此前，有西周以来"天命"这个理论依据，战国以后，"天命"衰落，五德终始说应景而生。"天命"本来是周人所推崇的，秦人在春秋初年建国之后，也继承了周人的"天命"观，把它拿来做了政治依据，表达自身政权的合法性，用以实现和维持公室的权力③。五德终始说兴起后，曾经万能的天神上帝则被新流行的阴阳五行说冲淡了作用，与此前的地位是不可同日而语的。从此之后，对于上帝的祭

---

① 类似的记载还见于《汉书》卷二五《郊祀志》等文献。
② 邢义田：《秦汉史论稿》，东大图书公司，1987年，第46—48页。
③ 史党社：《从文字资料略谈秦早期政治》，《陕西师范大学学报》（哲学社会科学版）2017年第2期。

祀,只沦落为制度的外壳,即剩下礼仪等形式而已。至于汉初刘邦立北畤祭祀黑帝,除了传统的"天命"思想,另一个重要原因就是新兴的阴阳五行说的作用。以后的上帝祭祀,基本都不能改变这个本质,一如徐复观所指出的那样,"由周初所胎动的人文精神,到了战国时期,已经把宗教性的天、帝解消尽净了。由阴阳家所重新建立起来的五帝,只可满足统治者夸张的心理,并非通过真实的信仰所肯定的"[①]。秦始皇以后,虽然"天命"还存在,皇帝还称作"天子",但在秦帝国的建立以及汉之代秦的历史过程中,作为一种政治理论与思想,五德终始说的作用,无疑是最为显赫的,上帝的作用,是大大降低了[②]。

阴阳五行说,思想背景还是东周兴起的数术之学。对"数"的崇拜和笃信,消解了上帝的权威。此时天、天道还存在,但所指本质其实都是"数"了,"五帝"、五神都须遵从之,一如《吕氏春秋·十二纪》所记载的那样,在数之下,才是帝与其他神灵,人类行为也要按照数理而动。按照新的天道观,观察天象、推演数理,才是最主要的,而不是上帝祭祀。

除了上引《封禅书》之外,记载秦用五德终始说最完整的是《秦始皇本纪》。为论述方便,兹完整引述:

> 始皇推终始五德之传,以为周得火德,秦代周德,从所不胜。方今水德之始,改年始,朝贺皆自十月朔。衣服旄旌节旗皆上黑。数以六为纪,符、法冠皆六寸,而舆六尺,六尺为步,乘六马。更名河曰德水,以为水德之始。刚毅戾深,事皆决于法,刻削毋仁恩和义,然后合五德之数。于是急法,久者不赦。

从这段话看,秦采用五德终始说,主要体现在两方面:一是改制度,二是行政风格。有的学者提出证据,对秦尚水德的真实性提出质疑。例如呼林贵,他列举了数个证据,来证明自己的怀疑:秦尚水德却不立黑帝祠,长期祠白帝而不是黑帝,还有与之相关的对水神的不敬(例如秦始皇做梦与海神战、伐湘山树,等等);不论是文献记载还是考古获得的资料,都证明秦代并非绝对的"数以六为纪",也有以五、四为纪的,而主要是以四为常数;"色尚黑"也不得考古资料的支持,如秦都咸阳三号宫殿遗址出土的壁画中的仪仗,图中着长袍的十一人,服色

---

① 徐复观:《周秦汉政治社会结构之研究》,第135页。
② 邢义田:《秦汉史论稿》,东大图书公司,1987年,第48页。

分别为褐、绿、红、白和黑色,秦俑坑士兵俑服饰颜色有红、蓝、绿、赭等十二种,还有《史记·封禅书》记载秦人在参加隆重的祭祀活动时,是身着白色服装的①。

近年,安子毓先生也对其中的"数以六为纪"有类似怀疑。他认为,以六为纪,源于先秦时期的天数思想,与"水德"无关。除法冠六寸无法证明外,他详细举证,说明秦代之符、舆(车厢)、驾车马数、步等都是秦始皇改制以前所曾使用的制度,并非阴阳五行说作用的产物②。

笔者鄙见,从文献与实物资料来看,确实与秦尚水德存在矛盾,二者有的地方也不相合,但却不能由此否定秦尚水德为事实。此方面研究前人早有成果,不可忽视。例如,对于否定秦尚水德之说的最重要的证据——秦尚水德却不立黑帝祠,林剑鸣先生指出:

> 这种学说在公元前221年统一中国后的秦代,才第一次得到实际应用。而秦在统一中国前是有其独特的宗教传统的。这种宗教传统乃是以秦人固有的多元拜物教,与殷人"帝"的祖先崇拜结合,形成一种多神论的拜物教。
>
> ……
>
> 秦所祠之"帝",无论以何命名,均与出现在战国末年的"五德终始说"毫无关系。

秦人祠上帝的传统,与五德终始说及其下的"五帝说",从渊源看并无联系,二者的结合,还需要一个历史过程,但如林先生所认为的,秦国原有的宗教体系,是很难用一道诏令来改变的③。

刘宝才先生也曾经指出,秦制与水德不能完全切合,并不能否认秦制受阴阳五行说的指导,不能说秦制与水德的关系出自后人的附会。对于秦尚水德而不立黑帝祠,他的看法与林先生类似:

> 因为建祠祭祀四帝反映的是秦民族的传统宗教,而五德终始说是战国后期产生于东方的思想,后来才传入秦国,两者本来没有联系,所以没有建祠祭祀黑帝,不能成为秦统一后尚水德的证明。同时文献中

---

① 呼林贵:《秦尚水德说质疑》,《考古与文物》1983年第2期。
② 安子毓:《秦"数以六为纪"渊源考》,《中国史研究》2018年第4期。
③ 林剑鸣:《秦尚水德无可置疑》,《考古与文物》1985年第2期。

又明确记载着齐人邹子之徒上奏秦始皇,说秦文公出猎时猎获黑龙是水德的征兆。秦始皇对此编造未加反对,这与他实行水德制度是一致的①。

林、刘两位先生的论述已经很是明白,没必要为此再生口舌②。西方现实的秦"四帝"之祠,本来就与东方的理论"五德终始说"互不相干,况且,在本书"赫赫上帝——秦人的上帝祭祀"章中,我们还推测了另外的原因——颛顼此时为秦祖,秦人也不会把自己的祖先置于阴冷的北方;秦始皇本人的个性也属妄自尊大,并不把上帝看在眼里。但"四帝"之祠与水德没有关系,也不能说明秦不尚水德。其他方面如"改年始""衣服旄旌节旗皆上黑""数以六为纪"等,也应该作如此理解,都是秦尚水德的结果。至于考古证据,即使不全与阴阳五行说相合,也不能由此轻易否定秦尚水德。

秦尚水德的另一个重要表现,就是严刑峻法以行政的问题。上引《秦始皇本纪》所说"刚毅戾深,事皆决于法,刻削毋仁恩和义,然后合五德之数。于是急法,久者不赦",是这个问题的最详细的记载,《封禅书》的记载相对简单点,说为"事统上法",都说到秦行政的特征,就是以法决事而不讲儒家的"人恩和义"。我们知道,秦自战国中期商鞅变法以来,以法家学说为要,以法决事已经形成传统,所谓的"刚毅戾深""事统上法",既是这个传统的反映,也合于"水德"。这说明,秦尚"水德",应该还有秦固有的深厚历史传统和文化背景;在引进、选择东方"理论"之时,秦的最高阶层,也并非没有费一点心思,不是随心所欲的。

三、秦始皇的求仙活动

汤其领先生曾有文谈到秦始皇的求仙活动③。历史上秦皇汉武都热衷求仙,追求长生。秦始皇自然知道自己会死,所以要去给自己修陵,同时还热衷于长生之术,期望生命更加久长。为了追求长生,秦始皇虽然自称为有神性的"皇帝",但还是去求仙问药。《封禅书》记载的羡门高等,都是燕、齐一带的人,他们

---

① 刘宝才:《水德与秦制》,《西北大学学报》(哲学社会科学版)1986年第1期。

② 王晖:《秦人崇尚水德之源与不立黑帝之谜》,秦始皇兵马俑博物馆编:《秦文化论丛》第三辑,西北大学出版社,1994年,第254—269页。

③ 汤其领:《简论阴阳五行说对秦之影响》,《苏州大学学报》(哲学社会科学版)1988年第4期。

操弄的是追求长生的方仙道。这些人看到邹衍走红,也效仿其术——五德终始那一套,但未能像邹衍那样飞黄腾达,所以就走了偏门,玩起了神仙之术,宣扬凡人经过修炼可以成仙。秦始皇的一生共出巡五次,其中后四次都明确表明与求仙有关,一直到死。《史记·封禅书》记载:

> 及至秦始皇并天下,至海上,则方士言之不可胜数。始皇自以为至海上而恐不及矣,使人乃赍童男女入海求之。船交海中,皆以风为解,曰未能至,望见之焉。其明年,始皇复游海上,至琅邪,过恒山,从上党归。后三年,游碣石,考入海方士,从上郡归。后五年,始皇南至湘山,遂登会稽,并海上,冀遇海中三神山之奇药。不得,还至沙丘崩。

如其中秦始皇二十八年(前219)第二次出巡故事,据《秦始皇本纪》记载,秦始皇东巡至于故齐地,"齐人徐市等上书,言海中有三神山,名曰蓬莱、方丈、瀛洲,仙人居之。请得斋戒,与童男女求之。于是遣徐市发童男女数千人,入海求仙人"。最后都糜费巨大而没有结果,其中有侯生、卢生等求仙无果,怕被秦始皇治罪,便逃亡了,还引起了坑儒的故事。不唯如此,秦始皇自己还自称"真人",《秦始皇本纪》又载:

> 卢生说始皇曰:"臣等求芝奇药仙者常弗遇,类物有害之者。方中,人主时为微行以辟恶鬼,恶鬼辟,真人至。人主所居而人臣知之,则害于神。真人者,入水不濡,入火不爇,陵云气,与天地久长。今上治天下,未能恬惔。愿上所居宫毋令人知,然后不死之药殆可得也。"于是始皇曰:"吾慕真人,自谓'真人',不称'朕'。"乃令咸阳之旁二百里内宫观二百七十复道甬道相连,帷帐钟鼓美人充之,各案署不移徙。行所幸,有言其处者,罪死。

真人就是仙人,是长生不死的。自是以后,秦始皇在政治生活中大玩神秘主义①,行走在甬道之中而隐其身,臣下"莫知行之所在,听事、群臣受决事,悉于咸阳宫"②。

田旭东先生曾经辑录秦始皇为求长生的七种资料,这七种资料如下:

1. 听信卢生"亡秦者胡也"之言,"使将军蒙恬发兵三十万人北击胡,略取河

---

① 林剑鸣:《秦汉政治生活中的神秘主义》,《历史研究》1991年第8期。
② 《史记》卷六《秦始皇本纪》。

南地"。以神鬼之事决断军事行动。

2. 如上文所引秦始皇自行甬道中,不暴露自己行踪,大玩神秘主义。

3. 如上文所引秦始皇自称"真人"而不称"朕"。

4. 因方士侯生、卢生逃亡,坑杀犯禁者四百六十余人于咸阳,并将进谏的长子扶苏派往上郡以为蒙恬监军①。

5. 因滈池君事件暗示了死期,所以迁民三万家于"北河榆中"。《秦始皇本纪》记载此事:

> 三十六年……秋,使者从关东夜过华阴平舒道,有人持璧遮使者曰:"为吾遗滈池君。"因言曰:"今年祖龙死。"使者问其故,因忽不见,置其璧去。使者奉璧具以闻。始皇默然良久,曰:"山鬼固不过知一岁事也。"退言曰:"祖龙者,人之先也。"使御府视璧,乃二十八年行渡江所沈璧也。于是始皇卜之,卦得游徙吉,迁北河榆中三万家,拜爵一级。

6. 秦始皇三十七年(前210)第五次出巡之时,方士徐市等人诈大鲛鱼阻碍其求仙药,射杀巨鱼。《秦始皇本纪》记载:

> 北至琅邪。方士徐市等入海求神药,数岁不得,费多,恐谴,乃诈曰:"蓬莱药可得,然常为大鲛鱼所苦,故不得至,愿请善射与俱,见则以连弩射之。"始皇梦与海神战,如人状。问占梦,博士曰:"水神不可见,以大鱼蛟龙为候。今上祷祠备谨,而有此恶神,当除去,而善神可致。"乃令入海者赍捕巨鱼具,而自以连弩候大鱼出射之。自琅邪北至荣成山,弗见。至之罘,见巨鱼,射杀一鱼。

7. 北大汉简《赵正书》所记有秦始皇"改气易命"之事,目的也是为了求得长生②。

按:以上七项外,还有《秦始皇本纪》所记一条也很重要:

> 三十六年,荧惑守心。有坠星下东郡,至地为石,黔首或刻其石曰"始皇帝死而地分"。始皇闻之,遣御史逐问,莫服,尽取石旁居人诛之,因燔销其石。始皇不乐,使博士为《仙真人诗》,及行所游天下,传

---

① 《史记》卷六《秦始皇本纪》。
② 田旭东:《秦始皇出巡与求仙活动》,首届"沙丘平台与广宗区域文化学术研讨会"论文,2019年11月8—10日,河北广宗。

令乐人歌弦之。

本条所言,始皇讳死,使人作《仙真人诗》,并在其巡行天下时歌乐之。

这八条都与秦始皇求长生有关,除此之外,对于秦始皇求长生的表现,还应该注意的是秦始皇对山川的祷祠活动。这有以下数种资料。

一是上引《封禅书》秦始皇统一天下后第三年(前219)第二次出巡,在封禅之后,"始皇遂东游海上,行礼祠名山大川及八神,求仙人羡门之属"。《汉书·郊祀志》记载同事,颜师古注引应劭曰:"羡门名子高,古仙人也。"祠名山大川及求仙,目的无非一事,即为长生。

二是《蒙恬列传》所记秦始皇第五次出巡让蒙毅"还祷山川"事:"始皇三十七年冬,行出游会稽,并海上,北走琅邪道,病,使蒙毅还祷山川。""还祷山川",指的是祷祠关中本土之山川。

三是《李斯列传》所记秦始皇死后,"(李斯、赵高)于是乃相与谋,诈为受始皇诏丞相,立子胡亥为太子。更为书赐长子扶苏曰:'朕巡天下,祷祠名山诸神以延寿命'……"按:"祷祠名山川以延寿命",虽然为李斯、赵高诈为秦始皇诏书中语,但时人认为祭祀山川可以延续寿命的观念,则当是流行的,本质上与求仙是同一目的。

求仙之说与行为即方仙道,《封禅书》记载:"宋毋忌、正伯侨、充尚、羡门高最后皆燕人,为方仙道,形解销化,依于鬼神之事。"方仙道受邹衍学说的影响,具有阴阳五行说的背景,羡门高等人的身份,与邹衍一样,本质上还属于阴阳家。《汉书·艺文志》阴阳家有《邹子》四十九篇、《邹子终始》五十六篇,应是邹衍遗著①,两书今皆不存,后者以书名推测,应是讲五德终始说的。另外,《艺文志》五行家三十一种著作中有阴阳书《泰一阴阳》二十三卷、式法书《泰一》二十九卷、《羡门式法》二十卷、《羡门式》二十卷。按:"泰一"即"太一",其祀始于武帝,顾颉刚先生考证其源头可上溯到秦,就是《秦始皇本纪》所记秦时议帝号时作为"三皇"(天皇、地皇、泰皇)之一的"泰皇"②。泰一究其本质,也是阴阳五行说影

---

① 李零:《兰台万卷:读〈汉书·艺文志〉》,生活·读书·新知三联书店,2011年,第93页、第182—187页。

② 顾颉刚:《汉代学术史略》,第17—21页。

响下人为创造的至上神,连"五帝"都是他的辅佐①。羡门就是上文讲方仙道的羡门高(或作子高),式法属于方术的一种,《羡门式法》《羡门式》就是托于羡门高的式法著作②。这些阴阳家著作,多应成于汉人之手,但从中可以看出方仙道与阴阳五行说存在的联系,后者是前者的"理论依据"。

第三节 一个重要问题——上帝的"五帝"与阴阳五行说

以上我们论证了阴阳五行说入秦,及其对政治和秦始皇本人行为的影响。在另外的一些重要方面,是否与阴阳五行说存在关系,也是需要辨析的,例如秦汉时期上帝的"五帝"祭祀。

有的学者并不同意阴阳五行说对秦汉祭祀制度存在明显影响。例如蒲慕州认为,阴阳五行说由于董仲舒等人的推广,在西汉中期以后,对西汉的政治和社会有广泛的影响,但在宗教方面,除了对个别祭祀的应用原则提供理论基础外,对于整个官方的宗教系统,并没有产生明显的规划作用③。

笔者同意蒲先生的看法,阴阳五行说对于秦汉官方祭祀对象的废立,总体看来并无直接影响。但是,在思想层面,阴阳五行说在战国末期已经至秦,秦地的礼家根据这个学说,在秦旧有的"四帝"祭祀基础上,创设了上帝的"五帝"系统,汉初由刘邦设立了完整的"五帝"祠。"五帝"是秦汉祭祀系统的核心内容之一,秦又是这个制度创设的重要阶段,《吕氏春秋·十二纪》中的"五帝",就是明证。

---

① 《史记》卷一二《孝武本纪》:"亳人薄诱忌奏祠泰一方,曰:'天神贵者泰一,泰一佐曰五帝。古者天子以春秋祭泰一东南郊,用太牢具,七日,为坛开八通之鬼道。'于是天子(武帝)令太祝立其祠长安东南郊,常奉祠如忌方。其后人有上书,言'古者天子三年一用太牢具祠神三一:天一、地一、泰一'。天子许之,令太祝领祠之忌泰一坛上,如其方。后人复有上书,言'古者天子常以春秋解祠,祠黄帝用一枭破镜;冥羊用羊;祠马行用一青牡马;泰一、皋山山君、地长用牛;武夷君用干鱼;阴阳使者以一牛'。令祠官领之如其方,而祠于忌泰一坛旁。"

② 李约瑟、陶磊等认为,"羡门"即"萨满",即古代欧亚草原地带的巫者称谓。二人之说俱见陶磊:《从巫术到数术——上古信仰的历史嬗变》,第162页。按:燕接近北方草原地带,其地有萨满存在,也可理解。或许方仙道的起源,不仅仅要从东面大海的角度考虑,还得考虑北方草原文化的因素。

③ 蒲慕州:《追寻一己之福——中国古代的信仰世界》,第108—112页。

按:《吕氏春秋》中有两个"五帝"系统,一是《尊师》《古乐》两篇所记,为黄帝—颛顼—帝喾—帝尧—帝舜;另一就是《十二纪》所记,为太皞—炎帝—黄帝—少皞—颛顼。第一个系统,崔述已经指出,其来源当是《国语·鲁语》[①]。其流传的顺序,从《鲁语》到《吕氏春秋》的《尊师》《古乐》,以及《大戴礼记·五帝德》,最后被司马迁采用进《史记·五帝本纪》,儒家色彩明显,其中的"五帝"都是"历史"人物,如徐旭生所指出的,这个系统应是东方学者的造作[②]。第二个系统,"五帝"可以司不同的月份和方位,故其身份为上帝,与前一系统有别。其流传顺序,从《十二纪》到《淮南子·天文》,以及《封禅书》和《礼记·月令》,痕迹也很明显。这个系统虽然成于秦国,但也有明显的东方色彩。杨宽先生认为,《十二纪》的"五帝"系统中,太皞置黄帝上,少皞置颛顼上,此明为东夷民族所造之说[③]。鄙见认为,在这个系统中,秦祖颛顼被分配到了北方,故也不是媚秦之作,而应是硬性套用阴阳五行说的结果,应是秦地学者按照阴阳五行说造作的结果。若去深究,这两个系统都摆脱不了与东方的关系,造作第二个系统的学者,身虽在秦,也应是来自东方的。

这里需要强调的是,第二个"五帝"系统与秦本来就存在的"四帝"的关系。

按《史记》之《秦本纪》《封禅书》以及《汉书·郊祀志》等多种文献记载,从春秋初年至战国中期,秦曾立有六畤:西畤(襄公)、鄜畤(文公)、密畤(宣公)、吴阳上下畤(灵公)、畦畤(献公),所祭祀的对象有白帝、黄帝、炎(赤)帝、青帝。崔适[④]、顾颉刚[⑤]等人曾加以怀疑,秦人所祭祀的"四帝",恐怕只是上帝而已,是汉以后的人才给加上了方位、颜色等。

秦人六畤,设立的时间从春秋早期的襄公一直到战国中期的献公时期,持续约四百年,白帝为西、鄜、畦三畤所祭祀,所立祠为三次;黄帝、炎帝则为吴阳上下畤祭祀之对象;密畤之神则为青帝。从方位来看,白帝既在西(西即今甘肃礼

---

① [清]崔述著、[日]那可通世校点:《崔东壁先生遗书十九种》(全三册),北京图书馆出版社,2007年,上册第105—107页。
② 徐旭生:《五帝起源说》,氏著《中国古史的传说时代》,第230—252页。
③ 杨宽:《中国上古史导论》(1938年),吕思勉、童书业编著:《古史辨》第七册上,上海古籍出版社,1982年,第255页。
④ [清]崔适著:《史记探源》,时代文艺出版社,2009年,第79页。
⑤ 顾颉刚:《中国上古史研究讲义》,第12页。

县、陈仓即今宝鸡市陈仓区),又在东(栎阳即今西安市阎良区);青帝在南(陈仓渭河南);黄帝在北(吴阳即今陕西宝鸡市陈仓区、凤翔县一带);炎帝居中(吴阳),与系统的阴阳五行说明显不合。所以,鄙见认为,祭祀黄帝、炎帝应属历史事实;至于白帝、青帝,颇疑本来就是少皞、太皞而已,因为秦人本来自东方,祭祀东方神灵少皞、太皞,理所应当;少皞、太皞变成了白帝、青帝,则是受五行说影响而形成。

问题是,五行说在春秋时期已经流行,并有与方位、颜色等方面的配合①,例如在更早时期形成的《墨子·迎敌祠》中,已经有五行与四方、四色相配:

敌以东方来,迎之东坛,坛高八尺,堂密八。年八十者八人,主祭青旗。青神长八尺者八,弩八,八发而止。将服必青,其牲以鸡。敌以南方来,迎之南坛,坛高七尺,堂密七,年七十者七人,主祭赤旗,赤神长七尺者七。弩七,七发而止。将服必赤,其牲以狗。敌以西方来,迎之西坛,坛高九尺,堂密九。年九十者九人,主祭白旗。素神长九尺者九,弩九,九发而止。将服必白,其牲以羊。敌以北方来,迎之北坛,坛高六尺,堂密六。年六十者六人,主祭黑旗。黑神长六尺者六,弩六,六发而止。将服必黑,其牲以彘②。

从类似记载中,我们至少可以看到五行与方位、颜色的配合,故笔者颇疑,五行说作用于秦之"四帝",给其加上方位、颜色,也可能在更早的时期;战国末期,随着阴阳五行说的入秦,秦本土的"四帝"崇拜才与阴阳五行说相结合,形成了完整的"五帝"系统。秦人本有的"四帝",只是给秦地礼家利用阴阳五行说编造"五帝"提供了"素材"。这个过程可上溯至《吕氏春秋》的时代。

战国末期,《吕氏春秋》的作者们身处于秦,就不能不受秦上帝崇拜的影响,他们"就地取材",在秦"四帝"的基础上,添加颛顼为黑帝,并与颜色、方位等相结合,造成了少皞居西方为白帝、太皞居东方为青帝、炎帝居南方为赤帝、颛顼居北方为黑帝的结果;为了迎合东周时期黄帝地位上升的事实,也为了与"五"相配,还把黄帝立为中央之帝,遂成了一个大的系统。

不过,这个上帝的"五帝"系统还是纸面上的、理论上的,在秦一直没有实

---

① 刘瑛:《〈左传〉〈国语〉方术研究》,人民文学出版社,2006年,第187—188页。
② [清]毕沅校注,吴旭民标点:《墨子》,上海古籍出版社,1995年,第232页。

现,至于真正立黑帝祠加以祭祀,还要等到汉初刘邦之时。《封禅书》记载:

> 二年,东击项籍而还入关,问:"故秦时上帝祠何帝也?"对曰:"四帝,有白、青、黄、赤帝之祠。"高祖曰:"吾闻天有五帝,而有四,何也?"莫知其说。于是高祖曰:"吾知之矣,乃待我而具五也。"乃立黑帝祠,命曰北畤。

至此,上帝的"五帝"之祠才由理论变成了现实,西方的"四帝"传统与东方的阴阳五行说的结合才结出"正果",成为秦汉宗教的重要内容。

对于秦"五帝"祭祀的相关制度,须注意其时间节点,才可知其与阴阳五行说的关系。如本书"赫赫上帝——秦人的上帝祭祀"曾引之《封禅书》文记载:

> 故雍四畤,春以为岁祷,因泮冻,秋涸冻,冬赛祠,五月尝驹,及四中之月月祠,若陈宝节来一祠。春夏用骍,秋冬用駵。畤驹四匹,木禺龙栾车一驷,木禺车马一驷,各如其帝色。黄犊羔各四,珪币各有数,皆生瘗埋,无俎豆之具。三年一郊。秦以冬十月为岁首,故常以十月上宿郊见,通权火,拜于咸阳之旁,而衣上白,其用如经祠云。西畤、畦畤,祠如其故,上不亲往。
>
> 诸此祠皆太祝常主,以岁时奉祠之。

此段话所记秦代祭祀"雍四畤"的情况,其中的车马颜色"各如其帝色"——白、黄、赤、青四色,以及"以岁时奉祠"等制度,应该是春秋以来逐渐形成的古制,并非东来的阴阳五行说作用的结果。

至于"以岁时奉祠"上帝,应是古老的"月令"思想的延续,也不必待到《吕氏春秋·十二纪》所代表的阴阳五行说入秦之时。《史记·太史公自序》说:

> 尝窃观阴阳之术,大详而众忌讳,使人拘而多畏,然其序四时之大顺,不可失也……夫阴阳四时、八位、十二度、二十四节各有教令,顺之者昌,逆之者不死则亡。未必然也,故曰"使人拘而多畏"。夫春生夏长,秋收冬藏,此天道之大经也,弗顺则无以为天下纲纪,故曰"四时之大顺,不可失也"。

这种四时教令思想认为,政务要按时日进行,不然则会有灾难降至。《吕氏春秋·十二纪》只不过继承了这种思想而已。

总之,从《吕氏春秋》来看,阴阳五行思想已经流传至秦,上帝的"五帝"之说,其"设计"是在秦进行的,在汉代得以完全实现,使秦成为"五帝"祭祀制度形成的重要一环。另外的一些具体祭祀仪节,例如四方与四色帝的配合、按时节行祭祀,应该有更深的渊源,并非阴阳五行说影响的结果,只是给秦地礼家按照后者构建"五帝"及相关制度提供了"素材"和基础。

第四节　结语

阴阳五行思想,兴起于战国后期,流行于秦汉,是秦汉时代一个大的思想史总背景。研究战国、秦汉学术史与政治史,这种思想是不可回避的,所以本书专列一章,探讨阴阳五行说与秦的关系,就是十分必要的。

阴阳五行说入秦比较确切的时间,以战国末期《吕氏春秋·十二纪》的形成为标志;至于秦统一天下而称帝,作为阴阳五行说深入到政治学说领域的产物——五德终始说也由齐人引入,这使阴阳五行说的入秦稍显阶段性。稍早的邹衍之时,虽然存在有大量操阴阳之术的"怪迂阿谀苟合之徒",但没有更多资料说明他们也到了秦。

阴阳五行说入秦,是历史中的大事件,对秦之学术、思想、政治以及秦始皇的个人行为都发生了重要影响。例如五德终始说对秦之政治发生了重要影响,秦尚水德、"事统上法",都与此相合。另外,秦始皇的求仙活动、"五帝"祭祀系统的构建,背后都有阴阳五行说的影子。

对阴阳五行说在秦的影响,需要客观评价,不能过分夸大,毕竟,阴阳五行说在秦还是处于初始阶段,按其所做的许多"设计",在秦并没有完全变成现实。例如对"四帝"的祭祀,秦在具体的制度、仪式层面,遵从的还是春秋以来的旧制,只不过秦地礼家按照阴阳五行说把"四帝"变成了"五帝",使秦成为"五帝"祭祀制度形成历史中极为重要的一环。对于其他方面例如秦简《日书》[①]、都城

[①] 例如云梦秦简《日书》甲种有如下内容:金胜木,火胜金,土胜水,木胜土。东方木,南方火,西方金,北方水,中央土。云梦秦简《日书》乙种也有类似内容:丙丁火,火胜金。戊己土,土胜水。庚辛金,金胜木。壬癸水,水胜火。酉丑巳金,金胜木。未亥卯木,木胜土。辰申子水,水胜火。这些内容应该有更早的来源。至于战国后期《日书》大量出现于墓葬中,应是由于占卜方式的数字化所导致的数术的兴起,并不能作为邹衍阴阳五行说流行的证据。参睡虎地秦墓竹简整理小组:《睡虎地秦墓竹简》,文物出版社,1978年,第223页、第239页。

及陵墓制度的解释,也当如此慎重理解,不宜直接认为这些方面都是"合流"后的阴阳五行说作用的结果。

总之,我们也不能否认阴阳五行说在秦的存在和影响,这是一种思想学说初入时的通相,虽然在相关方面,阴阳五行说的影响无法做到处处可寻,但在秦的存在应是无疑的。刘宝才先生认为,理论跟现实是有距离的,但不能因此否认理论的存在。他总结到:

> 我们不应把历史上理论的构想完全当成制度的现实,否则就会形成主观的附会。我们更不能因为理论与现实的距离,从而否定理论对现实的影响。尤其不能否定一种理论在一个时代曾支配人们思想和受到推崇的事实。否则,就会不适当地看轻了理论的意义[①]。

这段话特别适合对阴阳五行说在秦地位的估计。阴阳五行说在秦并非全部变成了现实,而是由于与秦的实际情况在一些地方是相合的,所以应被当作一种"理论依据"而存在,不能因为直接证据较少、甚或没有,就否定阴阳五行说在秦的存在及影响。在研究秦之祭祀时,这是不能忽视的大背景。

---

① 刘宝才:《水德与秦制》,《西北大学学报》(哲学社会科学版)1986 年第 1 期。

第六章　秦巫略探

第一节　人神之间——巫与巫术

巫觋与政治、社会的关系,是中国上古史、以至于秦汉以后历史的重要内容。虽然商周之后,巫觋偏居于社会的下层,活动地域也趋向局部和偏远,但巫觋在中国历史中却从未消失。在上古甚至秦汉时期,巫觋还是历史舞台的重要角色,甚至是主角。关于巫觋的历史,经常被上推至新石器时代。例如张光直先生曾列举了一些考古资料,来证明巫觋的历史可早至仰韶时代,并且总结了他们的特质与作业的特征:

1. 巫师的任务是通天地,即通人神,虽然已有的证据证明巫师都是男子,但由于职业的缘故,有时兼具阴阳两性的身份。

2. 中国古代文献中所展示的宇宙观,在仰韶时代已经出现,二者是一致的。

3. 巫师在升天入地时可能进入迷幻世界。除大麻这种可能可以利用的品物之外,还可能有与后世气功入定动作相似的心理工夫。

4. 巫师升天入地的助手有动物。已知的动物有龙、虎和鹿。仰韶文化的艺术形象中已经有巫师乘龙上天的形象。

5. 仰韶文化的艺术中表现了巫师骨架化的现象,而骨架可能是巫师再生的基础。

6. 仰韶文化的葬礼已经有了再生观念的成分。

7. 巫师的沟通人神行为,包括舞蹈等。巫师的装备包括黥面、发辫(或头戴蛇行动物)与阳具配物。

张先生认为,早期巫师及其作法所具有的这些特征,与近现代原始民族常见的巫师宗教或萨满教是符合的①。无疑,按照张先生的说法推理,先秦、秦汉时期巫师及其作法的特征,也当大致如此。这其中,自然包括秦巫。

在先秦、秦汉科学不昌明的时代,对于当时历史的观察,应该少不了巫的视角,例如著名的《山海经》,虽属方士、巫者之流的著作,但同时也可作为史家研究历史的资料。并且,其与秦关系密切,本书将设专章探讨。这里想探讨的,是与祭祀密切相关的另一个对待鬼神的方法——巫术,还有其执行者——巫的情况,分析巫者及巫术对政治、社会的影响。这是对本书所研究的神灵祭祀的补充,其实也是必不可少的。下面将主要从巫术、巫者地位的演化角度去加以论证。

我们都知道春秋后期楚昭王与大夫观射父那段著名的对话。《国语·楚语》记载,昭王问于观射父曰:"周书所谓重、黎实使天地不通者,何也?若无然,民将能登天乎?"观射父是这样回答的:

> 非此之谓也。古者民神不杂。民之精爽不携贰者,而又能齐肃衷正,其智能上下比义,其圣能光远宣朗,其明能光照之,其聪能听彻之,如是则明神降之,在男曰觋,在女曰巫。是使制神之处位次主,而为之牲、器、时服。而后使先圣之后之有光烈,而能知山川之号、高祖之主、宗庙之事、昭穆之世、齐敬之勤、礼节之宜、威仪之则、容貌之崇、忠信之质、禋絜之服,而敬恭明神者,以为之祝。使名姓之后,能知四时之生、牺牲之物、玉帛之类、采服之仪、彝器之量、次主之度、屏摄之位、坛场之所、上下之神、氏姓之出,而心率旧典者为之宗。于是乎有天地神民类物之官,是谓五官,各司其序,不相乱也。民是以能有忠信,神是以能有明德,民神异业,敬而不渎,故神降之嘉生,民以物享,祸灾不至,求用不匮。
>
> 及少皞之衰也,九黎乱德,民神杂糅,不可方物。夫人作享,家为巫史,无有要质。民匮于祀,而不知其福。烝享无度,民神同位。民渎齐盟,无有严威。神狎民则,不蠲其为。嘉生不降,无物以享。祸灾荐臻,莫尽其气。颛顼受之,乃命南正重司天以属神,命火正黎司地以属民,

---

① 张光直:《巫觋与政治》,氏著《美术、神话与祭祀》,生活·读书·新知三联书店,2013年,第34—46页。

使复旧常，无相侵渎，是谓绝地天通①。

这个著名的"绝地天通"故事，也是文献中最为重要的巫觋资料，经常被人引用。

许多人会由此去说明巫的历史，以及祭祀权等问题。例如陶磊认为，"绝地天通"的故事，首先反映的是在原始社会末期，社会权力从分散走向集中时期，颛顼氏族通过对通天权的集中和掌握，获得了对其他氏族的控制；另一方面，也是世俗的权力对巫的权力的剥夺，即对巫阶层权力的剥夺，使通天权掌握在民间领袖的手中②。陶说所指出的问题的本质，是世俗阶层对巫阶层权力的剥夺，应该是中肯的，但所说时代在"原始社会末期"，却像许多学者一样，并无十分坚实的根据。

从"民神不杂"，因为"九黎乱德"，致使"民神杂糅"而"夫人作享，家为巫史"，经过颛顼的"绝地天通"又复旧常，或许并非中国古代宗教发展的真实阶段划分。巫、觋、祝、宗的执掌，从现有资料来看，坚实的证据不早于商，但《国语》之文把这些职官的产生，放在了颛顼时代之前，显然是不可能的。"德"是相对于天出现的概念，是西周人的发明。再从其中少皞—颛顼的历史系统来看，则要晚到东周了③。颛顼的面目，是个古代圣王，是一统天下的，也具有东周以后的特色。从这些角度看，这段话虽然叙述的是上古之事，但其东周的时代背景还是很明显的，正与楚昭王所处的时代相符。林富士就指出以下两点：

> 传说中的五帝和三代，或许不能用帝制中国时期王朝更迭的情形加以推测，换句话说，五帝和三代不一定是时代先后相接的五个、三个政权或氏族社会，只是在不同时期呈现了相对的强弱之分。
>
> 其次，在五帝和三代时期，秦汉之后所谓的"中国"尚未成型，各地的文明、发展程度很不一致，其社会分化和宗教形态也不齐一。因此，观射父所描述的宗教发展阶段，应该可以理解为中国古代各个地区存在着不同的宗教类型，有的"社会"（社群）"民神不杂"，有的社会则

---

① 徐元诰撰，王树民、沈长云点校：《国语集解》（修订本），第 512—515 页。
② 陶磊：《从巫术到数术——上古信仰的历史嬗变》，第 34—35 页。
③ 这个系统是：太皞—炎帝—黄帝—少皞—颛顼，本之于《左传》昭公十七年而《吕氏春秋·十二纪》因之。

"民神杂糅",而随着社会内外情境的变化,宗教类型又时也会随之改变①。

陈来认为,中国古代宗教的发展历程,是从非理性的巫术向理性的宗教演进的过程。夏以前是巫觋文化,商殷已经是典型的祭祀文化,商代宗教在整体上已经不是巫术或萨满,上层文化于下层文化已经分离,上层宗教已经是祭司形态。这与陈梦家、张光直等先生把商殷归结为巫术时代、甚或商王都是大巫的说法是不同的②。祭祀文化不再诉诸巫术力量,而是更多地通过祭祀和祈祷。殷商祭祀文化中,多神信仰中神的数目已经减少,而有了一位至上神。周代则进入到礼乐时代,在宗教方面已经更加理性化,神秘或交感的因素在大传统中被人文规范所压倒③。

观射父的话,正给我们说明了这种演化和历史的阶段性。

其中,巫觋也有"牲、器、时服",显然与下文祝宗等"五官"所管理的"四时之生、牺牲之物、玉帛之类、采服之仪、彝器之量"属于类似物品。这说明后世祭祀的彝器,与通神的法器,有相通之处,一如张光直先生的看法④。但是,作为巫师的法器与作为祭祀用品——主要为祭祀祖先的商周青铜器,是否可以直接画等号,还应存疑。

上文已提到,《国语》这段话中作为职官的巫觋祝宗,作为祭祀之官,若根据比较可靠的资料,目前看只能是商周以来的事情。虽然这些人物的原型,可如张光直先生所言,至少可上推至新石器时代,例如他所举的青海大通上孙家寨马家窑文化彩陶盆中的"巫觋人物与作业"等例证⑤,但很多学者对此心存疑问。按理,"绝地天通",即统治者对祭祀权力的垄断,只能在公共权力诞生以后发生,

---

① 林富士:《巫者的世界》,广东人民出版社,2016年,第7—8页。
② 陈梦家:《商代的神话与巫术》,《燕京学报》1936年第20期,收入《陈梦家学术论文集》,中华书局,2016年,第57—121页;张光直:《巫觋与政治》,氏著《美术、神话与祭祀》,生活·读书·新知三联书店,2013年。
③ 陈来:《古代宗教与伦理:儒家思想的根源》(增订本),北京大学出版社,2017年,第10—15页。
④ 张光直:《巫觋与政治》,氏著《美术、神话与祭祀》。
⑤ 张光直:《仰韶文化的巫觋资料》,氏著《中国考古学论文集》,生活·读书·新知三联书店,2013年,第133—147页。

也就是我们常说的新石器时代后期以后,颛顼所处的时代,虽然正卡在了这个时段之中,但鉴于新石器时代后期至三代之时,不同族群的政治发育并不同步①,所以"绝地天通"就有可能只是新石器时代后期以来颛顼氏一族曾经发生的事情②,而被具有单线进化思想的东周古史学家——例如观射父看作当时天下普遍的现象了(今天的许多史家仍然如此)。无论如何,这件事的基本内核,应符合宗教历史的真实,即从"夫人作享,家为巫史"过渡到"民神不杂",这应是中国古代宗教祭祀演变的必然程式。

《国语》这段话仍然使我们可以明白祭祀之官的起源,还有祀官与巫觋的关系问题。

《左传》定公四年所记载的商周时代的职司祭祀的"祝宗卜史",是产生于巫觋之中的。如许倬云认为,"巫和觋这些人慢慢转移分化,成为第一阶段的知识分子。像中国的'祝、宗、卜、史',即是掌管祭祀、占卜、记录之人。祝、宗、卜、史,从巫、觋这个专业阶层分化而来,他们可能是世俗性的,也可能是属灵的"③。

从一个更大的方面来说,这个问题牵扯到中国巫术的命运,以及中国文化的面貌,亦即巫史传统的消长。李零从《国语》这段话中总结到:

> 从原文看,更准确地说,它的主题却是职官起源,特别是史官起源。因为楚昭王提出的问题是:如果没有重、黎分司天地,百姓是否也可通天降神。它涉及的主要不是巫术如何产生的问题,而是史官文化能不能由民间巫术取代的问题,即官史与民巫的"道统"(orthodoxy)问题。官史从民巫分化而凌驾其上是与文明俱来,但后者常在王朝衰落期重

---

① 林富士:《巫者的世界》,第5—8页。
② 颛顼一族好巫鬼的特征,后世还有延续。例如陈,本为舜后,而舜为颛顼之后,《左传》昭公八年也记载"陈,颛顼之族也",即其民众为颛顼之后嗣。《汉书·地理志》下记载其俗,好以舞乐娱鬼,"陈国,今淮阳之地,陈本太昊之虚,周武王封舜后妫满于陈,是为胡公,妻以元女大姬。妇人尊贵,好祭祀,用史巫,故其俗巫鬼。《陈诗》曰:'坎其击鼓,宛丘之下,亡冬亡夏,值其鹭羽。'又曰:'东门之枌,宛丘之栩,子仲之子,婆娑其下。'此其风也"。这些资料变相证明了林富士所说古代宗教的地域性。另外,秦为颛顼之后,其巫鬼之俗,是否与这个传统有关,也值得考虑。
③ 许倬云:《知识分子:历史与未来》,广西师范大学出版社,2011年,第2页。

振(如汉末魏晋的道教运动),这是思想史上的大问题①。

中国传统的史类职官即祝宗卜史,是从"绝地天通"之前的"民巫"分化出来的,民间的巫术则是一直存在的。这种分化,产生了专门的祭祀之官,也使一些有异质的巫者登堂入室,进入统治的上层。可是,即使在商代那样的巫风浓郁的社会,巫也仅仅是祭祀与通神的配角,掌握通神权力的,主要还是那些处于社会上层的祝宗卜史类人物,他们虽然产生于巫,但已经与巫有了差别,是政府的职官,而非巫者本身了,例如商代太戊时著名的巫咸,也是以著名政治家的面目闪耀于史,而非巫者②。早期的巫,有的可能曾进入到社会的上层,后来则主要存在于社会的下层即民间,无论地位高低,从先秦的大巫到近代的巫婆神汉,在中国历史中,巫的踪迹延绵千年而不绝。例如《周礼·司巫》那样的记载,有虚构的成分,不一定就是周之实情,因为《周礼》这部书的原始,与齐关系密切,有人说大致是战国时代的齐国作品,是齐人参照齐与他国制度来讲周制③,或说包括秦制④,是为齐之改革所作的设计方案。虽然商代甲骨文中有关于巫的记载⑤、周原蚌雕胡巫像那样的证据⑥,可以说是西周时期有外族巫者为周朝服务的证据,但笔者对巫在商周是否为常备官员,是持怀疑态度的,而祝宗卜史则是肯定的;西周职官中的巫者,《周礼》虽不可尽信,但其分类大致可信,西周有巫的存在当无疑问,金文资料中的祝宗卜史是确实存在的。如金文有祝类职官"太祝""祝""五邑祝"以及"卜"⑦。更早的商代,除了甲骨文的证据,自然还有文献例

---

① 李零:《西周金文中的职官系统》,氏著《待兔轩文存·读史卷》,广西师范大学出版社,2011年,第127—139页。引文在第128页。
② 饶宗颐:《历史家对萨蛮主义应重新作反思与检讨——"巫"的新认识》,中华书局编:《中华文化的过去、现在和未来》,中华书局,1992年,第396—412页。
③ 李零:《中国古代居民组织的两大类型及其不同来源》,《文史》第八辑,1988年。
④ 顾颉刚:《"周公制礼"的传说和〈周官〉一书的出现》,《文史》第六辑,1979年。
⑤ 饶宗颐先生对商代甲骨文中巫的情况有所辑录。参氏著《历史家对萨蛮主义应重新作反思与检讨——"巫"的新认识》。
⑥ 尹盛平:《西周蚌雕人头像种族探索》,《文物》1988年第2期。
⑦ 张亚初、刘雨:《西周金文官制研究》,中华书局,2004年,第36—37页。按:张、刘著引清代出土的舀鼎铭文,认为"司卜"为官名,按此实只可说明周有卜类职官,"司卜"是否官名,还需讨论。

如《左传》所记,周初分封,所分配的还有祝宗卜史一类人士①,这些职官显然是商代旧有的专业人士②,甲骨文中的"贞人",就是"卜"。

这样,中国文明——特别是三代,就不能像陈梦家③、张光直等人所说的那样,笼罩在巫术的云雾里。更进一步去探讨,我们还可以在商、周之间找到断层与分界,二者的情况有很大不同。

从现在的资料来看,文献中确实有很多材料可以说明商代的巫术政治色彩,例如商汤祈雨、甲骨文,等等。即使如此,还当如晁福林所指出,殷代神灵中,祖先居于显赫的地位,而不是上帝,虽然"殷人对于这些先祖的乞求和祷告当然是笼罩在愚昧与迷信气氛之中的,但也含有某些对祖先生产和生活经验追溯和回顾的成分,它跟后世纯属欺骗性质的巫婆神汉的勾当还不尽然相同"④。如果我们把文明的进程看成一个人神统一体演进的过程,则巫术地位的历史顺序是逐渐降低的,并且巫与人的地位,是此消彼长的,巫术在商代的地位,应属这一演进过程的回光返照。

在否认巫在商周时期的政治核心地位的同时,我们须明白,对巫术在西周以后中国历史中主流地位的否认,与中国历史上商朝那样的神权社会的存在并不矛盾;也不能否认巫术在某些历史情况下、某些区域(如楚)的繁荣,特别是在民间。

巫术与祭祀有一定的区别,巫术通过一定的仪式使人与鬼神相通,从而避凶趋吉,多少表达了人类要控制自然的某些信念;祭祀则是单纯地通过祷告、奉献牺牲等仪式以取悦、讨好神灵,达到取得福佑的目的⑤。巫术中巫师与鬼神相通

---

① 参陈梦家:《殷墟卜辞综述》,中华书局,2004年。李零对西周祝宗卜史的职掌,有详细划分:祝、宗掌祭祀礼仪,卜、史掌占卜记事,与文字性的东西密切相关。卜掌龟卜、筮占,出土商周甲骨和楚占卜竹简是其遗物。史则掌天文历法,除了观象授时,还记录史事,典守史册、仪典和谱牒,与文字关系更大,西周册命往往有史官在场。参李零:《西周金文中的职官系统》。

② 如《左传》定公四年所记对鲁的分封,其中就有"祝宗卜史",杜注:"太祝、宗人、太卜、太史凡四官。"上海古籍出版社影印阮刻《十三经注疏》本,《春秋左传正义》卷五十四,第2134页。

③ 陈梦家:《商代的神话与巫术》。

④ 晁福林:《论殷代神权》,《中国社会科学》1990年第1期。

⑤ 晁福林:《商代的巫与巫术》,《学术月刊》1996年第10期。

的方法通常有两种:一是请神附身,巫师代表其说话。《国语·楚语下》韦昭注"巫、觋,见鬼者"即指此言。另外一种是巫师的灵魂可以进入另外一个世界,找到鬼神。《山海经·海外西经》记登葆山,"群巫所从上下也",《大荒西经》又记丰沮玉门山,"十巫从此升降",都是指的这一类型的巫。但无论哪一种方法,巫师要进入通灵的状态,都必须借助于一定的刺激方法,其中最常见的是击鼓和歌舞,其余尚有服用麻醉品、入定、自我折磨,等等①。

若真有"家为巫史"的时代,我们想象不出巫的地位有多高。比较明确的事实如上文屡言,是从商代开始的。林沄先生总结到,在殷墟卜辞中,有许多王畿内各族或诸侯国"取巫""以巫"的记载。这些族群(包括周)向商王室进贡巫,可见巫者在商朝数量并不少。这些巫的所为,应自然是沟通人神的中介,按照上引晚出的《周礼·司巫》记载,大旱舞雩、除灾、祭祀、丧事,等等,都有巫者参与②。但对商代巫者的地位,应从李零之看法,其还是处于从属和无用的地位的,地位较低,很可能不是王官,而主要的活动空间是在社会的下层③。巫咸以政治家的身份存在于《尚书·君奭》等文献中,可能是个特例,他可能还是"祝宗卜史"类官员,同时很有政治才能而已。

在商代的神权体系里,上帝有很高的地位。西周时情况则发生很大变化,背后的一个重要原因,是因为商周政治结构的不同。商代的国家政权,一如有的学者所指出的那样,是方国联盟的形式,商王既利用亲属关系,管理王畿内的民众(商王之族即所谓的"多子",除王畿外,有些或许还生活于更远的地方),又利用军事征服、祭祀等手段,控制更多的方国,形成联盟,商王自己就是这个联盟的政治与军事首长。同时,从甲骨文来看,至少在一些情况下,商王还是这个方国联盟的宗教首领。如吉德炜(David N. Keightley)所指出,晚商国家以一种与异族或政体联盟的方式运转,建立在宗教、政体和血缘紧密结合的基础之上,商王通过占卜、决策、牺牲和祈祷等祭祀活动,以祖先神灵愿望的名义使政治权力集中化和合法化,并认为商王的占卜程序日趋正规,着重关注与政治和祭祀相关的日

---

① 童恩正:《中国古代的巫》,《中国社会科学》1995 年第 5 期。
② 林沄:《商王的权力》,氏著《商史三题》。
③ 林富士:《巫者的世界》,第 15—40 页;李零:《先秦两汉文字史料中的"巫"》(上),氏著《中国方术续考》,第 30—47 页。

程安排,表明国家合法权力的确立和国王更为稳定和正式的权威①。最为重要的是,商王是通过祭祀,而不是巫术达到与鬼神相通的目的的。下面所说的周,也是如此。

陈梦家、张光直等学者认为,商王就是商代的大巫,此易让人产生误解,以为商王同时就如巫师那样,身份是群巫之长;再进一步,所谓的商代就是神权社会了。笔者之见似有未必:第一,商王作为世俗领袖,同时掌管神权,至多体现在对祭祀权、巫祠之官的统治上,其身份与具有专业技能的巫师区别明显,故称商王为巫并不恰当;第二,可以想见,商王在充当巫师角色之时,其实有其他的巫祠之官辅佐之,例如巫、卜、祝以及其他神职人员,商王最多是个核心组织者和贞卜的主体而已,甲骨文所说的"王贞"之类,初看似是商王亲自贞问,其实只表明他只是提问者,具体的操办者则是贞人一类。在传世文献中,商王在某种情况下充当了巫师的角色,正表明了他并非巫师的身份。例如《吕氏春秋·顺民》记载:

> 昔者汤克夏而正天下,天大旱,五年不收,汤乃以身祷于桑林,曰:"余一人有罪,无及万夫。万夫有罪,在余一人。无以一人之不敏,使上帝鬼神伤民之命。"于是翦其发,枥其手,以身为牺牲,用祈福于上帝,民乃甚说,雨乃大至②。

所以,应如张光直在同一篇著作中所说的那样,商王就是拥有部分巫的特质的人,自身并非是巫。道理很简单,就是在一个世俗的社会里,让一个巫去充当君主,自然是不可想象的。

可以向商代是神权社会的观点发出反问的是后世的资料。从甲骨文来看,商代无论大的战争、收成、天气等,到小的疾病,都要进行卜问,故可得出商代是神权社会的印象,可是,后世也一如此吗?

西周则是"民"之思想觉醒的社会,那种神秘的政治社会氛围无疑在减弱。《诗经·大雅·文王之什》说到"文王陟降,在帝左右",有人说那也是文王因为是巫的缘故。不过这首诗首先所应注意的是内容的时代,是在商末周初,所说的对象既有"文王孙子"即周的王族,还有臣服于周的"殷士"即商遗民,这些人被迁徙到了周的王畿——"京"一带居住。这几点都跟商有联系,当然所贯彻的是

---

① 转引自陈淳:《疑古、考古与古史重建》,《文史哲》2006 年第 6 期。
② 许维遹撰,梁运华整理:《吕氏春秋集释》,中华书局,2017 年,第 171—172 页。

商人的理念了。

周人主要的神灵,还是上帝(天)与祖先。周人宣扬天即上帝的权威,其灭商也是受天之助。同时,西周用以封建诸侯、维系政权的,血缘是十分重要的手段和纽带,周王与诸侯是大宗小宗或者甥舅关系,通过分封建立的政治网络,使天下事成了周人的家内事。所以,祖先神也是非常重要的,此点与商人类似。商人对祖先也很重视,根据晁福林对甲骨文等资料的研究,商人的神灵系统中,祖先是排在第一的①。这种状况,随着一系列历史因素的变化,也会发生变化,例如连续的自然灾祸,也使周人觉得"天命靡常"。还有在人神系统中,人的地位也在上升,例如西周有国运决定于神还是民的问题,即所谓听于民还是听于神的问题,这就是学者们所注意到的,西周神灵祭祀中道德因素的兴起。

对于神灵地位最大的冲击,其实还是东周之后术数思想的兴起。术数的渊源,当然可以推的很早,有的学者已经逆推到新石器时代。但如相关学者所指出的,有萌芽或者产生的因素,并不能代表术数作为思想史上的一个历史阶段或时代的产生,这个阶段要等到东周时期。

关于术数的流行,是中国思想史上的大事,很多的思想史著作都有所涉及。它产生的背景,就是先秦天道观的变迁。

要之,若简要回顾中国巫的历史,可知三代以后,巫的作用已经被"祝宗卜史"所代替,处于配角的地位,在社会中并无很高的地位,而且经常是被暴焚的悲剧角色。但是,三代政治的巫术色彩,仍然不绝如缕,这个情况一直延续到秦汉以后,甚至中国历史的长时段里。巫者被边缘化,地域分布退缩也至部分边远地区,虽然是历史的总趋势,是社会进步的体现,但巫者、巫术在中国古代政治中,却从未销声匿迹,有时候还显得十分耀眼,例如汉代的"巫蛊"政治。巫的地位的衰落,与官方出于政治原因的压制,有很大关系。

如果按李零先生的角度,从官制史的角度去观察,在民、神("地""天")之间两大官僚系统里,随着历史的演进,二者的地位也发生转移。当官方的神道衰落之时,民间的巫觋传统却一直存在。这其实是神权与世俗、中央与地方力量的较量,这种冲突的结果,直接决定了中国历史后来的面貌和走向②。而这个过程,

---

① 晁福林:《论殷代神权》,《中国社会科学》1990年第1期。
② 李零:《西周金文中的职官系统》,收入氏著《待兔轩文存·读史卷》。

集中以巫的命运展示了出来,而秦巫的命运,是其中最为重要的片段之一。由于巫也参与秦祭祀,所以研究秦之祭祀,巫是不可回避的问题。与阴阳五行说、《山海经》与秦的关系一样,都是本书所要探述的大的背景。

第二节　秦社会之巫

巫之身份,在古代社会是多重的。其主要职事,有祭祀、医、占卜,等等,是人神沟通的中介①,并且有人认为巫曾作为职官而存在,例如商代的巫咸,而不仅仅是后世民间的巫婆神汉。

林富士认为,巫觋在古代社会是否为统治集团的一分子,由于多据神话传说,或许不能令人信服。但到了商周时期,已经有十分明确的证据可以说明,巫是统治集团中的人物,这个情况至少延续到公元前6世纪末即春秋晚期②。即使在春秋以后,也并非所有的巫者都沦为"民巫"或"游巫",在"国之大事,在祀与戎"的时代里,巫觋仍是统治集团里不可或缺的一员,属于贵族而非社会的下层。饶宗颐先生的观点类似,"巫"在商周,可以解作官名③。李零则认为,巫是"祝宗卜史"的辅助角色。一直到了秦汉社会的早期,少数巫者仍然能在国家"祀典"中找到容身之所,拥有较高的社会政治地位。但大多数巫者只能流落民间,成为"民巫",成为皇帝或官员随时可以打击和禁断的对象,成为王朝体制下的社会底层,很难恢复先秦时期的荣光④。这些学者的观点似乎说明,在先秦、秦汉时期,确实有"官巫"存在。

与"官巫"相对的是"民巫"。笔者鄙见,祠官的出现,伴随的就是官巫的沦落,理论上从此开始,就只剩下"民巫"了。当然,这也不是绝对的,例如汉代在长安的秦巫、楚巫、晋巫一样,只不过是历史的回光返照罢了。

话又说回来,对于祠官来说,其既脱胎于巫觋,执掌有所重合,也就不能完全

---

① 如李玄伯先生说。参李宗侗(玄伯):《中国古代社会新研 历史的剖面》,第48页。
② 林富士:《巫者的世界》,第15—22页。
③ 饶宗颐:《历史家对萨蛮主义应重新作反思与检讨——"巫"的新认识》。
④ 林富士:《巫者的世界》,第67—69页。

摆脱巫觋的职能,例如占卜、祝祠,等等。

巫觋与祠官最大的区别,恐怕还是在职业上,巫觋是具有专业技能的特殊职业人群,有的也能厕身职官系统,祠官则无疑是国家的"官员",与巫觋相比更具有世俗性:在商周有的曾为贵族,战国秦汉以后是官僚。巫的职能,在上述"官员"诞生之后被"分解",商周以后,医、史、卜、祝等都有专名,职司也趋于专门化,与原来一专多能、身兼多职的巫者完全不同。

通观起来,在中国历史中,巫的地位是逐渐降低的,至少在有明确记载的商代,巫仅仅是职官的一种,商王更非"群巫之长"。西周时期,神明——包括上帝被赋予道德的属性,东周时期巫就沦落为被人鄙视的角色,汉代略受重视,但却改变不了沦落民间甚至偏远地区(如长江流域偏僻山区)的命运。但中国民间巫的传统,从来没有断绝,并且跟民间宗教如道教连接在一起,由此也体现了巫自身的历史价值和地位。

一、出土文字资料中的祠官

如饶宗颐先生所注意,秦在祭祀制度中,改"祭"为"祠",是一个明显的现象。由《史记·封禅书》记载,我们可以知道秦之祠官属于太祝所管,故巫也当是由祠官来管理的[①]。李零先生说:"'巫'从战国和汉代的情况类推,恐怕是更多地服务于各种神祠,是以驱鬼降神和祈福禳灾为职事,作祝祠的助手。"[②]

从李零先生之言,可大略推知秦代及更早时期的情况。在秦封泥中,有"雍祠丞印",这是太祝系统的祠祀之官,主管的是雍地众多神灵的具体祠祀事务。秦代民间之巫的情况比较明确,此有云梦秦简《日书》的证据。关于云梦秦简《日书》的情况,其与故楚的联系,应该是存在的,但随葬于官员的墓中,说其也代表了秦社会的情况,是可以说得过去的。下面把秦祠官与《日书》等出土文献资料中巫的情况分开表述。

秦之祠官,历史可谓悠久,可上溯到春秋早期立国之初。《秦本纪》记载,襄公立西畤,根据考古发现,多位学者认为其地点就在今甘肃礼县鸾亭山及其南侧

---

① 饶宗颐:《历史家对萨蛮主义应重新作反思与检讨——"巫"的新认识》。
② 李零:《先秦两汉文字史料中的"巫"》(下),氏著《中国方术续考》,第48—60页。

稍低的西山①。祠上帝则必有祠官。稍后的文公时代,"初有史以记事",即设史官。从西周史官的职能看,其主要角色是承担文职书记类角色②,有机会接触大量的典籍,所以史官通晓古今,天文地理大概也无所不包,故也经常充当国君顾问③,也可以秘书角色操持政务。

文公时代初设史官,由于史官充当文书角色,所以如同西周之史一样,体现了较强的政府民事职能,所以《秦本纪》下文接着说"民多化者","化"即归化,亦即服从秦政府的管理。

按察《史记》,史除了"记事"之外,还有祠官的职能,《封禅书》说文公立鄜畤,是因为史敦给文公解梦,以为黄蛇口及于地,乃上帝之征。见于文献的秦祠官,还有见于《封禅书》的太祝,应是中央所设的祝官之长。如此则文献所见秦之祠官,自春秋早期起,至少有史、祝两种。

除传世文献之外,出土文献也有祠官,可补上文之不足,不完全辑录如下。

奉常。《汉书·百官公卿表》记载:"奉常,秦官,掌宗庙礼仪,有丞。景帝中六年更名太常。属官有太乐、太祝、太宰、太史、太卜、太医六令丞。"秦封泥有"奉常丞印""奉印"④。

按:奉常为宗庙之官,掌宗室宗庙事宜,掌握天下祭祀,例如太祝就掌握祭祀上帝之事。其背后深意,应还是反映了祖先祭祀的重要。学者们认为,秦之奉常、汉之太常,就是《周礼》中的宗伯,在重血缘的中国古代,这是非常正常的。

太史。秦封泥有"泰史""太史"半通印⑤。张家山汉简《二年律令》之《秩律》记载有"未央走士、大卜、大史、大祝",推测此太史之类,当因秦而来。秦基

---

① 早期秦文化联合考古队:《2004年甘肃礼县鸾亭山遗址发掘主要收获》;王志友:《早期秦文化研究》,西北大学2007年博士论文,第63—65页、第109—130页。
② 李峰:《西周的政体:中国早期的官僚制度和国家》,三联书店,2010年,第60—62页、第80—83页。
③ 《国语·周语下》记载单子之言:"吾非瞽史,焉知天道。"说的就是史官知识界限的广大。参徐元诰撰,王树民、沈长云点校:《国语集解》(修订本),第83页。
④ 傅嘉仪编著:《秦封泥汇考》21,第4页;王辉、王伟编:《秦出土文献编年订补》,第419页。
⑤ 周晓陆等:《在京新见秦封泥中的中央职官内容——纪念相家巷秦封泥发现十周年》,《考古与文物》2005年第5期。

层组织也有史担任文书类官员。如云梦秦简《法律答问》：

> 可(何)谓"耐卜隶""耐史隶"？卜、史当耐者皆耐以为卜、史隶。
> ·后更其律如它①。

《传食律》：

> 上造以下到官佐、史毋(无)爵者，及卜、史、司御、寺、府、□(粝)米一斗，有采(菜)羹，盐廿二分升二②。

又，张家山汉简《二年律令》记载：

> 史、卜子年十七岁学。史、卜、祝学童学三岁，学佴将诣大史、大卜、大祝，郡史学童诣其守，皆会八月朔日试之③。

卜，《左传》僖公十五年："秦伯伐晋，卜徒父筮之，吉。"杜注："徒父，秦之掌龟卜者。"在秦代基层已经是常备之官，上引云梦秦简《法律答问》，张家山汉简《二年律令》可为侧证。

祝。《集仙传》注："萧史为秦太祝。"④相家巷出土秦封泥有"祝印"，及"□祝"半通印，疑为"太祝"⑤。汉初张家山汉简中也有"大祝"，当是因秦而来。

图 25　西安相家巷出土"祝印"秦封泥⑥

宗祝。《国语·鲁语上》："宗、祝书昭穆。"韦注："宗，宗伯；祝，太祝也。宗掌其礼，祝掌其位也。"宗祝似应分读为宗、祝。《诅楚文》中宗祝在祭祀中是主

---

① 睡虎地秦墓竹简整理小组：《睡虎地秦墓竹简》，第234—235页。
② 睡虎地秦墓竹简整理小组：《睡虎地秦墓竹简》，第103页。
③ 《张家山汉墓竹简（二四七号墓）》（释文修订本），文物出版社，2006年，第80—81页。
④ ［明］董说《七国考》，上引中华书局版，第12页。
⑤ 刘庆柱、李毓芳：《西安相家巷遗址秦封泥考略》，《考古学报》2001年第4期；"祝印"又见王辉、王伟编著：《秦出土文献编年订补》，第528页。
⑥ 周晓陆、路东之编著：《秦封泥集》一·二·6，三秦出版社，2000年，第110页。

祭者,主要是以贡献祭品("吉玉瑄璧")、以祭文告神("布檄")①。祠厨,见于秦印文②,这应是祠官里负责供厨的一类。秦陵博物院藏有临晋厨鼎,可能是临晋河水祠所用,虽是汉物,但秦汉相沿袭,仍可与此秦印相印证(详参本书第四章《祷于山川——秦人的山川祭祀》)。

祠祀。见于秦封泥③。"祠祀"是秦汉习语,指的就是祭祀。按照《汉书·百官公卿表》的记载,奉常("掌宗庙礼仪")属官有太祝,"景帝中六年更名太祝为祠祀,武帝太初元年更曰庙祀",以此封泥"祠祀"证之,《百官表》的记载或是不准确的。《百官表》又有詹事属官祠祀令长丞,但詹事为管理皇后、太子家事务,故其下之祠祀,当与国之祭祀官不同④。另,秦封泥有"雍祠丞印",乃雍管理祠祀的职官"祠祀"之副——丞印。

祠祝。见于秦封泥,应是主司祭祀祝词之官⑤。

乐府。本书第三章《宗庙之灵——秦人的祖先祭祀》已引相家巷出土秦封泥有"乐府""乐府丞印""乐府钟官",以及秦始皇陵园出土的"乐府"铭文铜钟。《汉书·百官公卿表》记载乐府隶属少府。乐府是管理祭祀、宴飨用乐的机构。

雍左乐钟。亦见于本书《宗庙之灵——秦人的祖先祭祀》等章所引秦封泥,应指雍地左乐下辖的钟官,与上秦封泥"乐府钟官"为同类之官,可以对读。

图 26　西安相家巷出土"雍左乐钟"秦封泥⑥

---

① 郭沫若:《诅楚文考释》。
② 王辉:《秦文字集证》,艺文印书馆,1999 年,图版 133:3;王辉、王伟编著:《秦出土文献编年订补》,第 364 页。
③ 周晓陆、路东之、庞睿:《西安出土秦封泥补读》,《考古与文物》1998 年第 3 期;王辉、王伟编:《秦出土文献编年订补》,第 404 页。
④ 周晓陆、路东之、庞睿:《西安出土秦封泥补读》。
⑤ 王辉、王伟编:《秦出土文献编年订补》,第 404 页。
⑥ 周晓陆、路东之编著:《秦封泥集》二·一·9,第 137 页、第 248 页。

上寝。见于秦封泥。周晓陆先生等认为或咸阳寝宫①,非。寝,在秦可指生人所居宫室,也可指陵寝,如秦封泥又有"泰上寝印""泰上寝左田"②,当是秦始皇父庄襄王陵寝之官印,"泰上"就是秦始皇之父太上皇庄襄王。还有"孝寝"封泥,所指主人当为秦始皇祖父孝文王,"寝"指陵寝③。秦封泥里的"寝",多应理解为陵寝之寝。类似的还有二年寺工壶、雍工憨壶铭中的"北寝",指的是"北园"之寝,即凤翔雍城的秦君陵园④,两器铭文中都有"茜府",乃主"北园"祭祀用酒之机构⑤。秦人把秦始皇称"上"或"今上",这是秦始皇生前的时称⑥,故"上寝"应指管理秦始皇生前陵寝之官。

图 27　西安相家巷出土"上寝"⑦

冢府,秦印,见于坊间。与之相联系的有秦印"冢玺"。战国晚期之后,秦君陵有了高大的封土,所以陵也称"冢"。云梦秦简中献公、孝公时已有墓冢,管理者称"甸人"⑧。"冢府""冢玺",卫宏《汉旧仪》曰:"秦以前,民皆以金玉为印,龙虎钮,唯其所好。秦以来,天子独以印称玺,又独以玉,群臣莫敢用。"⑨所以

---

① 周晓陆、路东之、庞睿:《西安出土秦封泥补读》。
② 王辉、王伟编:《秦出土文献编年订补》,第 372 页。
③ 周晓陆等:《在京新见秦封泥中的中央职官内容——纪念相家巷秦封泥发现十周年》;王辉、王伟编著:《秦出土文献编年订补》,第 496 页。
④ 王辉、王伟编:《秦出土文献编年订补》,第 74—75 页。
⑤ 王辉:《说"丽山茜府"》,《考古与文物》1988 年第 4 期。
⑥ [清]梁玉绳:《史记志疑》,第 171 页、第 178 页;史党社:《日出西山——秦人历史新探》,陕西人民出版社,2014 年,第 34—35 页。
⑦ 周晓陆、路东之编著:《秦封泥集》一·四·2,第 200 页。
⑧ 睡虎地秦墓竹简整理小组:《睡虎地秦墓竹简》,第 233 页。
⑨ 《史记·秦始皇本纪》之《集解》引。

"冢玺"之年代，必不早于秦代，此时唯秦始皇陵可以当之，故应是管理秦始皇陵的机构所用之物。汉代有"冢"字瓦当，也是类似机构建筑所用之物。此证秦有管理陵墓的专门职官。

图 28　"冢府"秦印（来自网络）

图 29　汉代"冢"字瓦当（来自网络）

"西共"。相关资料已见上《赫赫上帝——秦人的上帝祭祀》《宗庙之灵——秦人的祖先祭祀》两章。此为西县设立的为官方祭祀提供食品的机构，包括对西畤、祖庙的祭祀，或许《封禅书》记载的西县"数十祠"，祭祀食品都归其供给。为什么这样的封泥会出现在相家巷秦朝宫附近，我们认为可能是因为这个机构为中央直辖的缘故，其上属可能为"太祝"。

寿陵丞。封泥有"寿陵丞印"，可能是孝文王寿陵陵邑丞[①]。《史记·秦始皇

---

① 刘庆柱、李毓芳：《西安相家巷遗址秦封泥考略》。

本纪》:"孝文王享国一年,葬寿陵。"《汉书·元帝纪》记载永光四年(前40)十月"以渭城寿陵亭部原上为初陵"。寿陵在今陕西咸阳市西北。

永陵丞。封泥有"永陵丞印"。《史记·秦始皇本纪》:"悼武王享国四年,葬永陵。"《正义》引《括地志》云:"秦悼武王陵在雍州咸阳县西十里,俗名周武王陵,非也。"《汉书·哀帝纪》建平二年,"七月,以渭城西北原上永陵亭部为初陵"。永陵在今陕西咸阳市西北①。

秦印还有"园印"②,秦始皇陵园称"丽山园","园印"应是秦始皇陵园管理机构之印,也有相应职官设置。

秦封泥还有"罟趋丞印",刘庆柱先生认为或是渔猎以供祭祀之职官③。

巫祝。《史记·封禅书》记载,"(八神)皆各用一牢具祠,而巫祝所损益,圭币杂异焉",由此知秦代"巫祝"也是主持祭祀之官。在与秦联系十分紧密的《山海经·山经》中,也记载了巫祝之作用。如《中山经》记载:"騩山,帝也,其祠羞酒,太牢具(其);合巫祝二人槱,婴一璧。"意思是祭祀騩山之时,巫祝要在神前跳舞④。《中山经》中巫祝主持或参与祭祀,与秦祭祀"八神"相类似。此"巫祝"或可分开,就巫和祝两类人。若此,则此祝当上文之比。

方士。这一群人常被习惯性地排除在祀官之外,但秦汉时期,方士飞黄腾达、见信于上,因此谈祀官也须把他们包含进去。秦皇汉武重视方士,在《史记·封禅书》《汉书·郊祀志》里有明确的记载。方士之职责,主要是寻仙问药,满足皇帝长生不老的需求。同时,方士还可建议设立神祠、创立制度、主持祭祀。可以想象,秦皇汉武对祭祀制度的改革,方士是起了很大作用的。《史记·封禅书》记载:

> 方士所兴祠,各自主,其人终则已,祠官弗主。他祠皆如其故。今上封禅,其后十二岁而还,遍于五岳、四渎矣。而方士之候祠神人,入海求蓬莱,终无有验。

此段话就说明,汉武帝时的方士是可以建议设立神祠、主持祭祀的,虽然方

---

① 周晓陆等:《于京新见秦封泥中的地理内容》,《西北大学学报》(哲学社会科学版)2005年第4期。

② 王辉、王伟编:《秦出土文献编年订补》,第375页。

③ 刘庆柱、李毓芳:《西安相家巷遗址秦封泥考略》。

④ 袁珂:《山海经校译》,上海古籍出版社,1985年,第172页。

士在秦代其身份可能并非常设官员,但在祭祀体系中担当重要角色,应与汉武帝时一样。

以上对于秦祠官进行了粗略辑录,挂一漏万。可以看出,在秦祭祀对象中虽有"大神巫咸"①,但在祠官之中,并无以"巫"名之者,这从一个侧面可以反映,巫在秦的职官系统中,已经基本不见,其地位也可由此稍见。

从历史的角度来看,秦巫之地位与商周类似,若说祀官系统构成,商的最上层当然是商王,下有祝宗卜史,再下有巫为辅助。西周的情况与之类似,如《周礼》所记有"司巫",明乎巫也常为周朝所利用。西周缺乏商王桑林祷雨、占卜那样亲自参加巫术活动的记载,但却多有宗庙祭祀活动,故把周王看作最大的祀官、位居祀官系统的顶端,是可以的。秦之情况以太祝为首,有一祀官系统,巫为祠官之辅助。

二、秦社会中的巫

关于历史上巫的执掌,诸家之说比较明晰和统一。如刘瑛分别《左传》所记巫的活动,主要有以下数项:1. 葬礼中祓除凶邪;2. 降神;3. 占梦;4. 预言;5. 祈雨②。林富士总结先秦巫官之执掌,"主要掌管祭祀鬼神之事,或祈或禳,以解除各种凶灾。但最主要的工作还是祈雨、丧葬、逐疫、祭祀之事"③。汉代的巫者执掌,则主要有:1. 以降神、视鬼、占卜、祭祀等方法交通鬼神;2. 以祝移、解土④等方法解除灾祸;3. 治疗疾病;4. 参与战争;5. 以求雨、止雨、止水等方法防御水旱;6. 以诅祝、巫蛊、媚道等方法诅祝害人;7. 左右生育;8. 料理丧葬⑤。李零总结古代巫的执掌十六种:1. 方向之祭;2. 宁风止雨;3. 请风止风;4. 见神视鬼;5. 祈禳厌劾;6. 转移灾祸;7. 毒蛊;8. 巫蛊;9. 媚道;10. 星算;11. 卜筮;12. 占梦;13. 相

---

① 见于秦诅楚文。
② 刘瑛:《〈左传〉〈国语〉方术研究》,人民文学出版社,2006 年,第 133—135 页。
③ 林富士:《巫者的世界》,第 18 页。
④ "解土"巫术,是为了解除因动土而触犯土神带来的灾祸。王充《论衡·解除篇》:"世间缮治宅舍,凿地掘土,功成作毕,解谢土神,名曰'解土'。为土偶人,以像鬼形,令巫祝延,以解土神。已祭之后,心快意善,谓鬼神解谢,殃祸除去。"黄晖:《论衡校释》,中华书局,1990 年,第 910—911 页。
⑤ 林富士:《汉代的巫者》,稻乡出版社,1999 年再版,第 49—86 页。

术;14. 医术;15. 祝由;16. 房中。其中前 1—9 项,以祠祀祝祷为特点;后面 10—16 项,则与"祝宗卜史"的"卜史"以及"方术"有关①。秦巫之执掌,虽然记载不多,但所职也应大体如此。

在秦的官方祭祀里,应有巫的参与,所以或有"官巫"的存在。《封禅书》记载秦代"八神"之祠,"皆各用一牢具祠,而巫祝所损益,圭币杂异焉",所主者为"巫祝"。"巫祝"是秦汉习语,指的是可以作法之巫者之类,也指级别较低的祭祀之官(与太祝级别不同)。故在秦之祀官系统里,也不能绝对排除有巫之存在。

另外,在里耶秦简"更名方(8-455 号)"中,有一则资料,也涉及巫:"毋敢曰巫帝,曰巫。"②意思是说不能称巫为"帝",这是顺应了秦始皇二十六年(前221)"议帝号"的规定。推测作为管理对象的巫,应是为官方服务的,甚或就指的是"官巫"。

总体来看,秦代巫已基本绝迹于官方,大多续存于民间了。如在云梦秦简中,有大量巫的记载,说明巫主要活动于社会下层之间。最新公布的北大秦简《祓除》中,也有由"灵巫""工祝"主导的祓除仪式③。

巫之地位,如本书屡言,上古颛顼"绝地天通",随着专门职官的设置,巫流落于民间或部分区域,总的地位是下降的,从先秦到秦汉,他们的主要成分经历了从"官巫"到"民巫"的演变和下降过程。但由于秦皇汉武对祭祀的重视,有时还会重用巫者,出现"回光返照"的情况。如秦之祭祀"八神",高祖之招天下巫者于首都长安。《史记·封禅书》记载,汉初刘邦于宫中祭祀诸神,主其祠祀者——巫,来自不同的地方:

> 天下已定,诏御史,令丰谨治枌榆社,常以四时春以羊彘祠之。令祝官立蚩尤之祠于长安。长安置祠祝官、女巫。其梁巫,祠天、地、天社、天水、房中、堂上之属;晋巫,祠五帝、东君、云中〔君〕、司命、巫社、巫祠、族人、先炊之属;秦巫,祠社主、巫保、族累之属;荆巫,祠堂下、巫

---

① 李零:《先秦两汉文字史料中的"巫"(下)》,氏著《中国方术续考》,第 48—72 页。
② 张春龙、龙京沙:《湘西里耶秦简 8-455 号》,武汉大学简帛研究中心编:《简帛》第 4 辑,上海古籍出版社,2009 年,第 11—16 页。
③ 田天:《北大秦简〈祓除〉初识》,武汉大学简帛研究中心编:《简帛》第 8 辑,上海古籍出版社,2013 年,第 43—49 页。

先、司命、施糜之属;九天巫,祠九天:皆以岁时祠宫中。

林富士指出,判断巫之政治社会地位的高下,有三条基本标准:

第一,对于公共事务决定权的大小;

第二,所能掌握之社会资源之多寡;

第三,受其他社会成员仰赖和尊重的程度①。

从《日书》来看,巫在秦社会地位并不高,在民众心目中,是被鄙视的低贱角色。如云梦秦简《日书》甲种有以下记载:

　　斗,利祠及行贾、贾市,吉。取妻,妻为巫。生子,不盈三岁死。可以攻伐。

　　……

　　翼,利行。不可臧(藏)。以祠,必有火起。取妻,必弃。生子,男为见(觋),[女]为巫。

　　……

　　高门,宜豕,五岁弗更,其主且为巫。

　　大吉门,宜钱金而入易虚,其主为巫,十二岁更②。

《日书》乙种:

　　七月:张,百事吉。取妻,吉。以生子,为邑桀(杰)。翼,利行。不可臧(藏)。以祠,必有火起。取妻,必弃。生子,男为见(觋),女为巫。轸,乘车、衣常(裳)、取妻,吉。生子,必贺。可入货。

　　……

　　十月:心,不可祠及行,凶(凶)。可以行水。取妻,妻悍。生子,人爱之。尾,百事凶(凶)。以祠,必有敦(憞)。不可取妻。生子,贫。箕,不可祠。百事凶(凶)。取妻,妻多舌。生子,贫富半。斗,利祠及行贾、贾市,吉。取妻,妻为巫。生子,不到三年死。不可攻。牵牛,可祠及行,吉。不可杀牛。以桔(结)者,不□(释)。以入牛,老一。生子,子为大夫。

　　……

---

① 林富士:《巫者的世界》,第8页。
② 睡虎地秦墓竹简整理小组:《睡虎地秦墓竹简》,第192页、199页。

庚寅生,女子为巫①。

《日书》作为大众之物,反映的可能是基层大众最流行的观念。这种观念与社会上层的意识当无大的不同,并且与部分巫者为官或受到重用并不矛盾。此后汉代的巫者,地位也大抵如此②。这个情况并非绝对,某些情况下巫还是被利用的。例如上举秦代祭祀"八神"之"巫祝";汉初高帝对巫的重新利用,使之活跃于汉都长安。"八神"为齐地所固有,是否高祖用巫有"打乱"、整合宗教的政治意味③,也是不能排除的。

《日书》所见之巫,除了地位不高之外,处处都可显示他们是一个社会身份非常特殊的人群。参照汉代情况,他们可以为害于人④,甚至发挥政治作用,武帝时的"巫蛊之祸"就是一个极端的例子,所以历代都加禁抑,巫的偶然被重用,也不能断绝历史上对巫打压的总传统⑤。

巫在秦社会中更详细的情况,由于证据的缺乏,此处已无法详考了。

与巫紧密联系、可资比较的,还有一个特殊的人群,那就是方士,也叫方术士。这个群体曾经得到秦皇汉武等最高统治者的重视,但最终的命运也不好。他们多来自燕齐,懂得阴阳五行,主司星历、占星望气、主持祭祀以求仙问药,因为可助最高统治者长生不老而受到重视,但所操持的,本质上还是骗人的把戏,所以结局也都不太好,曾经显赫一时,终究飘忽而去。

方士与古代的巫本出一源,李零总结巫术与方术的关系,认为方术是脱胎于巫术的,但后来反倒凌驾于前者之上。方士与祝宗卜史一样都出自巫⑥,与战国以降巫已经偏居于历史的一隅不同,方士之流由于邹衍的显赫,在战国中后期

---

① 睡虎地秦墓竹简整理小组:《睡虎地秦墓竹简》,第238页、第252页。
② 林富士:《巫者的世界》,第40—67页。
③ 杨华:《秦汉帝国的神权统一——出土简帛与〈封禅书〉〈郊祀志〉的对比考察》。
④ 如云梦秦简《日书》乙种所记"外鬼为姓(眚),巫亦为姓(眚)",等等。
⑤ 林富士:《巫者的世界》,第39—40页。
⑥ 按理,官司的职责,只能是越来越细化,而不是相反,故商周时代的"祝宗卜史",应该是本来职司相近,而后有所分别的。笔者怀疑,他们之间的联系,本来是因为所司职责的相近,例如祝掌以言语告神,卜则掌卜问,故几者经常会被连言,后来才有所分化,例如史成了专门记录、谏议之官。在起源上,在商代那样的神权社会,"祝宗卜史"可能都与祭祀有关,所担当的只是同一祭祀过程的不同角色而已。

"异军突起",成为历史舞台上最为风光的人群①。对于秦汉时期巫与方士的关系,李零指出:

> 司马迁所谓"方士"(按:指《史记·封禅书》所记)是"方术之士"(有别于"文学之士"),案:《周礼·秋官》有"方士",与此不同。他们或善占候,或善方药,对秦始皇影响很大。这类人与"巫"相似,但主要特长不是祷祠或诅祝,而是方术。他们是以方术的一技之长征自民间,属"畴人"类型的技术专家。而"巫"从战国和汉代的情况类推,恐怕更多地是服务于各种神祠,是以驱鬼降神和祈福禳灾为职事,作祠祝的助手。秦代神祠,比较著名的大祠都是由太祝总领,偏远小祠则由民巫自主。当时祝官有所谓"秘祝之法","即有灾祥,辄移过(祸)于下","巫"的活动可能就是配合这类活动②。

秦代方士所司,主要有占星望气,如秦始皇身边曾有以数术见长的"候星气者三百人"③;求仙问药,可给皇帝提供长寿之方的,如徐市、茅濛、卢生、韩终、侯生、石生、安期生、黄公诸位④;再就是兴立神祠和主持祭祀,如上《史记·封禅书》所记汉代的情况。由于秦始皇的作用,方士在秦曾风光一时。到了汉武帝时,曾达到千人之巨,西汉后期则走向下坡。不过此时兴起的道教,却与方士摆脱不了渊源关系。

顺便提及,鄙见认为,《山海经》大概就是方士之流的著作,而且与秦关系密切,摆脱不了秦汉方士横流的大背景。如《山经》在记述山川道里与博物之后,又多言各山之祭祀方式,还有不老、长寿等异物的记载,凸显了与方士职司的密切关系;《海经》则多记神怪故事,此非方士之流而不能详知。详参本书"《山海经》与秦的关系探索"章。

方士与儒生的敌对关系此消彼长,在秦汉时期是一个十分重要的历史现象,

---

① 本书屡引《封禅书》这段话就是证明:"驺衍以阴阳主运显于诸侯,而燕齐海上之方士传其术不能通,然则怪迂阿谀苟合之徒自此兴,不可胜数也。"此极言邹衍以后方士人数之多、风气之盛,"怪迂阿谀苟合"言取悦于上的方法之怪。

② 李零:《先秦两汉文字史料中的"巫"(下)》,氏著《中国方士续考》,第48页。

③ 《秦始皇本纪》记载侯生言:"候星气者至三百人,皆良士,畏忌讳谀,不敢端言其(按:指秦始皇)过。"

④ 详参李零:《先秦两汉文字史料中的"巫"(下)》。

在秦至西汉中期以前,在知识、学术领域,他们是最为显赫的两支人群。在秦始皇周围的顾问中,这两群人甚为活跃,求仙、封禅、祭祀都少不了二者的身影,但他们的观点往往是相左的,如封禅说大约出自儒生,而神仙说则出自方士①。两拨人都以皇帝为依托,尽力媚上,方士却往往占了上风。

儒生则是战国秦汉时期以保守的操儒术为主的读书人,即所谓"文学之士",他们看不惯方士的胡诌和得宠,讥讽方士为"放诞之徒"②,说他们"怪迂"③"言神祠者弥众,然其效可睹"④,反正就是说反话,跟方士死磕⑤,秦始皇"坑儒",却是方士连累了儒生。西汉中期以后,儒生逐渐独成知识群体的主流,在政治上受到重视,方士在最高的政治舞台上消失,作为儒者的司马迁在《史记》中遂可得公开表达对方士的鄙视。这两群人的风光,恰恰映衬了巫在秦汉时期地位的卑贱。

第三节 结语

本章对秦代巫的情况做了探讨。巫在秦社会中的存在是无疑的,这方面有如云梦秦简《日书》、北大秦简等大量记载以及《封禅书》⑥的零星材料。对于简牍资料,还须思考其是否带有地域性,简牍资料大量出于故楚地,巫风之盛,或是

---

① 顾颉刚:《神仙说与方士》,氏著《秦汉的方士与儒生》,北京出版社,2016年,第20—27页。

② 《汉书》卷一〇〇《叙传》:"放诞之徒,缘间而起。"颜师古注:"谓方士言神仙之术也。"

③ 《史记》卷二八《封禅书》。

④ 《史记》卷一二《孝武本纪》:"(武帝时)方士之候祠神人,入海求蓬莱,终无有验。而公孙卿之候神者,犹以大人迹为解,无有效。天子益怠厌方士之怪迂语矣,然终羁縻弗绝,冀遇其真。自此之后,方士言祠神者弥众,然其效可睹矣。"

⑤ 《后汉书》志九《祭祀》:"元封元年,上以方士言作封禅器,以示群儒,多言不合古,于是罢诸儒不用。三月,上东上泰山,乃上石立之泰山颠。遂东巡海上,求仙人,无所见而还。四月,封泰山。恐所施用非是,乃秘其事。语在《汉书·郊祀志》。"这样儒生与方士的不合,还有多例。

⑥ 如本书屡引《封禅书》秦祭祀齐地"八神",以"巫祝"主之。

楚地特有的,其他地域可能并非都是如此。总的来说,我们不能因为秦代巫地位卑微、能直接证明他们参与祭祀的资料较少,就忽略了这个群体在祭祀中的作用。从秦代资料看,巫曾参与上层的"八神"祭祀,他们的角色,可能是作为祝官的辅助。在秦的下层社会,有大量巫存在,与历史上其他阶段一样。秦代之巫,本身是地位低下的人群,是受人鄙视的社会角色。

附录　秦地是否有"胡巫"

通过传世文献以及云梦秦简《日书》等资料可知,在秦代,巫是处于社会底层的一个技能群体,与知识群体中的儒生和方士相较,他们是社会的末流,社会地位不高,经常受到鄙视。秦代巫的活动虽然资料缺乏,更加详细的情况我们还不十分清楚,但有一个问题值得探讨:秦代是否有"胡巫",即来自北方草原的巫者呢?

提出这个问题的原因有二:一是战国后期至秦代,在秦境内生活着许多胡系人群,这些人与原来西北、华北的"戎狄",即土著不同,在他们之间,自古都有萨满、巫者的存在。二是西汉由于与北方的关系,在汉代社会中存在有"胡巫"阶层。以此前推,与北方草原族群关系同样密切的秦,是否就同样存在这样的人士呢?

本章所指秦地,是指东周至秦代以关中为中心的秦之故土。

一、汉代"胡巫"的三类资料

对于汉代"胡巫"的研究,此前已经有多项成果①。此类资料可粗分为三种,下文亦随此分类论述。

(一)"胡巫"中的"九天巫"

汉代"胡巫"中最为显赫的,当然要数九天巫。《史记·封禅书》记载,高祖在长安立九天巫祠,以祠九天,同时还有来自晋、秦、梁、荆四地之巫,所祠各不相同。《汉书·高帝纪》注引文颖曰:"巫,掌神之位次者也。范氏世仕于晋,故祠

---

① 如王子今:《西汉长安的"胡巫"》,《民族研究》1997年第5期。

祀有晋巫。范会支庶,留秦为刘氏,故有秦巫。刘氏随魏都大梁,故有梁巫。后徙丰,丰属荆,故有荆巫也。"其中不提九天巫,可见所谓的九天巫并非中原系统。武帝时又在建章宫旁立神明台,《汉书·郊祀志》颜师古注引《汉宫阙疏》云:"神明台高五十丈,上有九室,恒置九天道士百人。"所谓"道士",有学者已经指出,其实就是巫①,神明台是用九天巫来祭祀九天的。

按照《史记·孝武本纪》《汉书·武帝纪》记载,柏梁台是武帝元鼎二年(前115)前所起,元封六年(前105)年冬即遭火灾。为此,武帝听从了方士的建议,造建章宫和神明台。所遵从的是越人之俗,即"有火灾,复起屋必以大,用胜服之"②,用在原地盖更大的屋子去制邪消灾,这自然有巫术的意义,所以在起建章宫的同时,又"立神明台、井干楼,高五十丈,辇道相属焉",其遗址据说在今西安西郊三桥北孟村一带③。神明台上"九天道士"的作用,自然跟起建章宫一样,用以"胜服"灾祸,所通过的手段,就是祭祀九天了。

关于"九天"所指,《封禅书》之《索隐》云:

> 《孝武本纪》云"立九天庙于甘泉"。《三辅故事》云"胡巫事九天于神明台"。《淮南子》云"中央曰钧天④,东方曰苍天,东北旻天,北方玄天,西北幽天,西方皓天,西南朱天,南方炎天,东南阳天"也。

《正义》则作:

> (扬雄)《太玄经》云"一中天,二羡天,三从天,四更天,五晬天,六廓天,七咸天,八沉天,九成天"也。

今本《武帝纪》无立九天庙于甘泉一事,因汉之甘泉宫就在今陕西淳化,而神明台在长安城中,在甘泉与长安城中,都有祭祀九天之祠。如有的学者所指出的,汉初高祖于长安城中立祠九天巫的时间,要早于武帝立神明台⑤,故建章宫

---

① 谢剑:《匈奴宗教信仰及其流变》,《"中央研究院"历史语言研究所集刊》第42本第4分册,1971年,第571—614页。
② 《史记》卷二八《封禅书》《汉书》卷二五《郊祀志》。
③ 何清谷:《三辅黄图校注》,三秦出版社,1995年,第170—171页。
④ 钧天即把天分为九块后的中间的部分。张衡《西京赋》云:"昔者天帝悦传秦缪公而观之,飨以钧天广乐。帝有醉焉,乃为金策,锡用此土,而翦诸鹑首。"引自[明]董说:《七国考》,上引中华书局版,第228页。
⑤ 王子今:《西汉长安的"胡巫"》,《民族研究》1997年第5期。

旁的神明台,应是受更早高祖时期已经存在的九天巫祭祀的影响。值得注意的是,不仅甘泉有九天庙,就是武帝起建章宫、立神明台的决定,都是在甘泉宫做出的。

"胡巫"所祀之九天,应系匈奴即"胡"之神灵,中原也有九天之概念。《后汉书·皇甫嵩朱俊列传》注:

《孙子兵法》曰:"善守者藏于九地之下,善攻者动于九天之上。"
《玄女三宫战法》曰:"行兵之道,天地之宝。九天九地,各有表里。九天之上,六甲子也。九地之下,六癸酉也。子能顺之,万全可保。"

汉地之九天,与匈奴九天存在密切关系。匈奴人也崇拜天,其单于称作撑犁孤涂,意即天子①。九天乃匈奴之崇拜对象,按照谢剑的论证,九天是九层天的意思,曾广泛流行于欧亚草原的游牧族群中间。其与《离骚》《九歌》②《淮南子》③《太玄经》④《新书·耳痹》⑤等中原文献所记的汉地的九天属不同的系统⑥。饶宗颐先生则以二者为一。他指出,楚帛书中的九天,就是《离骚》中"指九天以为正"的九天,战国时期,"九天"之名已经出现,汉、胡同有祭祀九天之俗,九天形象在汉铜镜图像中常见,东方朔《海内十洲记》有禹"祠上帝于(钟山)北阿,归大功于九天"之说⑦,都是汉、胡同祀九天的证据⑧。

按:东方朔《海内十洲记》所说钟山,在弱水之北,相传是"天地君"生活的地方,在其北侧祠上帝,按其位置来看,主者或是胡巫。九天,指的就是天而已,但仔细考虑,战国时代中原与胡地同祠九天,但还是有别的:中原之九天,指的是九个方位之天;胡地之九天,则指的是九层天。无论哪种看法,由九天祭祀可知,汉朝京畿地区有九天巫即"胡巫"存在,应是无疑的。

---

① 《汉书·匈奴传》。
② 凡《楚辞》之"九天",见于[宋]洪兴祖撰,黄灵庚点校:《楚辞补注》,上海古籍出版社,2015年,第10、第108、第129等页。
③ 《史记》卷二八《封禅书》之《索隐》引。
④ 《史记》卷二八《封禅书》之《正义》引。
⑤ [汉]贾谊撰,周振益、钟夏校注:《新书校注》,中华书局,2000年,第270页。
⑥ 谢剑:《匈奴宗教信仰及其流变》。
⑦ [汉]东方朔:《海内十洲记》,文渊阁《四库全书》本,第13页。
⑧ 饶宗颐:《历史家对萨蛮主义应重新作反思与检讨——"巫"的新认识》。

(二)汉境内的北方系神祠应有"胡巫"存在

汉代继承了秦代神灵系统包容性强的特点,对于异族的神灵,例如匈奴、越人的神灵,也在境内加以祭祀,这既是政治上的一种怀柔政策,也是文化上融合、包容的表现。这些神祠分布在汉疆域的北部云阳甘泉(今陕西淳化)、北地郡的朝那(今宁夏固原附近)等地。

《汉书·地理志》记载,云阳有休屠祠、径路祠、金人祠三所,越巫祐(辜)鄜(禳)祠三所;朝那有端旬祠十五所及湫渊祠。

前四种祠都在云阳甘泉。休屠祠,应是祭祀匈奴休屠王的,金人是匈奴的祭天偶像,二祠之立,当在武帝时破河西匈奴、浑邪王杀休屠王降汉之后①。径路为宝刀之名,或是兵神,与休屠、金人祠一样,都与匈奴有关。越巫祐(辜)鄜(禳)祠三所,立于灭越之后,所祠为越人的天神上帝百鬼②。

甘泉与匈奴关系密切,从文物方面也可以得到反映。例如淳化县博物馆所藏西汉带饰,构图为鹰兽争羊,这是匈奴等北方族群常见之物,出土于甘泉宫南侧润镇西坡村。同样的铜带饰,还有铜川枣庙 M25 出土的一件,年代也在西汉时期③。枣庙地方接近战国晚期至西汉的漆垣县,属于上郡最南的一个县。淳化与铜川枣庙发现匈奴风格的文物,理论上,我们不难把这些地区与秦甘泉宫、直道以及更东面的上郡通道联系起来,也应该与本地早年与匈奴的密切关系联系起来考虑。

后二端旬、湫渊祠都在朝那。端旬即颛顼,一县之中有颛顼祠十五所,殊可注意。湫渊在今固原东南郊东海子。湫渊与十五所颛顼祠同处一地,在惠文王时代曾在此进行过隆重的祭祀,所留即诅楚文中的"祭湫渊文"。秦代湫渊神已

---

① 《史记》卷一一〇《匈奴列传》记载,元狩二年(前121):"其明年春,汉使骠骑将军去病将万骑出陇西,过焉支山千余里,击匈奴,得胡首虏(骑)万八千余级,破得休屠王祭天金人……其秋,单于怒浑邪王、休屠王居西方为汉所杀虏数万人,欲召诛之。浑邪王与休屠王恐,谋降汉,汉使骠骑将军往迎之。浑邪王杀休屠王,并将其众降汉。凡四万余人,号十万。"

② 《史记》卷一二《孝武本纪》:"是时既灭南越,越人勇之乃言'越人俗信鬼,而其祠皆见鬼,数有效。昔东瓯王敬鬼,寿至百六十岁。后世谩怠,故衰耗'。乃令越巫立越祝祠,安台无坛,亦祠天神上帝百鬼,而以鸡卜。上信之,越祠鸡卜始用焉。"

③ 陕西省考古研究所:《陕西铜川枣庙秦墓发掘简报》,《考古与文物》1986年第2期,图四:17。

属名川之列,汉代继续加以祭祀①。

图30　淳化县博物馆藏西汉铜带饰

(三)汉代社会的其他"胡巫"

"胡巫"作为北方草原游牧民族中的巫者,在社会中角色重要、历史悠久,有学者甚至认为,类似阴山岩画那样的遗存,至少有一部分是胡巫的作品②。文献中有许多汉代"胡巫"的记载,有学者已有梳理③。如《汉书·西域传》:

> 匈奴缚马前后足,置城下,驰言"秦人,我匄若马"。
>
> 闻汉军当来,匈奴使巫埋羊牛所出诸道及水上以诅军。单于遗天子马裘,常使巫祝之。缚马者,诅军事也。

按:此匈奴巫就是"胡巫"。又《汉书·匈奴传》:

> 贰师在匈奴岁余,卫律害其宠,会母阏氏病,律饬胡巫言先单于怒,曰:"胡攻时祠兵,常言得贰师以社,今何故不用?"于是收贰师,贰师(怒)[骂]曰:"我死必灭匈奴!"遂屠贰师以祠。会连雨雪数月,畜产死,人民疫病,谷稼不孰,单于恐,为贰师立祠室。

这些都是匈奴等"胡"系人群有巫的证据。"胡巫"进入中原,有学者甚至上推到西周时期,例如周原发现的蚌雕胡人像④。在汉代,"胡巫"也曾活跃于政治

---

① 《史记》卷二八《封禅书》记载,秦代湫渊为华西名川,汉代之证如文帝前元十三年(前167)"河、湫、汉水加玉各二",湫,《正义》云湫泉,即湫渊。

② 盖山林:《巫·胡巫·阴山岩画作者》,《内蒙古师院学报》1982年第4期。

③ 王子今:《西汉长安的"胡巫"》。

④ 尹盛平:《西周蚌雕人头像种族探索》;陈全方:《周原与周文化》,上海人民出版社,1988年,第189页图3,图版第20页。

舞台,汉代巫蛊之祸,也与胡巫有很大关系。如《汉书·江充传》记载:

> 充将胡巫掘地求偶人,捕蛊及夜祠,视鬼,染污令有处,辄收捕验治,烧铁钳灼,强服之。民转相诬以巫蛊,吏辄劾以大逆亡道,坐而死者前后数万人。

注引张晏曰:"充捕巫蛊及夜祭祠祝诅者,令胡巫视鬼,诈以酒酹地,令有处也。"颜师古自注:"捕夜祠及视鬼之人,而充遣巫污染地上,为祠祭之处,以诬其人也。"

又,《汉书·武五子传》记载,武帝时江充因巫蛊得罪武帝,"乃斩充以徇,炙胡巫上林中"。颜师古注:"胡巫受充意指,妄作蛊状,太子特忿,且欲得其情实,故以火炙之,令毒痛耳。"

这里的"胡巫"与九天巫一样,都曾到达汉朝权力的顶层,作用重要,地位却并不高,一旦有祸,下场就很凄惨。

二、秦与"胡巫"的关系

(一)高帝承秦"胡巫"之传统立"九天巫"

西汉甘泉宫有休屠祠、径路祠、金人祠、越巫帖(辜)礿(禳)等祠,这些神祠与匈奴、越人有关。甘泉位于子午岭南侧、九嵕山之西北,距离长安的直线距离只有80公里,属于关中平原北侧的黄土台塬地带,南、东、北山岭草木茂盛,西侧是舒展广阔的塬区,宜农宜牧,夏季气候凉爽。在汉有甘泉宫,早年的秦则有林光宫,是汉代政治中心和避暑之地。

其中的金人祠,上引《汉书·匈奴传》注引孟康曰:"匈奴祭天处本在云阳甘泉山下,秦击夺其地,后徙之休屠王右地,故休屠有祭天金人象也。"按:云阳甘泉一带,在战国后期昭襄王三十六年(前271)秦灭义渠之前,只能属于义渠(义渠与匈奴的关系见下文论述),所以早年在甘泉以金人祭天的,应是义渠。匈奴休屠部,李零推测可能是义渠西迁后的一支,二者的关系犹如中山与鲜虞①。按此则汉在此设休屠祠,是因为这里本就是休屠旧地;设立金人祠,也是因为早年活动于此的义渠,本就有以金人祭天的习俗,武帝时代不过是复其旧俗而已。由此可知,甘泉以金人祭天,可以上推到战国时代的义渠,并与秦有关。秦灭义渠,

---

① 李零:《秦汉礼仪中的宗教》,收入氏著《中国方术续考》。

致使义渠族众分裂,一部分后来到了休屠王右地;还有一部分留在当地,秦设义渠道管理之①。义渠祭天,以后来河西休屠部祭天情况前推,也应由"胡巫"主之。

至于朝那县的颛顼、湫渊祭祀的来源,可以肯定与北方"胡"系人群有关。

朝那自春秋以来,一直是戎人活动的地方。《史记·匈奴列传》之《正义》引《括地志》云:"乌氏故城在泾州安定县东三十里。周之故地,后入戎,秦惠王取之,置乌氏县也。"朝那、乌氏两县相邻,都在今甘肃平凉至宁夏固原之间,所以朝那境内的这支戎人,很可能也是"西戎八国"的乌氏之戎。

《地理志》明确记载颛顼祠所主者为"胡巫",证明祭祀的神灵属于"胡"系人群。按:秦汉之际,刘邦立黑帝祠祭祀颛顼,完成了秦之"四帝"向"五帝"的过度,其祠在雍,故朝那的十五所颛顼祠,所祭对象必非上帝,应是作为历史人物即秦人祖先的颛顼。但汉人灭秦,也不会去崇拜秦之祖先,祭祀颛顼只能是接续了本地的传统。此处的颛顼崇拜,来源若非是秦移民至此带来的,就是秦人在灭乌氏之后把颛顼崇拜传播入戎的结果。至于湫渊,可能本来就是乌氏之戎的神灵,秦、汉为怀绥而继续祭祀而已。

综上,金人、颛顼、湫渊之祠,都可以上推到战国之秦。还有如下证据可进一步证明,在本地存在"胡巫"。秦所用来主祠以上神灵的,恐怕就是本地的胡巫。

按:汉初高祖立九天神祠,以"胡巫"九天巫主之,时间在高祖六年(前201)。高祖所立九天祠,与晋、楚等地之巫一样,九天巫的来源,必是汉境内行政命令可以到达、中央可调动的地区;从人群来说,也不可能是境外的匈奴,或者更遥远的欧亚草原,而应是来自汉朝境内的"胡"系人群。考察汉初的历史形势,汉初"胡"系人群的生活地,不出西北的边疆地带,即汉之上郡、北地、陇西三郡,主要在今陕西的榆林、内蒙古鄂尔多斯以及宁夏南部固原、甘肃东部平凉、庆阳、天水地区。

庆阳附近为义渠之核心地,在昭王三十五年(前272)归秦②;固原、平凉一带

---

① 张家山汉简《二年律令》记载,汉初有义渠道,《汉书·地理志》记载,义渠道上属北地郡。汉之义渠道无疑因袭自秦。秦设义渠道的年代,就在灭义渠之后。参《张家山汉墓竹简(二四七号墓)》(释文修订本),第73页。

② 《史记》卷一一○《匈奴列传》。

本乌氏之地,在惠王时代归秦;天水属陇西郡,至迟在秦灭义渠的那一年全部归秦。在灭义渠之后,秦在三郡北侧修筑长城,为秦、匈奴之界,此即秦昭王长城,也叫战国秦长城。秦始皇三十二年(前215),蒙恬将众逐匈奴出赵、秦长城之外的"河南地",直至阴山(今乌拉山)以北,沿榆中(今兰州附近)到阴山临河筑四十四县城,并在阳山(今乌拉山北侧之阴山)上修筑长城,此即著名的秦始皇"万里长城"。秦末中原内乱,匈奴又重新南下夺回"河南地",继秦而起的汉,遂与匈奴重新界于赵、秦长城(即"故塞"),汉初实力不济,匈奴屡入边塞为祸①。证之以张家山汉简,从昭襄王三十五年开始,一直到武帝元朔二年(前127)卫青出击匈奴汉朝重夺"河南地"②,上文所言榆林、鄂尔多斯、平凉、庆阳、固原、天水地区,一直是秦汉王朝的西北边疆。

从秦灭义渠到高帝六年(前201),在这一地区生活的"胡",即乌氏、义渠甚或楼烦等匈奴别部,他们是战国后期被秦征服的人群,并非汉代新添的域外人众。《新书·匈奴》记载贾谊之言:"窃闻匈奴当今遂羸,此其示武昧利之时也。而建隆、义梁、东胡诸国又颇来降。"③其中提到,此时有义渠、东胡之类来降服于汉。但这则资料的年代在文帝时代(前179—前157),比高祖六年(前201)晚了三十年以上。更多的资料还不曾见到,再说高祖六年之时也不具备使"胡"归顺的历史条件,此时的汉灭楚而初定天下,汉朝的北方边界只能承秦之旧,西北与匈奴等界于"故塞"——战国秦昭襄王长城和赵阴山长城(即阴山南侧的赵北长城),向东则以秦始皇长城为界。这些人群,与欧亚草原民族一样,具有悠久的神灵崇拜传统,萨满、巫者之术流行④。以理度之,高祖六年所召之九天巫,应即来自于这样的"胡"系人群,他们原来的职业,应就是主持金人、颛顼、湫渊祭祀类似的活动。在南侧的"华夏"或"汉人"社会中,除非统治者征召,是没有他们生存的土壤,早期的金人祠、颛顼、湫苑之祠都集中分布在北方,与上述乌氏等族的聚居地重合,就是个证明。

除了鄂尔多斯的匈奴别部楼烦,乌氏、义渠、绵诸等人群,虽然在战国以后统

---

① 参《史记》之《秦始皇本纪》《匈奴列传》等文献。
② 《史记·匈奴列传》。
③ [汉]贾谊撰,周振益、钟夏校注:《新书校注》,第134页。
④ 谢剑:《匈奴宗教信仰及其流变》。

称"西戎",但却与邽、冀等别的"西戎"分支来源不同,他们属于南下的"胡",而非本地旧有之土著。"胡"系之"戎"的生业类型与此前戎人的混合经济不同,以游牧为主①;人种也与旧有的"戎"有所差异,而与匈奴同系②。这些人群至迟在春秋中晚期已经生活于西北、内蒙古中南部,以及华北北部等更为广阔的地区③,在战国后期秦灭义渠之后,他们中的部分人成为了秦之属民。刘邦所召之"胡巫",就出自这些人群。算起来,从秦灭义渠至高帝召九天巫,时间已越七十年!本地的"胡巫"传统,时间也当是很久长的。

(二)秦之"金人"应承北方偶像崇拜之影响并或以"胡巫"主之

上文提到汉代甘泉有匈奴祭天金人祠,来源可能是战国时期秦境内的义渠。更早的秦,也有金人的记载,并应是受北方草原地带偶像崇拜之影响而产生。

本书"赫赫上帝——秦人的上帝祭祀"章已经提及,李零先生曾梳理文献中七处金人的记载,还有武帝所立"泰一"祠,应也有金人偶像存在,文献中的金人记录,或可增此一条。其中的秦昭王金人、秦始皇十二金人,都是秦有金人的确证。

在秦昭王金人故事中,金人既命昭王"制有西夏",又被立曲水祠祭祀,则金人明显是个神灵。考古发现中的例证也可证明,这类金人,大约都是偶像,即作为神像而存在,如李零所辑录的牛河梁红山文神像、三星堆"金人"、汉昆明池牛郎织女像、都江堰李冰像等④。由此推测,秦始皇十二金人,也当是神像,并非为别的目的而作。

秦昭王金人、秦始皇十二金人,既来自于北方草原地带,就不能绝对排除"胡巫"参与祠祀的可能。

---

① 固原一带的考古资料很多,例如罗丰:《固原青铜文化初论》,《考古》1990年第8期。庆阳的资料有:刘得祯、许俊臣:《甘肃庆阳春秋战国墓葬的清理》,《考古》1988年第5期;庆阳地区博物馆、庆阳县博物馆:《甘肃庆阳城北发现战国时期葬马坑》,《考古》1988年第9期。

② 韩康信:《宁夏彭堡于家庄墓地人骨种系特点之研究》,《考古学报》1995年第1期;宁夏文物考古研究所、彭阳县文物管理所:《王大户与九龙山——北方青铜文化墓地》,文物出版社,2016年。

③ 张全超:《内蒙古和林格尔县新店子墓地人骨研究》,吉林大学2005年博士论文。

④ 李零:《秦汉礼仪中的宗教》,收入氏著《中国方术续考》。

三、结语

中原与欧亚草原地区的交往由来已久，其中包括信仰、巫者之来往。北方的宗教信仰对中原的影响，作为有异质的"胡巫"的南下，是一个重要的方面。汉代"胡巫"存在的证据，有九天巫、"巫蛊之祸"等那样明确的记载。对于更早的战国时期的秦，是否有"胡巫"存在于秦社会，也是一个饶有兴趣的话题。提出这个问题，即是因为与汉朝初年一样，在秦的北方地带，从春秋中后期以来，就生活着大量"胡"系人群；还有一个重要原因，北方文化因素——包括信仰方面对秦的影响，也不是了无踪迹可寻，例如著名的秦始皇十二金人，就激发着笔者对汉以前"胡巫"的思考。

汉初高帝六年召九天巫祭九天，是本节论证的一个重要支点。此时汉朝在北方地区的政治和族群格局，可以上推到战国后期秦灭义渠之时。高帝所召之"胡巫"，来源应是秦汉王朝境内的"胡"系人群，而不是境外，因为此时汉朝的"胡"系人群，乃承秦之旧，并无格局、成分上大的变化。以此推测更早时期，在秦社会中，已经有了"胡巫"的存在。秦之祭祀与北方欧亚草原的交往，因此至迟在战国时期已经发生，或许《史记·封禅书》《汉书·郊祀志》所记秦始皇所求之羡门高之流，并非如旧注所认为的，是方仙道中的仙人，而应如李约瑟、陶磊所认为的羡门就是萨满，即来自北方草原的巫者[①]。这是研究秦之祭祀不能忽视的一个方面。

---

① 二人之说俱见陶磊：《从巫术到数术——上古信仰的历史嬗变》，第162页。

第七章 《山海经》与秦的关系探索

第一节 序言

虽然许多人认识到,《山海经》一书是当时知识背景和认识水平的产物,但对于今人,甚至当时的人群,《山海经》仍是一部神奇、富有个性的书,这与作者的身份有很大关系,也绕不开战国秦汉间的思想潮流和政治背景。许多学者认为《山海经》并非一时被编连成书的,年代也跨越战国、秦汉较长的历史时期,理论上《山海经》与秦产生瓜葛,就是十分正常的。可是,对于这一重要的问题,学界历来缺乏研究。其实,早在元代,吾衍就指出《山海经》既言神怪,又不避讳"正"字,故作者当是秦时方士①。清代毕沅认为,《五藏山经》乃禹、益所作,《大荒经》以下五篇为刘歆所增,而《海外经》四篇和《海内经》四篇,为"周秦人所述也"②。现代学者顾颉刚指出,《海内东经》附录的二十六条水道记录,"满纸都是秦汉地名,明是秦、汉间人所作水道记"③;而《山经》,则是"西方之人所作"④。谭其骧也认为此书成书于战国秦汉,但不排除资料早出⑤,其中的《山经》五篇,

---

① [元]吾衍:《闲居录》,文渊阁《四库全书》子部十杂家类三,第17页。
② [清]毕沅:《山海经新校正》序,上海古籍出版社影印光绪浙江书局《二十二子》本,1986年,第1334—1335页。
③ 顾颉刚:《古代地理研究讲义》,原载1928年12月5日《"国立"中山大学语言历史研究所周刊》第五辑,收入氏著《顾颉刚古史论文集》,中华书局,2011年,第1—32页。
④ 顾颉刚:《四岳与五岳》,氏著《史林杂识初编》,第34—45页。
⑤ 谭其骧:《〈山海经〉简介》,氏著《长水集续编》,人民出版社,1994年,第370—372页。

应作于秦代①。周振鹤更申顾说,认为附录就是属于秦代"水经"②。

刘宗迪对《山海经》做了新的深入研究,观点值得重视。他认为,《山经》五篇本属地理博物著作,后面的《海外经》《大荒经》(包括最后一篇《海内经》)是解释古月令图的文字,但属于误读。两部分本不连属,性质也不相同。另外的《山经》之后的《海内经》四篇,本来只有一篇,秦代学者把当时的地理博物知识杂乱无章地塞进其中,并将之由原来的一篇割裂为四篇(不是《大荒经》后的《海内经》一篇),加上原来只有的《海外经》四篇、《大荒经》四篇,以及《大荒经》之后的《海内经》一篇,就形成了刘向领校群书时十三篇的《山海经》;刘向子刘歆,又把《山经》编入,形成了十八篇的《山海经》流传至今。按刘宗迪所说,《海内经》四篇也与秦有关③。

在上述学者中,吾、周、刘都明确肯定了《山海经》与秦的关系,而被一些学者认为是《山海经》作者的方士,在秦始皇时代又极为活跃,并影响了秦的祭祀,这迫使我们去研究,以求《山海经》与秦关系的真相。现在,笔者可以找到更多的证据,来证明现本十八篇《山海经》即刘歆所校本与秦的密切关系。对于研究秦之思想史、学术史以及政治史,这都是一个极为重要的视角。对于研究秦的祭祀制度,也是一个十分重要的背景。

第二节　《山海经》的性质与作者

在论述之前,有必要重新认识一下《山海经》这部书。

《汉书·艺文志》著录《山海经》十三篇,刘歆《上〈山海经〉表》④记校书之前所得为三十二篇,校后定为十八篇,今本亦作十八篇,记有《山经》五篇、《海外

---

① 谭其骧:《论〈五藏山经〉的地域范围》,氏著《长水集续编》,第373—413页。
② 周振鹤:《被忽视了的秦代〈水经〉——略论〈山海经·海内东经·附篇〉的写作年代》,氏著《周振鹤自选集》,广西师范大学出版社,1999年,第155—162页。
③ 刘宗迪:《〈山海经〉古本流变考》,氏著《失落的天书——〈山海经〉与古代华夏世界观》(增订本),商务印书馆,2016年,第653—707页。
④ [汉]刘秀:《上山海经表》,引自袁珂:《山海经叙录》,氏著《山海经校注》(增补修订本),第540—541页。

经》四篇、《海内经》四篇、《大荒经》四篇及《海内经》一篇①,此即刘歆整理定著的十八篇《山海经》。《山海经》的最终成书虽在汉代,但主要内容的形成,可以上推到先秦时期。《山海经》全书内容庞杂,自然方面包涵山、川、泽、林、野、动物、植物、矿物、天象,人文方面包涵邦国、民族、民俗、物产、信仰、服饰、疾病医药以及古帝王世系、葬地和发明制作,可以说是无所不包②。

《山海经》的作者,最早被认为是大禹,司马迁在《史记·大宛列传》里提到了《山经》,语气中已经透露出与禹相关的意思来,可能当时已经相传是禹所作了。刘歆《上〈山海经〉表》、王充《论衡》、赵晔《吴越春秋》、郭璞《山海经序》都认为乃禹所作③。后来此说逐渐被怀疑,因为书中有后代的内容。北齐颜之推《颜氏家训·书证》认为文中有长沙、零陵、桂阳,都是后人羼入的。宋晁公武《郡斋读书志》跋《山海经》、清郝懿行《山海经笺疏叙》也有类似看法。明代学者如胡应麟等认为,此书非禹所作,而是用来解释图的文字。按《山海图》,晋陶潜诗有"流观《山海图》",阮孝绪《七录》有张僧繇《山海图》,可知明人之说,并非无据④。刘宗迪进一步认为,只有《大荒经》《海外经》是解释古图的文字,而《海内经》四篇则基本与图无关,属于秦代人分拆原来只有一篇的《海内经》为四篇而成。至于《山经》,则属古代地理博物著作,本与《山海经》无关,至于西汉后期刘歆校书,才被编入《山海经》⑤。

许多证据表明,《山海经》非如刘秀(歆)《上〈山海经〉表》、王充《论衡》、赵晔《吴越春秋》所云,出于唐虞之际,为伯益佐禹"类物善恶"所作;也非《颜氏家

---

① 按:今通行本《山海经》篇目如下:南山经第一、西山经第二、北山经第三、东山经第四、中山经第五(以上五篇今通称《山经》或"五藏山经")、海外南经第六、海外西经第七、海外北经第八、海外东经第九、海内南经第十、海内西经第十一、海内北经第十二、海内东经第十三、大荒东经第十四、大荒南经第十五、大荒西经第十六、大荒北经第十七、海内经第十八(以上十三篇今通称《海经》)。

② 谭其骧:《〈山海经〉简介》。

③ [清]郝懿行:《山海经笺疏叙》,[清]郝懿行撰,栾保群点校:《山海经笺疏》,中华书局,2019年,第11—14页。

④ 郑德坤:《〈山海经〉及其神话》,氏著《郑德坤古史论集选》,商务印书馆,2007年,第85—107页。

⑤ 刘宗迪:《失落的天书——〈山海经〉与古代华夏世界观》(增订本)第六章《天书之晦:〈海经〉作者对月令古图的误解》,第287—321页。

训·书证》、郝懿行《山海经笺疏叙》认为,乃禹书而有后人羼入之内容。如郝氏举《海外南经》有文王葬所、《海外西经》称启为"夏后",故"明非禹书"①。现在看来,《山海经》内容各成其篇的时代,就在战国后期至西汉前中期,后来被刘氏父子整理成书,篇章并不成于一时。司马迁既然见到《山经》,则其书之成,当不晚于司马迁所在的时代即西汉中期。

问题是,《山海经》的作者身份是什么?是巫者、方士,还是刘宗迪所认为的与稷下学者有关②?抑或别的什么人?

对《山海经》一书的性质,观点也不止一种。古代学者有归为地理类的③,有归为数术形法家的④,有归为五行家的,或归于小说家⑤,现代学者则说法很多,如地理博物志、历史书、巫书,等等,这反映了《山海经》面目的多元。或许郑德坤先生的看法是合理的:"不敢言《山海经》,这是儒家正统派的遗毒,当然是错。把它看作实用地理书,也不全对。把它视作小说,去其性质还远。"⑥在上述说法中,有二说曾经最为流行:一为地理志说,一为巫书说,下略为辨陈。

一、地理志

《山海经》所指地域,以"山经"为主干,书中称"五藏山经",表明是内地,是华夏的地方;其次是"海经",即《海外》四经、《海内》四经,所指的是不在华夏范围内的蛮夷之地,较近的是"海内",较远的是"海外";所言地域周边,再次为"荒经",指的是更远的地方;"大荒"则是极远之地⑦。侯仁之、陈桥驿等学者认为,《山经》是《山海经》成书最早的部分,大约在战国时代,其中叙述了华夏之地的山川形势、道里、物产,地理特征十分突出。此点从东汉始被重视,到了于志宁、

---

① [清]郝懿行:《山海经笺疏叙》。
② 刘宗迪:《失落的天书——〈山海经〉与古代华夏世界观》(增订本)第十二章《〈山海经〉与战国稷下学术》,第581—637页。
③ 《隋书·经籍志》,中华书局,1997年。
④ 《汉书》卷三十《艺文志》。
⑤ 《四库全书》子部杂家类。以上诸说参陈连山:《〈山海经〉"巫书"说批判——重申〈山海经〉为原始地理志》,《民间文化论坛》2010年第2期。
⑥ 郑德坤:《〈山海经〉及其神话》。
⑦ 谭其骧:《〈山海经〉简介》。

李淳风修《隋书·地理志》,就被与《水经》《三辅黄图》并列入地理类,取得了地理书的身份。不过,陈桥驿认为,对其中山川位置及道里、动植物等,也不应过分计较,毕竟当时人地理知识是有限的,有许多道听途说和想象的成分,所以应抱着一定的"不求甚解"的心态去看《山经》,不必太过拘泥①。

从司马迁、刘歆②、王充开始,到清代学者毕沅③、吴承志、郝懿行,一直到现代顾颉刚、谭其骧等许多学者,都把《山海经》看作一部地理著作④。从整体看,《山海经》特别是《山经》,记录山川及相关物产神灵,具有十分明显的地理志性质。刘宗迪把《山海经》分为两个部分,认为《山经》本属地理博物著作,可能本名《山志》而不叫《山经》,一如其文中所反映的那样;《海经》则为解释图画之文字,并有所添油加醋的形法家著作,图的性质则属《月令》。前者《山经》本是独立的地理著作,与古本《山海经》本不相干,至刘歆才把其与《海经》合在一起,成了现在十八篇的样子⑤。

总的看来,《山海经》有地理志的性质,大约是不可否认的。

问题是,与纯粹的地理著作《禹贡》等比较起来,《山经》却有明显的神怪之气:《禹贡》只记九州之山川、土壤、物产,其中并无神灵及祭祀方式。可见,若说《山经》属于地理著作,也与《禹贡》不同,二者应是不同身份的人士言"地理"之书。笔者鄙见,《禹贡》应是推崇大一统的传统儒者的著作,所以入了《尚书》成了经典;《山海经》则是方士之流言山川神灵的"图谱",与后世的堪舆风水之书类似,所以被归入形法家。

二、巫书

有学者认为,《山海经》与巫者之流关系密切,可以称为一部"巫书"⑥。

---

① 陈桥驿:《〈山海经解〉序》,《中国历史地理论丛》2003 年第 1 期。侯仁之说也据此文。
② 刘歆在《汉志》中把《山海经》归于形法家,相当于后世堪舆风水之类的东西,也属地理学的范畴。参刘宗迪:《失落的天书——〈山海经〉与古代华夏世界观》(增订本),第 290 页。
③ [清]毕沅:《山海经新校正》序。
④ 吴承志等说见郑德坤:《〈山海经〉及其神话》,此不备注。
⑤ 刘宗迪:《〈山海经〉古本流变考》。
⑥ 如袁珂:《〈山海经〉"盖古之巫书"试探》,《社会科学研究》1985 年第 12 期。

"巫书"之说,起于鲁迅,他在《中国小说史略》中言:

  《山海经》今所传十八卷,记海内外山川神祇异物及祭祀所宜,意味禹益作者固非,而谓因《楚辞》而造者亦非是;所载神祇之物多用糈(精米),与巫术合,盖古之巫书,然秦汉人亦有增益①。

至今学者多有继之。如谭其骧先生认为,《山海经》中《山经》所载山川,大概是历代巫师、方士、祠官的踏勘记录,部分偏远的地区则采自传闻;《海经》则多包含神话传说。《山海经》以"山""海"为纲领,广泛辑录巫师所记各地山川、神话、巫术,是一本"资料汇编"②。袁珂先生认为,《山海经》与巫术有关,鲁迅先生的"巫书说",还是有道理的③。

把《山海经》的作者归于地理家或巫者,各有其理。作为包含天下、国家层面的一部宏大作品,以身份、能力而论,战国秦汉间适合写作或适合网罗众人创作《山海经》的人士,无非有史、祝、巫、方士几类人,但只有方士最有可能。下文简略分论之。

史。乃商周以来国家最重要的职官之一,其所司广泛,位置显赫。史既修史、典守史册、仪典、氏姓和谱牒,也司天文历法、观象授时及时令④,还掌式法等数术,可用式盘等工具推断军队的行止,并以这些才能参与军事⑤。太史还是国君顾问,知识通达,天文地理无所不知,发布"月令"、参与祭祀,也在其职责之列⑥。

---

① 鲁迅:《中国小说史略》,人民文学出版社,1973年,第9页。
② 谭其骧:《〈山海经〉简介》。
③ 袁珂:《〈山海经〉"盖古之巫书"试探》。
④ 《国语·周语上》韦注:太史为"掌阴阳、天时、礼法之书,以相教诲者"。《国语·周语下》韦注:"(太史)掌抱天时,与太师同车,皆知天道者。"按:此太史所司与下文所引《吕氏春秋·十二纪》及《礼记·月令》同。如《月令》载:孟春之月"以立春。先立春三日,大史谒之天子曰:'某日立春,盛德在木。'天子乃齐(斋)";季冬之月"(天子)乃命太史次诸侯之列,赋之牺牲,以共皇天、上帝、社稷之飨"。参徐元诰撰,王树民、沈长云点校:《国语集解》(修订本),第12页、第83页;[汉]郑玄注,[唐]孔颖达疏:《礼记正义》,上海古籍出版社影印阮刻《十三经注疏》本第14、第17卷,1355页、第1384页。
⑤ 李零:《西周金文中的职官系统》,氏著《待兔轩文存·读史卷》,广西师范大学出版社,2011年,第127—139页。
⑥ 李宗侗(玄伯):《中国古代社会新研 历史的剖面》,第45—49页。

古代中国以农为主业,按时行事才能不误农时。这种做法可能首先起于农事,后来又扩展到对政事的干预,此即"月令"。早期的天文历算、占星候气,包括月令,都是由巫倡导并实践的,后来则由史来实施①。《史记·天官书》言:

> 昔之传天数者:高辛之前,重黎;于唐虞,羲和;有夏,昆吾;殷商,巫咸;周室,史佚、苌弘;于宋,子韦;郑则裨灶;在齐,甘公;楚,唐眜;赵,尹皋;魏,石申。

此段文字说明,占星望气、授民以时、职司"月令"等"传天数"之行为,也是巫者、史官所司。江晓原认为,这个记载以巫咸、史佚为界,前段人物具有巫的身份,后段的则多为星占学家②。笔者鄙见,鉴于史官也有此职责与能力,从这些人的职司来看,毋宁说后段之人,就是史官。其中西周初年的史佚,就是明确无误的史官③,还有周之苌弘、宋之子韦,皆有史官之身份④。占星望气,只是其职责之一。

又,《汉书·艺文志》叙数术说:

> 数术者,皆明堂羲和史卜之职也。史官之废久矣,其书既不能具,虽有其书而无其人。《易》曰:"苟非其人,道不虚行。"春秋时鲁有梓慎,郑有裨灶,晋有卜偃,宋有子韦。六国时楚有甘公,魏有石申夫。汉有唐都……

此段话也告诉我们,梓慎等占星家与"羲和史卜"同出一源,"传天数"就是他们的职责所在,数术也从此起源。数术是东周以后的叫法,《汉志》所记数术六家——天文、历谱、五行、蓍龟、杂占、形法,"月令"至少跟前三者都有关系,而"月令",正是西周以来史官的职司之一。

两周、秦汉时期,文献确实有史官司"月令"的记载,如《国语》《吕氏春秋》等书。《国语·周语上》记载西周时太史司"时令"之事:

---

① 陶磊:《从巫术到数术——上古信仰的历史嬗变》,第91页。
② 江晓原:《天文·巫咸·灵台——天文星占与古代中国的政治观念》,《自然科学史通讯》1991年第3期。
③ 《国语·周语下》韦注:"周文、武时太史尹佚也。"参徐元诰撰,王树民、沈长云点校:《国语集解》(修订本),第102页。
④ 苌弘,《艺文志》兵阴阳有《苌弘》十五篇,颜师古自注苌弘为"周史",又见下文;子韦,《后汉书·郭陈列传》注径称其为宋之"太史"。

先时九日(按指立春前九日),太史告稷(按稷为职官名)曰:"自今至于初吉,阳气俱蒸,土膏其动。弗震弗渝,脉其满眚,谷乃不殖。"稷以告王曰:"史帅阳官以命我司事曰:'距今九日,土其俱动,王其祗祓,监农不易。'"王乃使司徒咸戒公卿、百吏、庶民,司空除坛于籍,命农大夫咸戒农用①。

《吕氏春秋·十二纪》也记"太史"司"月令":

是月也,以立春。先立春三日,太史谒之天子曰:"某日立春,盛德在木。"天子乃斋。立春之日,天子亲率三公九卿诸侯大夫以迎春于东郊。还,乃赏公卿诸侯大夫于朝。命相布德和令,行庆施惠,下及兆民。庆赐遂行,无有不当。乃命太史,守典奉法,司天日月星辰之行,宿离不忒,无失经纪,以初为常。(《孟春纪》)②

是月也,以立夏。先立夏三日,太史谒之天子曰:"某日立夏,盛德在火。"天子乃斋。立夏之日,天子亲率三公九卿大夫以迎夏于南郊,还,乃行赏,封侯庆赐,无不欣说。(《孟夏纪》)③

是月也,以立秋。先立秋三日,太史谒之天子,曰:"某日立秋,盛德在金。"天子乃斋。立秋之日,天子亲率三公九卿诸侯大夫以迎秋于西郊。(《孟秋纪》)④

是月也,以立冬。先立冬三日,太史谒之天子,曰:"某日立冬,盛德在水。"天子乃斋。立冬之日,天子亲率三公九卿大夫以迎冬于北郊。(《孟冬纪》)⑤

《礼记·月令》记载抄录《吕氏春秋·十二纪》,内容与后者略似。

按《国语·周语上》所记,乃虢文公谏宣王之语,叙述的是古之籍田礼,故应是更早传统的实录,反映了史官与"月令"悠久的关系;后者《十二纪》(包括《月令》)所记太史之职,明显受阴阳五行说影响,整齐划一而有理想和设计的成分,

---

① 徐元诰撰,王树民、沈长云点校:《国语集解》(修订本),第16—17页。
② 许维遹撰,梁运华整理:《吕氏春秋集释》,第3—4页。
③ 许维遹撰,梁运华整理:《吕氏春秋集释》,第70—71页。
④ 许维遹撰,梁运华整理:《吕氏春秋集释》,第131页。
⑤ 许维遹撰,梁运华整理:《吕氏春秋集释》,第186页。

其作者也当是保守的"儒生"①,即儒家学者,反映了战国秦汉时期月令思想在儒家一派中的流行。

史官既司史事,又掌天文历法等而通"天道",自然也知神灵鬼怪,如秦文公问史官而立上帝祠、《国语·晋语二》记载虢公梦蓐收神而问太史嚚之事,都是证明。又,周灵王、敬王时有史官苌弘,《史记·管蔡世家》记载:

> (蔡昭侯)十三年春,与卫灵公会邵陵。蔡侯私于周苌弘以求长于卫;卫使史䲡言康叔之功德,乃长卫。

《集解》引服虔曰:"载书使蔡在卫上。"就是把蔡在载书中列于卫上,虽然目的没有达到,还是表明了苌弘的史官身份。又,《封禅书》记载苌弘故事:

> 诸侯莫朝周,周力少,苌弘乃明鬼神事,设射狸首。狸首者,诸侯之不来者。依物怪欲以致诸侯。诸侯不从,而晋人执杀苌弘。周人之言方怪者自苌弘。

苌弘"明鬼神事",即以鬼神为借口欲使诸侯朝周,即班固所言数术中"牵于禁忌,泥于小数,舍人事而任鬼神"②者,并非谈天道等大事,所以不为司马迁所欣赏,这应是东周以来的观念而司马迁继之。不谈"天道"、把数术玩"小"了的,除了苌弘那样假借神明之名乱为政事的史官,应该多是巫者、方士之流了。

"月令"起源很早,到了战国后期,儒者又把阴阳五行说引入到"月令"之中,形成了《十二纪》《月令》那样庞大、整齐划一的系统。《汉书·艺文志》记载,"儒家者流,盖出于司徒之官,助人君顺阴阳、明教化者也",如何行"阴阳教化",无非是把阴阳五行说与古"月令"思想结合起来。儒家是否出于司徒之官笔者此处不敢遽断,但儒家与"阴阳教化"的关系则可肯定。《十二纪》《月令》本是在明堂之礼的基础上扩大形成的,如清汪中说:"《十二纪》发明明堂礼,则明堂阴阳之学。"③《汉书·艺文志》六艺下有礼书十三家,五百五十五篇,其中有《明堂阴阳记》三十三篇,注云"古明堂之遗事";还有《明堂阴阳说》五篇。在《礼记》中,除了《月令》,还有《明堂位》,以及《大戴礼记》的《盛德》篇,所言都与古明堂

---

① "儒生"为儒家学者,《史记》《汉书》屡见。
② 《汉书》卷三十《艺文志》阴阳家叙语。
③ [清]汪中撰,戴庆钰、涂小马校点:《述学》,辽宁教育出版社,2000年,第94—95页。

之礼有关①。《艺文志》出于刘歆《七略》而本于刘向《别录》,《别录》中本把《礼记》之《月令》《明堂位》都归于《明堂阴阳记》②。可见,《月令》本就属明堂礼,都是把阴阳说与明堂说结合而形成,这个结合应是由儒者完成的。

《月令》性质既明,其上源《十二纪》也为礼家作品,应无可疑,它的作者与《明堂阴阳》那样的礼书一样,都属儒者,性质也相类似。顾颉刚就指出,《十二纪》是秦国礼家的作品:

> 这《十二纪》是把十二月的天象、地文、神道、祭祀、数目、声律、臭味、颜色、政事、禁忌……一切按五行方式分配的,和汉人的《洪范五行传》相同。自邹衍"睹有国者益淫侈,不能尚德",思纳之于轨物之中,"乃深观阴阳消息"而倡导阴阳五行说,使得无论什么事情都得到它的固定的秩序。适值战国之末,一二强国有了统一天下的趋势,一班学者忙着制礼作乐,豫备统一后的设施,便接受了整个阴阳五行说,拿了它的方式来制造制度,于是有《十二纪》中的齐齐整整的一大套③。

儒家还把"月令"的历史往上追溯,一直到了尧时。《尚书·尧典》记载尧命羲和观测天象,乃得"钦若昊天,敬授民时"(上述巫者、占星家、史家皆与羲和有源流关系)。《吕氏春秋·十二纪》所记"月令"思想,与《尚书·尧典》《礼记·月令》一以贯之,其中原因,也有作者、整理者都是儒者的缘故。

儒者认为"月令"为史官所掌管,考察上引《国语·周语上》等情况,可知儒者之说,是符合历史实际的。儒者推崇史官,与史官密切相关的"月令"类文献,就不会是儒生的"对手"方士所作。刘宗迪曾认为《十二纪》为入秦的邹子之徒所作,也不恰当。更确切地说,其作者应是自东而秦的儒者。

战国后期到秦汉之间,儒者与方士由于政治地位、主张的差异,二者都曾显赫,但却经常处于对立状态。儒生通"六艺",知晓天文地理、好古而常被顾问;方士则擅阴阳数术而能说会"算"即推衍数理,还能求仙问药。前者保守而后者应时,故方士常得宠爱而显赫,儒者则常被贬诎。最后儒者如董仲舒,不得不援

---

① 清刘台拱云:"今《小戴》《月令》《明堂位》,于《别录》属《明堂阴阳》,而《大戴记》之《盛德》,实记古明堂遗事。"引自顾实:《汉书艺文志讲疏》,上海古籍出版社,1987年,第46页。
② 《礼记正义·提要》,上海古籍出版社影印阮刻《十三经注疏》本,第1221页。
③ 顾颉刚:《中国上古史研究讲义》,第41—42页。

引阴阳说入儒①，阴阳说又借儒家之地位，影响了秦汉以降中国历史两千年。儒生得势则方士绝，但其学说则借儒者之力保存下来。早年顾颉刚先生作《秦汉的方士与儒生》，把方士与儒生看作一对，并作为秦汉学术的主角之一来讨论，确是得其要害的。

本时期史官与方士的最大区别，在于史官乃国家职官，而方士虽屡受重用，却起自民间。《山海经》的《山经》记录山川博物、神灵及其祭祀方式，特别是《海经》言神怪异物，都可以划归史官之职责范围之内，言其与史官有关，权且说得过去；但《海经》屡讲求仙问药追求长生，却非史官之所长，而是方士的本业。方士与祭祀有关，例如废立神祠、主持祭祀，但目的还是为了求仙问药、追求长生不老，包括《山海经》所言山川神灵，目的也不外于此。再说，《山海经》充满神怪之气，也应非理性平实的史官所为②。

总的看来，若把《山海经》的作者想象为本时期人数极大、显赫一时的方士之流，则极为合理融通。方士作《山海经》的目的，应该还是为求长生而祭祀山川神灵之作。

祝。秦祭祀之官最高为太祝，下面有不同级别的祝类职官。但《山海经》中有治病、求仙问药、追求长生如此的内容，显然不是祝之职司。战国秦汉说这些不着边际的话语糊弄国君的，正是游走于江湖的方士之流，作为身份尊贵、正式的国家官员，太祝、史等类人士是不可能那样信口开河的。

巫。战国、秦汉巫者身份一般较低，除非被高层所用——例如汉高帝用不同地方之巫、"巫蛊之祸"中的巫者，以及作为祝官辅助的巫者，其身份"级别"较低，并不适合作为《山海经》这样宏大著作的作者。

方士。笔者鄙见，只有战国秦汉被最高阶层赏识、遍布天下的方士，才与此书的格局、内容相合。即使如刘宗迪所言，为古"月令"图的误读，也当是方士所为。

方士在战国晚期以后的齐、秦最为兴盛，西汉中期亦是如此。他们的特长在

---

① 《汉书》卷二七《五行志》记载："汉兴，承秦灭学之后，景、武之世，董仲舒治《公羊春秋》，始推阴阳，为儒者宗。"

② 《汉书》卷三十《艺文志》记载兵书四家，其中说道兵阴阳，是"顺时而发，推刑德，随斗击，因五胜，假鬼神而为助者也"，李零先生解释是借方术而求助鬼神。阴阳方士在山川祭祀方面，也是以此来求助鬼神的。参李零：《兰台万卷：读〈汉书·艺文志〉》，第162—163页在

于求仙问药而致长生,因此深得秦皇汉武的赏识。总归他们的职司有三:一是主司星历、占星望气,如秦始皇身边曾有以数术见长的"候星气者三百人"[①];二是求仙问药,给国君提供长寿之方,如徐巿、茅濛、卢生、韩终、侯生、石生、安期生、黄公诸位[②];三是兴立神祠和主持祭祀,如上《汉书·郊祀志》所记汉代的情况[③]。

三、《山海经》与方士关系密切

在上引诸家中,元人吾衍与李零都明确指出,《山海经》为方士之作,谭其骧先生则肯定了《山海经》与方士可能的联系。吾衍之说已见前文,兹不重复。李零认为,《山海经》中虽然讲地理,但也有本草、博物、志怪等内容,这与方士求仙访药有关,那些"海外奇谈",正是他们广告的资本[④];具体来说,应与方士中的神仙家有关,是神仙家的地理书。早期的地理书,除了《禹贡》之外,就此书最重要[⑤]。

按:吾、李之说实属有理,在《山海经》中,有一些"内证"可以说明《山海经》与方士之流关系密切。下文即对吾、李二人之说申加论述。

第一,《山经》与山川祭祀关系密切。

《山经》五卷,除了《东山经》最后一列山后因有脱文,在记述每列山——总共 26 个山系的最后,都要综记其祭祀所用品物、祭礼之类,叙述本列山的祭祀方式。如下例。

《南山经》:

> 凡䧿山之首,自招摇之山,以至箕尾之山,凡十山,二千九百五十

---

① 《史记》卷六《秦始皇本纪》记载侯生言:"候星气者至三百人,皆良士,畏忌讳谀,不敢端言其(按:指秦始皇)过。"《史记·历书》:"至今上(按:指汉武帝)即位,招致方士唐都,分其天部;而巴落下闳运算转历,然后日辰之度与夏正同。"

② 详参李零:《先秦两汉文字史料中的"巫"》(下)。方士求仙问药致长生记载很多,例如:《封禅书》"(武帝)复遣方士求神怪采芝药以千数"。此不枚举。

③ 方士与祭祀有关,如上"秦巫略探"章所引《史记·封禅书》:"方士所兴祠,各自主,其人终则已,祠官弗主。他祠皆如其故。今上封禅,其后十二岁而还,遍于五岳、四渎矣。而方士之候祠神人,入海求蓬莱,终无有验。"又如《汉书·王褒传》:"后方士言益州有金马碧鸡之宝,可祭祀致也,宣帝使褒往祀焉。褒于道病死,上闵惜之。"

④ 李零:《战国秦汉方士流派考》,氏著《中国方术续考》,第 73—98 页。

⑤ 李零:《兰台万卷:读〈汉书·艺文志〉》,第 196 页。

里。其神状皆鸟身而龙首,其祠之礼:毛用一璋玉瘗,糈用稌米,一璧,稻米、白菅为席①。

《西山经》：

凡西次四经自阴山以下,至于崦嵫之山,凡十九山,三千六百八十里。其神祠礼,皆用一白鸡祈。糈以稻米,白菅为席②。

《北山经》：

凡北次三经之首,自太行之山以至于无逢之山,凡四十六山,万二千三百五十里。其神状皆马身而人面者廿神。其祠之,皆用一藻茝瘗之。其十四神状皆彘身而载玉。其祠之,皆玉,不瘗。其十神状皆彘身而八足蛇尾。其祠之,皆用一璧瘗之。大凡四十四神,皆用稌糈米祠之,此皆不火食③。

《东山经》：

凡东山经之首,自樕螽之山以至于竹山,凡十二山,三千六百里。其神状皆人身龙首。祠:毛用一犬祈,聃用鱼④。

《中山经》：

凡洞庭山之首,自篇遇之山至于荣余之山,凡十五山,二千八百里。其神状皆鸟身而龙首。其祠:毛用一雄鸡、一牝豚刉,糈用稌。凡夫夫之山、即公之山、尧山、阳帝之山皆冢也,其祠:皆肆瘗,祈用酒,毛用少牢,婴毛一吉玉。洞庭、荣余山,神也,其祠:皆肆瘗,祈酒太牢祠,婴用圭璧十五,五采惠之⑤。

类似格式,在《山经》中都存在。根据方金华的统计,《山经》中总共有二十五处记载了祠祀⑥。但《山经》所记,山是分等级的,即冢与非冢之别。"冢",《尔雅·解释诂》:"大也。"引申为神灵所聚的大山。另外还有"神""冢""帝"等

---

① 袁珂:《山海经校注》(增补修订本),第9—10页。
② 袁珂:《山海经校注》(增补修订本),第79页。
③ 袁珂:《山海经校注》(增补修订本),第119—120页。
④ 袁珂:《山海经校注》(增补修订本),第126页。
⑤ 袁珂:《山海经校注》(增补修订本),第219—220页。
⑥ 方金华:《〈山海经·山经〉祭礼字词研究》,厦门大学2006年硕士学位论文,第13页。

不同等级之山,祭礼隆杀各不相同。如下例。

凡西经之首,自钱来之山至于騩山,凡十九山,二千九百五十七里。华山,冢也,其祠之礼:太牢。羭山,神也,祠之用烛,斋百日以百牺,瘗用百瑜,汤其酒百樽,婴以百圭百璧。其余十七山之属,皆毛牷用一羊祠之。烛者百草之未灰,白蓆采等纯之。(以上《西山经》)①

凡薄山之首,自甘枣之山至于鼓镫之山,凡十五山,六千六百七十里。历儿,冢也,其祠礼:毛,太牢之具,县以吉玉。其余十三山者,毛用一羊,县婴用桑封,瘗而不糈。桑封者,桑主也,方其下而锐其上,而中穿之加金。

凡薄山之首,自苟林之山至于阳虚之山,凡十六山,二千九百八十二里。升山,冢也,其祠礼:太牢,婴用吉玉。首山䰠(神)也,其祠用稌、黑牺、太牢之具、蘖酿;干儛,置鼓;婴用一璧。

凡苦山之首,自休与之山至于大騩之山,凡十有九山,千一百八十四里。其十六神者,皆豕身而人面。其祠:毛牷用一羊羞,婴用一藻玉瘗。苦山、少室、太室皆冢也,其祠之:太牢之具,婴以吉玉。其神状皆人面而三首,其余属皆豕身人面也。

凡荆山之首,自景山至琴鼓之山,凡二十三山,二千八百九十里。其神状皆鸟身而人面。其祠:用一雄鸡祈,瘗用一藻圭,糈用稌。骄山,冢也,其祠:用羞酒少牢祈瘗,婴毛一璧。

凡岷山之首,自女几山至于贾超之山,凡十六山,三千五百里。其神状皆马身而龙首。其祠:毛用一雄鸡瘗,糈用稌。文山、勾欄、风雨、騩之山,是皆冢也,其祠之:羞酒,少牢具,婴毛一吉玉。熊山,席(帝)也,其祠:羞酒,太牢具,婴毛一璧。干儛,用兵以禳;祈,璆冕舞。

凡首阳山之首,自首山至于丙山,凡九山,二百六十七里。其神状皆龙身而人面。其祠之:毛用一雄鸡瘗,糈用五种之糈。堵山,冢也,其祠之:少牢具,羞酒祠,婴毛一璧瘗。騩山,帝也,其祠羞酒,太牢具(其);合巫祝二人儛,婴一璧。

凡荆山之首,自翼望之山至于几山,凡四十八山,三千七百三十二

---

① 袁珂:《山海经校注》(增补修订本),第38页。

里。其神状皆彘身人首。其祠:毛用一雄鸡祈,瘗用一圭,糈用五种之精。禾山帝也,其祠:太牢之具,羞瘗,倒毛;用一璧,牛无常。堵山、玉山,冢也,皆倒祠,羞毛少牢,婴毛吉玉。

  凡洞庭山之首,自篇遇之山至于荣余之山,凡十五山,二千八百里。其神状皆鸟身而龙首。其祠:毛用一雄鸡、一牝豚刉,糈用稌。凡夫夫之山、即公之山、尧山、阳帝之山皆冢也,其祠:皆肆瘗,祈用酒,毛用少牢,婴毛一吉玉。洞庭、荣余山,神也,其祠:皆肆瘗,祈酒太牢祠,婴用圭璧十五,五采惠之。(以上《中山经》)①

这种"等级"区别,《山经》为祭祀而作的目的,已昭昭然。其中的"騩山"祭祀,有"巫祝"参与祠祀,由此推测《山经》的作者,并非"巫祝"。

《山海经》所言祭祀,格局已经在国家层面,表现有以下几点:

首先,所言山川及祭祀,分布天下,格局宏大完整。

其次,从所用牲、玉规格来看,也是国家层次。祭祀动辄用太牢、少牢之牲,明显与两周秦汉的国家祭祀相似,绝非民间或个人所能为。

这表明了作者的身份,与"官方"是有联系的,若非本为官方人士,也是出身非官方的人士而为之服务的,但都是为了"媚上"而作。清代毕沅的《山海经新校正》序说:"五岳视三公,小名山视子男,按此《经》云,凡某山至某山其祠之礼何,用何瘗、糈用何,是其礼也。"按:毕说所指为《山经》,揣度其意,毕沅也认为《山经》所记祭祀之礼,乃两周国家层面之祭礼。

第二,神灵形象相似、划一。

《海经》中有许多神灵,神奇古怪。就是在平实的《山经》之中,也记述了每列山的祭祀方式,同时还有山神的形象。如下例:

《南山经》:

  其神状皆鸟身而龙首;

  其神状皆龙身而鸟首。

《西山经》:

  其神状如人而(犬勺)尾;

---

① 此引《中山经》八条,分别见袁珂《山海经校注》(增补修订本),第146页、第163页、第181页、第188页、第195页、第198页、第213页、第219—220页。

> 其神状皆羊身人面。

《北山经》：

> 其神皆人面蛇身；
>
> 其神皆蛇身人面。

《东山经》：

> 其神状皆人身龙首；
>
> 其神状皆兽身人面载觡。

《中山经》：

> 其神皆人面而鸟身；
>
> 其神状皆人面兽身；
>
> 其神状皆人面而三首，其余属皆豕身人面也；
>
> 其神状皆鸟身而人面；
>
> 其神状皆马身而龙首；
>
> 其神状皆龙身而人面；
>
> 其神状皆彘身人首。

这些山神形象，属于想象中的怪物，但实际形象还是比较统一的，无非是蛇身人面之类。山中兽类形象，也是如此奇怪。陈连山指出，"这些位于不同地区的神灵如此接近，不可能是来自不同地区的地方宗教、民间宗教的神灵，而应是同属于一种宗教体系"①。问题是，掌握这个"宗教体系"、熟悉诸多神灵的人员，可能并非职方氏那样的官员。因为，经过颛顼"绝地天通"那样的历史过程，在春秋战国时代，巫、官早已分为两途，前者流落民间，只是在历史的某个时期或某些情况下才被重视，回光返照式地出现于上层政治舞台。官方与神灵交通者，是祝宗卜史那样的官员。虽然他们熟知祭祀礼仪，但对于复杂的神灵系统，却并非其所长，他们可能并不熟悉，而要等到专业人士的出现，这些人就是巫者、方士之流，他们掌握专门的鬼神知识，掌握有沟通鬼神之法。在"通神"之法中，祭祀自然为祝宗卜史所长，而巫术、方技则是后者的拿手特色。所以，作为楚贵族出身的屈原，在《天问》中对神灵多有不解和质问；汉初既有祭祀之官，却还要征召天下巫者，就是由二者职能的互补造成的。笔者鄙见，对于《山海经》的作者和属

---

① 陈连山：《〈山海经〉"巫书"说批判——重申〈山海经〉为原始地理志》。

性,不能排除以下可能:《海经》中的神灵,就是方士的记录;即使是《山经》中的神灵,也不能仅用当时迷信、科学混杂去解释,而是方士这样特殊的人群,在其特殊视角下的记录。总之,即使《山海经》属于"国家记录"——例如稷下学者的作品,但还是不能摆脱与方士的联系,《山经》中神怪形象的描述,符合方士的身份。

第三,《山海经》中的金玉、仙人及不死之药的记载,是《山海经》作者与方士有关的有力证据。

冯名名做过统计,《山经》中出现金的地方有150次,玉(除了祭祀用玉)则有215次,加上各种别称则有300余次①。也有许多"多金玉""多玉""多铜""多铁"的记载,但都集中在《山经》,这是一个十分值得注意的现象。另外还有锡、垩、砺石、文石、丹等记载,除了丹之外,也都在《山经》里面。《山经》中金玉记载超乎寻常,仍可能与作者为巫者、方士有关。

另外,还有仙人及不死之药的多处记载。《山经》记载中有许多东西的作用,比如树木,多有食后可以治病、长命不老、不死等,其例不胜枚举。《海经》中也是如此,其中一些类似的稀奇古怪的记载,如《海外南经》有不死民;《海内西经》记载有羿向西王母请不死药的昆仑之虚、开明北有不死树、东有巫彭等灵巫操有不死之药;《海内北经》记载有仙人所居的蓬莱;《大荒南经》记载有"帝药"(神药)、不死之国;《大荒西经》有不死之人;《海内经》有不死之山,等等。若要更具体,可举下例:

《海外南经》:"不死民在其东,其为人黑色,寿,不死。一曰在穿匈国东。"郭璞注:"有员丘山,上有不死树,食之乃寿;亦有赤泉,饮之不老。"②

《海外西经》:"白民之国在龙鱼北,白身被发。有乘黄,其状如狐,其背上有角,乘之寿二千岁。"③

《海内西经》:"开明北有视肉、珠树、文玉树、玗琪树、不死树。"郭璞注:"言长生也。"《文选·思玄赋》李善注引此经云:"昆仑开明北有不死树,食之长寿。"

---

① 冯名名:《〈山海经〉巫术行为研究》,四川师范大学2017年硕士学位论文,第38—39页。
② 袁珂:《山海经校注》(增补修订本),第238—240页。
③ 袁珂:《山海经校注》(增补修订本),第270页。

又引郭注:"言常生也。"①

《海内北经》:"犬封国曰犬戎国,状如犬。有一女子,方跪进柸食。有文马,缟身朱鬣,目若黄金,名曰吉量,乘之寿千岁。"②

《大荒南经》:"有盈民之国,于姓,黍食。又有人方食木叶。"郝懿行注:"《吕氏春秋·本味篇》高诱注云:'赤木玄木,其叶皆可食,食之而仙也。'又,《穆天子传》卷四云:'有模堇,其叶是食明后。'亦此类。"③本篇又有如下记载:"有不死之国,阿姓,甘木是食。"郭璞云:"甘木即不死树,食之不老。"袁珂注:"不死之国,即不死民,见《海外南经》;不死树在昆仑山上,见《海内西经》。"④

《海内经》:"流沙之东,黑水之间,有山名不死之山。"郭璞注:"即员丘也。"袁珂注:"《水经注·禹贡山水泽地所在》云:'流沙又历员丘不死之山西。'本此为说也。员丘山上有不死树,食之乃寿,见《海外南经》'不死民'节郭注。"⑤

这些内容,明显属于方士、神仙家之言。战国、秦汉间,由于燕齐方士的推广,求仙、追求长生不老的风气流行,秦皇汉武则是其中最为有名者,这也当是《山海经》产生的一个大的背景之一。

笔者鄙见,这些记载数量大、种类多,目的也十分明确,都与人之追求治病、长寿成仙等有关,如果仅认为这些内容是当时流行传说,可以为一般官员、民众所知悉(如屈原),应该是讲不通的。拥有这么多庞杂、系统知识的人士,也只能是战国、秦汉间的方士这样职业化的人群。

总体看来,《山海经》以上诸方面的记载,都是从方士的视角出发的,与作为职官的职方氏所司,还是有一定距离;也非地位低下的巫者所为。

刘宗迪认为,《海外经》《大荒经》,都是战国人士对流传已久的古月令图的误读,其说或许有理⑥。关键是,从上面的论述来看,了解这么多神怪故事,并能从这个角度去解释、去"误读"的,恐怕只有方士之流了。就是被他否认的形法家著作的《山经》,也与方士关系密切。所以,即使刘说成立,也无害于此观点。

---

① 袁珂:《山海经校注》(增补修订本),第350—352页。
② 袁珂:《山海经校注》(增补修订本),第362—363页。
③ [清]郝懿行撰,栾保群点校:《山海经笺疏》,第340页。
④ 袁珂:《山海经校注》(增补修订本),第425页。
⑤ 袁珂:《山海经校注》(增补修订本),第504页。
⑥ 刘宗迪:《失落的天书——〈山海经〉与古代华夏世界观》(增订本),第287—373页。

第四,《山海经》在《汉志》中被归入数术类形法家的原因,是值得再考虑的,应反映了《汉志》的作者认为其与方士之流有关。

《汉书·艺文志》来源于刘歆的《七略》,《七略》则来自对刘向《别录》的删减。《汉志》对于《山海经》如此归类,是来源于刘向之《别录》,即代表了刘向辈的看法。其子刘秀(歆)《上〈山海经〉表》中所言则为十八篇,也就是现存的十八篇《山海经》。刘宗迪认为,刘向校书之前的《山海经》,只有《海经》十三篇,至于其子刘歆校书,才把《山经》五篇编在一起,就是现今十八篇的《山海经》,《山经》本是独立的地理博物著作,《汉志》所谓"大举九州之势"形法家著作,指的是《海经》十三篇,与《山经》无关①。刘说与上引李零《山海经》皆为方士作品之说等观点有所差异,实有探讨的必要。

按:《汉书·艺文志》记载数术之书 109 家 2539 篇②,计有天文 21 家 445 篇、历谱 18 家 606 篇、五行 31 家 652 篇、蓍龟 15 家 401 篇、杂占 18 家 313 篇、形法 6 家 122 篇,《山海经》属于形法家,共计 13 篇。从小的方面来说,《艺文志》记载:"形法者,大举九州之势以立城郭室舍形,人及六畜骨法之度数、器物之形容以求其声气贵贱吉凶。犹律有长短,而各徵其声,非有鬼神,数自然也。然形与气相首尾,亦有其形而无其气,有其气而无其形,此精微之独异也。"形法家之书,谈的其实是相术,包括相地形、相宅墓、相人、相六畜等,相术的目的,是以城郭室舍、人、六畜、器物之"形容"即外形以求"声气贵贱吉凶",亦即刘歆《上〈山海经〉表》所说的"可以考祯祥变怪之物",就是用来占卜吉凶的③。李零认为,对于《山海经》,虽然古人把他们看作《禹贡》一类的古书,讲的是地理,但其中兼有本草、博物、志怪等内容,与古代方士求仙访药有关,所以被《汉志》归于形法,而最终归于数术④。李零显然把今本《山海经》看作一个整体,所以《山经》五篇,也当属形法家。他把方术分为两个方面:数术与方技,操持这两方面的,都是方士⑤。刘宗迪认为,刘向所定《山海经》十三篇,指的是《海外经》四篇、《海内经》

---

① 刘宗迪:《〈山海经〉古本流变考》。
② 《艺文志》原文谓 190 家 2528 种,与笔者此处统计有异。
③ 《艺文志》颜师古注数术类著作为"占卜之书"。又参[晋]郭璞注,[清]郝懿行笺疏,沈海波校点:《山海经》,上海古籍出版社,2015 年,第 1—12 页沈海波前言。
④ 李零:《战国秦汉方士流派考》。
⑤ 李零:《战国秦汉方士流派考》。

四篇、《大荒经》四篇以及《海内经》一篇;其子刘歆加上了《山经》五篇,遂成十八篇,也就是现在的《山海经》这个样子。其论证极其有理,结论也是可信的。

按:刘宗迪认为,《七略》中记《山海经》为十三篇,实际校后为十八篇,可知刘歆对于《别录》是基本照录的。问题是,刘向之子刘歆,为什么在把《山经》五篇编入《山海经》后,还是继续在《汉志》中把《山海经》归于形法家？他对十八篇《山海经》的看法到底是如何？

刘歆对于十八篇《山海经》的真实看法,可从他的《上〈山海经〉表》反映出来。根据《上〈山海经〉表》所言,《山海经》十八篇,与大禹所作《禹贡》一样,是地理博物著作,只不过《禹贡》是为了"任土作贡",而《山海经》则是为了"类物善恶",即分类记载山川、草木、鸟兽及"祯祥之所隐",还有"绝域之国、殊类之人"的好坏。按时人之说,山川等隐含祯祥,如王充《论衡·吉验》:"凡人禀贵命于天,必有吉验见于地。见于地,故有天命也。验见非一,或以人物,或以祯祥,或以光气。"①《三国志·魏志·管宁传》:"夫神以知来,不追以往,祯祥先见,而后兴废从之。"山川可预示祯祥,人或国家若有祯祥,必有先兆,其中有的就由山川神灵见之,这恐怕是《山海经》中屡屡记载对山川神灵都加以祭祀的原因。

按刘歆之《表》,《山海经》"内别五方之山,外分八方之海,纪其珍宝奇物,异方之所生,水土草木禽兽昆虫麟凤之所止,祯祥之所隐,及四海之外,绝域之国,殊类之人",《山经》五篇大概属于"内别五方之山,外分八方之海,纪其珍宝奇物,异方之所生,水土草木禽兽昆虫麟凤之所止,祯祥之所隐"者;其余十三篇,当是记载"绝域之国,殊类之人"者。可是,值得注意的是,与《山经》极相类似的《海内东经》附录记载的二十六条水道的"水经",却被放在另外十三篇,亦即刘向所认定的形法家《山海经》十三篇之中,其中原因值得探究。

这记载二十六条水道的"水经",除了纯粹的水道记录之外,如顾颉刚所指出的,其中文字"湘水出舜葬东南陬""汉水出鲋鱼之山,帝颛顼葬于阳,九嫔葬于阴,四蛇卫之",是很有《山海经》的气息的②。两条记载在具有地理著作特征的同时,也颇与《山经》相似,同样在山川博物内容之外,还有与神灵祭祀有关的内容。不仅如此,这个附录还与《海经》相关,除了被编入《海内东经》这个证据

---

① 黄晖:《论衡校释》,第71页。
② 顾颉刚:《古代地理研究讲义》,第15页。

之外,还与《海内南经》"兕在舜葬东,湘水南,其状如牛,苍黑,一角"、《海外北经》"务隅之山,帝颛顼葬于阳,九嫔葬于阴。一曰爰有熊、罴、文虎、离朱、鸱久、视肉"等内容相联系①。这可说明以下两点:一,这二十六条水道记录,性质、作者,都应与《山经》类似;二,由附录与《海经》及《山经》的联系,进而可以肯定《山经》与《海经》之间也存在联系,这个联系还是神灵祭祀。这种联系,应是刘歆把《山经》五篇编入《山海经》的原因。就是说,刘歆辈认为,二者是相似的一类材料!那么,很有可能的是,刘歆也认为《山经》属于形法家著作,而不仅仅是《七略》抄录了《别录》那么简单,《山海经》的作者,无论是《山经》还是《海经》,都当是一类人,即方士之流。

综合起来,《山海经》的作者与方士有密切关系。《山经》虽地理志特征明显,但还是有明显的宗教祭祀色彩,整个《山海经》就是一部具有鲜明方士作品特征的著作。

第五,《山经》后那段话与《管子》的关系。

《中山经》是《山经》的最后一篇,先综述以上五篇的山地总数:"大凡天下名山五千三百七十,居地,大凡六万四千五十六里。"这表明《山经》内容已完,但随后是下面一段话,殊可注意:

> 禹曰:天下名山,经五千三百七十山,六万四千五十六里,居地也。言其五臧,盖其余小山甚众,不足记云。天地之东西二万八千里,南北二万六千里,出水之山者八千里,受水者八千里,出铜之山四百六十七,出铁之山三千六百九十。此天地之所分壤树谷也,戈矛之所发也,刀铩之所起也,能者有余,拙者不足。封于太山,禅于梁父,七十二家,得失之数,皆在此内,是谓国用②。

在此段话后,有校书者刘向之流的校语:"右《五臧山经》五篇,大凡一万五千五百三字。"

毕沅曾经认为,此段话的后半部分,本非《山海经》之文:"自'此天地之分壤

---

① 如袁珂注,后例之"务隅"与"鲋鱼"声近字通。袁珂:《山海经校注》(增补修订本),第291—292页。

② 袁珂:《山海经校注》(增补修订本),第220—221页。

树谷者已下,当是周秦人释语,旧本乱入经文。"①郝懿行认为乃周秦间人援引当时人习语而入《山海经》:"今案自禹曰已下,盖皆周人相传旧语,故《管子》援入《地数篇》,而校书者附著《五臧山经》之末。"②

如诸论者所已指出,此段话与本书"祷于山川——秦人的山川祭祀"章所引《管子·地数》相似:

> 管子对(桓公)曰:"地之东西二万八千里,南北二万六千里,其出水者八千里,受水者八千里,出铜之山四百六十七山,出铁之山三千六百九山,此之所以分壤树谷也。戈矛之所发,刀币之所起也,能者有余,拙者不足。封于泰山,禅于梁父。封禅之王,七十二家,得失之数,皆在此内,是谓国用。"③

考察《管子·地数》的相关内容,篇幅较长、意思完整,因此,《山海经》此处抄录《管子》应该无疑,毕说也属不妥。既然如此,这段话就应非《山海经》原文,只是在《管子》之文上加上"禹曰"云云,明显是借禹之口而已,故此段话进入《山海经》的时间,应不早于《管子》篇章的成书,即战国中后期;下限则止于刘歆校书之时,引入者不排除就是刘歆之流。

此段话被抄录进《山海经》的目的,应是为了说明《山经》的寓意。按《管子·地数》下文又载伯高对黄帝之语④,是对上文"地数"即大地所能出的"国用"的解释。其中所说"苟山之见其荣者,君谨封而祭之",说明古人认为,山能提供财用,人们须重视而祭祀之。《国语·鲁语》也有记载:"九州名山川泽,所以出财用也,非是不在祀典。"韦注:"谓九州之中名山川泽也。"⑤如此,似乎《山经》是战国中晚期到秦汉间人,为了"国用"而言"地数"所作的。如陈连山认为,《山海经》为官方著作,其书是为了"国用",而非在于巫术⑥。刘宗迪也认为,《山经》与《管子》一样,都是出自稷下学者的地理博物著作⑦。

---

① [清]毕沅:《山海经新校正》,第 1368 页。
② [清]郝懿行撰,栾保群点校:《山海经笺疏》,第 234 页。
③ 黎翔凤撰,梁运华整理:《管子校注》,第 1352 页。
④ 黎翔凤撰,梁运华整理:《管子校注》,第 1354—1355 页。
⑤ 徐元诰撰,王树民、沈长云点校:《国语集解》(修订本),第 161 页。
⑥ 陈连山:《〈山海经〉"巫书"说批判——重申〈山海经〉为原始地理志》。
⑦ 刘宗迪:《〈山海经〉出自稷下学者考》,《民俗研究》2003 年第 2 期。

可是，《山经》的整理者把《管子》这段文字引入到《山海经》之中，是否真正反映了《山经》的本意？是否为强加给后者的？笔者鄙见，此段话既非《山海经》原文，就有可能并非《山海经》作者的本意，只是后来整理者例如刘歆之流的理解而已，即是刘歆认为《山海经》其书是为"国用"而言"地数"的地理志；实际上则可能为的是其他目的，包括祭祀。

先秦、秦汉时期，随着诸侯国家人口的增长、领土地域的扩大，对于资源的要求必然上涨，因此才有《管子·地数》《周礼·职方氏》那样的著作出现。不过，无论《管子》、抑或《周礼》，都仅仅是个设计下的"蓝图"而已，表达的是一种思想或想法，其中内容，并不一定真实存在，例如《地数》所记七十二家封禅泰山，仅仅是个传说故事，出于东方齐鲁学者的杜撰。很可能的情况是，方士言祭祀，追求长生不老，求仙问药，他们著录的山川博物类作品，却被受"国用"思想影响的刘歆辈，看作与《禹贡》一样的地理著作，所以才把其编入了《山海经》，并与《上〈山海经〉表》一样，借口大禹故事，直接改录了《管子·地数》的话作为说明。与稷下学者所作的《管子·地数》一样，刘歆改作后的话语，都是想给君王看的，都能看出明显的媚上痕迹。

总之，还不能以这个附录，来说明《山经》以至整个《山海经》的性质。《山海经》两个部分：《山经》与《海经》，并非差异甚大、互不相干的不同性质的著作，而是具有有机联系的。原因就是，二者的作者，都是方士之流。若说《山经》为地理著作，也是他们的地理著作，同一对象在不同的人群眼中，有不同的面目，例如《淮南子·地形训》，就是道家的地理著作，与《山经》不同；《海外经》《大荒经》所言神怪之事，与方士联系更为紧密，即使如刘宗迪所说是对月令古图的"误读"的产物，也是方士之流所为。综合起来，《山海经》的巫书说，有理而不准确，鉴于巫者、方士的历史之别，笔者还是建议更正"巫书说"为"方士说"。

第三节 《山海经》与秦的关系

上文已述，《山海经》在《汉书·艺文志》中属数术形法家，现存共十八篇。虽然许多人认识到，《山海经》一书，是当时知识背景和认识水平的产物，但对于今人，甚至当时的人们，《山海经》仍是一部神奇、富有个性的书，这既与作者的身份有很大关系,也绕不开战国秦汉间的思想潮流和政治背景,包括最高统治者的个人行为。关于《山海经》的作者,元人吾衍与今人李零都明确指出其书为方士之作,此说最为融通合理,当可信从①。从时代来说,《山海经》也与秦有密切关系。大多数学者认为,《山海经》成书并非一时,年代跨越战国、秦汉,据此,《山海经》与秦产生瓜葛,就是十分正常的。吾衍也曾指出,《山海经》既言神怪,又不避讳"正"字,故作者当是秦时方士②。清毕沅认为,《五藏山经》(又称《山经》,包括《南山经》《西山经》《北山经》《东山经》《中山经》五篇)乃禹、益所作,《大荒经》以下五篇为刘歆所增,而《海外经》四篇和《海内经》四篇,为"周秦人所述也"③。顾颉刚认为,《海内东经》附录的二十六条水道记录,"满纸都是秦汉地名,明是秦、汉间人所作水道记"④;而《山经》,则是"西方之人所作"⑤。谭其骧也认为此书成书于战国秦汉,但不排除资料早出⑥,其中的《山经》五篇,应作于秦代⑦。周振鹤更申顾说,认为《海内东经》附录就属于秦代"水经"⑧。

刘宗迪对《山海经》做了新的深入研究,观点值得重视。他认为,《山经》五篇本属地理博物著作,后面的《海外经》《大荒经》(包括最后一篇《海内经》)是解释古月令图的文字,但属于对图的误读。两部分本不连属,性质也不相同。另外的《山经》之后的《海内经》四篇,本来只有一篇,秦代学者把当时的地理博物知识杂乱无章地塞进其中,并将之由原来的一篇割裂为四篇(不是《大荒经》后的《海内经》一篇),加上原来只有的《海外经》四篇、《大荒经》四篇,以及《大荒经》之后的《海内经》一篇,就形成了刘向领校群书时十三篇的《山海经》;刘向子刘歆,又把《山经》编入,形成了十八篇的《山海经》流传至今。若按刘说,《海内

---

① [元]吾衍:《闲居录》,第17页;李零:《战国秦汉方士流派考》。
② [元]吾衍:《闲居录》,第17页。
③ [清]毕沅:《山海经新校正》序。
④ 顾颉刚:《古代地理研究讲义》。
⑤ 顾颉刚:《四岳与五岳》,氏著《史林杂识初编》,第34—45页。
⑥ 谭其骧:《〈山海经〉简介》,氏著《长水集续编》,第370—372页。
⑦ 谭其骧:《论〈五藏山经〉的地域范围》,氏著《长水集续编》,第373—413页。
⑧ 周振鹤:《被忽视了的秦代〈水经〉——略论〈山海经·海内东经·附篇〉的写作年代》。

经》四篇也与秦有关①。

在上述学者中,吾、周、刘都明确肯定了《山海经》与秦的关系。秦始皇、汉武帝时期,方士都曾风光一时,风头完全盖过了儒生,《山海经》最有可能是他们的作品。现在,笔者可以找到更多的证据,来证明现本十八篇《山海经》即刘歆校本与秦所具有的密切关系。对于研究战国秦汉思想史、学术史以及政治史,包括秦之祭祀,这都是一个重要的视角。下文将列举四类例证,以证明《山海经》与秦的关系。

一、《山经》的地理范围与秦版图相合

《山海经》中最为平实、最具地理著作特征的,是《山经》五篇(又称《五藏山经》)。茅盾已经注意到其中地域记述详略的不同:

> 综观《五藏山经》之记载,是以洛阳为中线,其言泾渭诸水流域及雍州东部诸山,及汾水南即冀州南部诸山,较为详密,洛阳附近诸山最详,东方南方东南方已甚略,北方最略。又言及五岳祭典,并无特盛,惟祭嵩山用太牢②。

谭其骧总结到,《山经》所记,共447座山,可以确定其地理位置者,有140座左右。因此,可以据此大略复原《山经》的地理范围,并以此确定其成书年代。其中,《南山经》所指范围,"应东起今浙江舟山群岛,西抵湖南西部,南抵广东南海,包括今浙闽赣粤湘五省地,不包括今广西、贵州、云南等省,也不包括广东西南部高、雷一带和海南岛",而《西山经》所示,其西界可到青海湖以及新疆东南角的阿尔金山,但不包括罗布泊以西以北地区,《北山经》则可到渤海湾碣石山、内蒙古阴山以北和宁夏贺兰山,《东山经》大致包括今山东半岛与苏皖北部,东可到成山角海边,《中山经》则比较特殊,虽然言为"中山",其实夹在"西山"和"南山"之间,所指地域从今山西经陕西,走向西南湖北、重庆、四川一带,最西为西南四川盆地西北部分,南自荥经,北可到剑阁。谭先生认为,《山经》成书应晚于《禹贡》,其北方所大地域,应在赵武灵王与燕将秦开所开胡地,在公元前300年左右;西边所及的河西走廊,虽然中原有之已经到了汉武帝时代,但此前先秦

---

① 刘宗迪:《〈山海经〉古本流变考》。
② 茅盾:《中国神话研究初探》,江苏文艺出版社,2009年,第27—28页。

时期完全有可能已经是东西交通的通道,双方的人们也可通过来往获取相关山水知识;南方不到广西。当时,《山经》对内蒙古、岭南部分的记载比较详细,所以应产生于中原政权征服这些地区之后,故《山经》写作的时代,当不早于战国晚期,就在秦始皇统一天下后不久、取南越之前①。

刘宗迪指出,《山经》五篇,与《大荒经》一样,并不像其他篇章有"一曰"之语,说明校书者所见,只有一个版本②。由此推测,《山经》很可能是秦代所作,因为天下统一后,学术也失去战国时期的地域即"分裂"特征,遂只有一个"版本"。对《山海经》中《海内经》四篇,如上所言,刘宗迪认为其原来只有一篇,秦代人士加入了许多地理类内容,并分拆成为四篇,其中所记地理范围,也与秦代相合:

> 东北方至朝鲜、辽东,东至琅琊、郁州,东南至瓯、闽、番禺,南至桂林、郁水、湘水、苍梧,西南至丹阳、巴国,西至大夏、月氏、匈奴,北至雁门、高柳、代,四方所至,大致跟秦代的疆域吻合③。

按:刘与谭之说类似,二人所言地域范围,都在西汉中期武帝北击匈奴、平南越、开西南夷之前。例如西南地区,秦代至汉初,今西南四川南部以远,包括贵州西部、云南一带,虽然有秦开五尺道的事件④,但却并不完全在秦之版图之内,直到西汉中期汉武帝元鼎六年(前111)之后,才正式归入中原王朝的版图,汉王朝在这一地区设立越巂、沈犁等郡⑤。谭、刘等人所言《山经》地域范围与秦帝国版图的契合,正是《山经》作于秦代的证据。

二、《海内东经》附录为秦代作品

在上述《山经》五篇之外,就是《海经》了,包括《海外经》四篇、《海内经》四篇、《大荒经》四篇,以及最后的《海内经》一篇,共十三篇。在《海内东经》的最后,附录有二十六条水道,也与秦关系密切,内容如下:

---

① 谭其骧:《论〈五藏山经〉的地域范围》,氏著《长水集续编》。
② 刘宗迪:《〈山海经〉古本流变考》。
③ 刘宗迪:《〈山海经〉古本流变考》。
④ 《史记》卷一一六《西南夷列传》记载:"(庄蹻)以其众王滇,变服,从其俗,以长之。秦时常頞略通五尺道,诸此国颇置吏焉。十余岁,秦灭。及汉兴,皆弃此国而开蜀故徼。"
⑤ 《史记》卷一一六《西南夷列传》:"南越破后,及汉诛且兰、邛君,并杀筰侯,冉駹皆振恐,请臣置吏。乃以邛都为越巂郡,筰都为沈犁郡,冉駹为汶山郡,广汉西白马为武都郡。"

岷三江：首大江出汶山，北江出曼山，南江出高山。高山在成（城）都西。入海，在长州南。

浙江出三天子都，在其蛮东。在闽西北，入海，余暨南。

庐江出三天子都，入江，彭泽西。一曰天子鄣。

淮水出余山，余山在朝阳东，义乡西，入海，淮浦北。

湘水出舜葬东南陬，西环之。入洞庭下。一曰东南西泽。

汉水出鲋鱼之山，帝颛顼葬于阳，九嫔葬于阴，四蛇卫之。

濛水出汉阳西，入江，聂阳西。

温水出崆峒，崆峒山在临汾南，入河，华阳北。

颍水出少室，少室山在雍氏南，入淮西鄢北。一曰缑氏。

汝水出天息山，在梁勉乡西南，入淮极西北。一曰淮在期思北。

泾水出长城北山，山在郁郅长垣北，入渭，戏北。

渭水出鸟鼠同穴山，东注河，入华阴北。

白水出蜀，而东南注江，入江州城下。

沅水出象郡镡城西，东注江，入下隽西，合洞庭中。

赣水出聂都东山，东北注江，入彭泽西。

泗水出鲁东北而南，西南过湖陵西，而东南注东海，入淮阴北。

郁水出象郡，而西南注南海，入须陵东南。

肄水出临晋武西南，而东南注海，入番禺西。

潢水出桂阳西北山，东南注肄水，入敦浦西。

洛水出上洛西山，东北注河，入成皋西。

汾水出上窳北，而西南注河，入皮氏南。

沁水出井陉山东，东南注河，入怀东南。

济水出共山南东丘，绝钜鹿泽，注渤海，入齐琅槐东北。

潦水出卫皋东，东南注渤海，入潦阳。

虖沱水出晋阳城南，而西至阳曲北，而东注渤海，入章武北。

漳水出山阳东，东注渤海，入章武南①。

此附录的面目与《山经》类似，对其属性的认识，也经历了一个过程。

---

① 袁珂：《山海经校注》（增补修订本），第384—388页。

毕沅曾经注意到,《海内东经》自"岷三江"以下的二十六条水道记录,与《海内东经》文本颇为不类,篇中水道记录,并非一人一时所作,其中有象郡、长城等名称,则当为秦人所作,又有汉代人羼入的汉代郡县名①。顾颉刚认为,附录中于冀州有漯、沁、汾、滹沱诸水,扬州则有赣、庐江、浙江诸水,《禹贡》则无,所以其年代晚于《禹贡》,应是秦、汉间人所作②。谭其骧也认为这二十六条水道记录,并非《海经》原文,可能是郭璞的记录,后人附抄于此而已③。

周振鹤对这段"附录"做了重新研究,明确指出此篇当为一段珍贵的秦代水道记录,堪称秦代"水经"。周先生指出毕沅之误:单凭象郡这样的地名,并不能证明其就是秦代作品;而毕说以《汉书·地理志》为根据,认为附录中也多汉代县名,同样是不正确的,在附录之中,并未发现一个确为汉代的郡名或县名,如新丰、牂柯、广汉之类。这些水道的分布,大致与秦帝国疆域一致,如西北水道只记载到温水(今宁夏清水河),未到河西地区;西南也只有蜀郡、象郡而无今云南大部,与谭先生考证的《山经》范围一致,故附录的写作年代断然不会到西汉中期有河西之后,而应大致在秦始皇三十三年(前214)北取河南地、南取陆梁地之后④。刘宗迪认同此为秦代"水经",并认为附录所系之《海内经》四篇(不包括《山海经》最后一篇《海内经》)也是秦代作品,但附录却与《山海经》毫不相干,可能是刘歆在校书时把其收进了《山海经》而已⑤。

笔者鄙见,对于《海内东经》附录的性质,周振鹤的"水经"说并不准确。附录中的"湘水出舜葬东南陬""汉水出鲋鱼之山,帝颛顼葬于阳,九嫔葬于阴,四蛇卫之",这两条颇具《山海经》的特征,对附录的性质就是很好的说明,而不像毕沅等人所认为的与《山海经》本文为不类;再说,若附录与《山海经》不相类似,也就不会被刘歆之流编入此书,从而成为其校订之前所见"三十二篇"中的内容⑥,这本身就是对附录性质的定位和说明,故这个有"水经"特征的附录,很可

---

① [清]毕沅:《山海经新校正》,第1379页。
② 顾颉刚:《古代地理研究讲义》。
③ 谭其骧:《〈山海经〉简介》。
④ 周振鹤:《被忽视了的秦代〈水经〉——略论〈山海经·海内东经·附篇〉的写作年代》。
⑤ 刘宗迪:《〈山海经〉古本流变考》。
⑥ 刘歆《上〈山海经〉表》曰:"侍中奉车都尉光禄大夫臣秀领校、秘书言校、秘书太常属臣望所校《山海经》凡三十二篇,今定为一十八篇。"袁珂:《山海经校注》(增补修订本),第540页。

能就是方士所作的《山海经》之文。其中,也三见"一曰"之文,应如顾颉刚①、刘宗迪②所指出,说明刘歆所见此附录,原本有两种"版本"。

从附录所述地域范围、地名等来看,笔者同意周振鹤对附录年代的判断,并可稍作补充。

如附录中有泾水上源的记载:"泾水出长城北山,山在郁郅长垣北,入渭,戏北。"毕沅已经指出,这应是与秦相关的证据,他说:

> 案《元和郡县志》云原州平高县,笄头山在县西一百里,秦长城在县北十里,是亦得名笄头山为长城北山也。称长城北山,知此是秦时释水之文乎?③

毕沅把这段话与秦相联系,有一定的道理,但他的论证过程实际是有问题的。按:唐平高即宁夏固原,笄头山即固原至甘肃平凉附近的六盘山,毕沅以附录所记的"长城北山"当之,但附录说得很明白,此山在郁郅长城北,郁郅在今甘肃庆阳,其北有长城,所指必为战国秦昭王所筑长城。这条长城也经过唐时平高,但此处所说泾水源头并非在固原附近,按位置推测,所指应是秦汉称泥水的那条河,今为泾水支流马莲河,上源为环江,南流至陕西长武县附近入今泾水。

泥水之称,至迟可上推到战国。战国晚期到秦代,有故宫藏秦"泥阳"矛④、临潼南杜村瓦当"泥阳"陶文⑤等文字资料,《汉书·地理志》郁郅县下注:"泥水出北蛮夷中。"都可证明泾水支流马莲河,自战国到秦汉,一直被称为泥水⑥。

在《山海经》中,关于泾水上源,还有另外一说,与《海内东经》附录不同。《西山经》之《西次二经》记载:"又西北百五十里高山,其上多银,其下多青碧、雄

---

① 顾颉刚:《古代地理研究讲义》。
② 刘宗迪:《〈山海经〉古本流变考》。
③ [清]毕沅:《山海经新校正》,第 1379 页。
④ 中国社会科学院考古研究所:《殷周金文集成》(修订增补本),中华书局,2007 年,第八册,第 6273 页;王辉、王伟编著:《秦出土文献编年订补》,第 344 页。
⑤ 王望生:《西安临潼新丰南杜村遗址陶文》,《考古与文物》2000 年第 1 期;王辉、王伟编著:《秦出土文献编年订补》,第 561 页。
⑥ 《汉书》卷四三《郦食其传》:"沛公为汉王,赐商爵信成君,以将军为陇西都尉。别定北地郡,破章邯别将于乌氏、栒邑、泥阳。"

黄,其木多棕,其草多竹,泾水出焉,而东流注于渭,其中多磬石、青碧。"①由同篇的泰冒山、龙首山可以推知其上源所指。泰冒山在今富县附近,乃洛水所经②。泰冒山之西一百七十里为数历之山,此山西北五十里有一山为泾水所出。泾水源头之山南三百里为女床之山,女床之山之西二百里为龙首山,其记龙首山文为:"其阳多黄金,其阴多铁。苕水出焉,东南流,注于泾水,其中多美玉。"③其中苕水之"苕",毕注为"芮"之讹,十分精当④。芮水即今泾水支流芮河,发源于甘肃华亭县陇山东侧。毕沅、谭其骧先生都认为龙首山即今陕甘交界之陇山,地当今陕西陇县、甘肃华亭一带⑤。在富县至陇山之间,符合在富县之西、又为芮水所入之泾水的,只能是今天发源于固原、平凉一带的泾水了。

《西次二经》所说的泾水上源,也就是今天的泾水源头。现在能肯定的是,汉代人已经有此看法了,如《淮南子》《汉书·地理志》等文献记载就是如此。《淮南子·地形训》云:"泾出薄落之山。"⑥《汉书·地理志》泾阳县下记载:"开头山在西,《禹贡》泾水所出,东南至阳陵入渭。"此泾阳在今甘肃平凉西;开头山即笄头山,亦即《淮南子》的薄落之山,今六盘山。一些学者用汉简牍⑦、考古资料⑧论证了泾阳的位置,在今平凉西北。从汉代人所认定的泾阳位置,都说明西汉时期人们认为泾水是发源于固原、平凉一带的。

---

① 袁珂:《山海经校注》(增补修订本),第 40 页。
② 《汉书》卷九四《匈奴传》记载武王"放逐戎夷泾、洛之北",颜师古注:"此洛即漆沮水也,本出上郡雕阴泰冒山,而东南入于渭。"
③ 袁珂:《山海经校注》(增补修订本),第 39—41 页。
④ [清]毕沅:《山海经新校正》,第 1343 页。
⑤ 谭其骧:《论〈五藏山经〉的地域范围》。
⑥ [汉]刘安撰,陈广忠译注:《淮南子》,中华书局,2012 年,第 228—229 页。
⑦ 汉代泾阳的位置,如居延新简 74EPT59:582 号简文所记:

月氏至乌氏五十里

乌氏至泾阳五十里

泾阳至平林置六十里

平林置至高平八十里

参何双全:《两汉时期西北邮政蠡测》,《西北史地》1990 年第 2 期。
⑧ 张多勇:《从居延 E·P·T59·582 汉简看汉代泾阳县、乌氏县、月氏道城址》,《敦煌研究》2008 年第 2 期。

但更早的战国至秦代泾水发源于固原、平凉间,除了《西次二经》,文献并无明确说法。还须强调的是,泾阳的位置,不同历史时期是有变化的。西周至秦之泾阳,在今陕西关中泾阳县一带。西周泾阳见于《诗·六月》,在焦获泽附近①,相传战国早期秦灵公居泾阳②,后来昭王又封泾阳君于此③,汉为池阳县。秦封泥有"泾阳囗囗"④"泾下家马"⑤,可证秦代已有泾阳县的存在。周、秦泾阳都在泾水下游,所以并不能据此确切说明周秦泾水上源的位置。

综上,《海内东经》附录所说的泾水上源,与《西山经》的《西次二经》,以及汉代《淮南子》《汉书·地理志》等所说的不同,后说延续至今,故前说应早于后说。周振鹤曾指出附录与《地理志》记载的差异,例如泾水入渭处,附录用秦已有的地名戏为坐标,而非阳陵、新丰那样的汉代地名,故泾水之源,秦汉有别⑥,是十分有理的。那么,《海内东经》附录就很可能是秦人作品了。按附录所记,既有秦昭王长城,也有郁郅,郁郅本属义渠而秦侵夺之⑦,故附录的年代上限,应在战国后期秦灭义渠、筑长城之年,即秦昭王三十五年(前272)⑧。

又如附录中提到的长城、长垣,后者"长垣"毕注已经指出就是长城,其说甚是,二者所指为一物。这条长城在郁郅之北,故只能指战国时秦昭王长城。这条长城在秦始皇三十三年(前214),蒙恬将众"略取河南地"、斥逐匈奴于阳山(今

---

① 参王国维:《鬼方昆夷猃狁考》,氏著《观堂集林》卷十三。
② 《史记》卷六《秦始皇本纪》。
③ 王先谦《汉书补注》云:"案《秦记》,昭王母弟曰泾阳君。《通典》云:'唐京兆府泾阳县,本秦旧县地,非汉县。'"参周振鹤编著:《汉书地理志汇释》,安徽教育出版社,2006年,第367页。《史记·范雎蔡泽列传》记载昭王"废太后、逐穰侯、高陵、华阳、泾阳君于关外",由此知泾阳君封地既在关内,其又经常出入秦都咸阳干涉朝政,故不可能在汉泾阳即今固原、平凉附近。
④ 任红雨:《中国封泥大系》,西泠印社,2018年,第128页。
⑤ 周晓陆、路东之、庞睿:《西安出土秦封泥补读》。按:此封泥也可能与秦泾阳县无关。
⑥ 周振鹤:《被忽视了的秦代〈水经〉——略论〈山海经·海内东经·附篇〉的写作年代》。
⑦ 《后汉书》卷八七《西羌传》记载惠文王后元六年(前319):"秦伐义渠,取郁郅。"
⑧ 《史记》卷一一〇《匈奴列传》记载:"秦昭王时,义渠戎王与宣太后乱,有二子。宣太后诈而杀义渠戎王于甘泉,遂起兵伐残义渠。于是秦有陇西、北地、上郡,筑长城以拒胡。"按:《后汉书·西羌传》记载秦灭义渠在周赧王四十三年即秦昭王三十六年(前271)。

阴山一部分）以北而新筑长城之后①，被称为"故塞"②，附录中不称"故塞"，当不晚于秦始皇三十二年（前215），其中称秦昭王长城为"长城"而不是"故塞"，就分明是秦人的说法了。

附录的一些内容，很可能属于后世掺入，例如华阴。

按：附录云："渭水出鸟鼠同穴山，东注河，入华阴北。"此华阴处渭河下游、关中东部并无问题，自战国至汉代，其地在魏、秦、汉之间更易，名称也有变化。如《秦本纪》记载："（惠文君）六年，魏纳阴晋，阴晋更名宁秦。"《地理志》自注："故阴晋，秦惠文王五年更名宁秦，高帝八年更名华阴。"《水经注》等文献因之③。

阴晋有魏币之证④，宁秦则另有秦封泥的证据⑤，汉高帝八年（前199）改宁秦为华阴。前有汉二年（前205）刘邦"赐食邑于宁秦"于曹参⑥，后则有吕后二年（前186）张家山汉简《二年律令》的证明⑦。特别是汉初宁秦改称华阴，又有汉初曹参封宁秦，并且《地理志》注与张家山汉简中的年代差距只有十三年，两个年份十分接近并且不相抵牾，故班固、郦道元等传统说法应无问题。

华阴一地，掺入了秦代作品附录之中，这可能是后人传抄之时的改作，以后世之地名表述前代，这样的例子是很多的，如《史记·秦始皇本纪》记载秦始皇三十六年"使者从关东夜过华阴平舒道"云云，就是如此。

总之，《海内东经》的这个附录，并非纯粹的地理著作如"水经"之类，而应是汉代以前方士所作的山川神怪著作，目的与其他篇章一样，也是为了通神灵、求

---

① 《史记》卷六《秦始皇本纪》："始皇乃使将军蒙恬发兵三十万人北击胡，略取河南地……三十三年……西北斥逐匈奴。自榆中并河以东，属之阴山，以为（三）十四县，城河上为塞。又使蒙恬渡河取高阙、（陶）〔阳〕山、北假中，筑亭障以逐戎人。"

② 《史记》卷一一〇《匈奴列传》记载："十余年而蒙恬死，诸侯畔秦，中国扰乱，诸秦所徙适戍边者皆复去，于是匈奴得宽，复稍度河南与中国界于故塞。"

③ 《水经注》卷十九渭水下："秦惠文王五年，改曰宁秦，汉高帝八年，更名华阴。"

④ 如黄陵寨头河战国戎人墓地曾发现"阴晋半釿"铲形布。参陕西省考古研究院、延安市文物考古研究所、黄陵县旅游文物局：《陕西黄陵寨头河战国戎人墓地发掘简报》，《考古与文物》2012年第6期，图版二:3。

⑤ 秦封泥有"宁秦丞印"。参周晓陆、路东之、庞睿：《西安出土秦封泥补读》。

⑥ 《史记》卷五四《曹相国世家》。

⑦ 张家山二四七号汉墓竹简整理小组：《张家山汉墓竹简（二四七号墓）》（释文修订本），第71—72页。

仙问药以求长生的。

三、《山海经》用词习惯与秦相合

此有"祠""正"(政)两字的证据。

第一,"祠"字。

"祠"为特征十分明显的秦语。饶宗颐就根据《封禅书》认为,秦上承周制,称"祭"为"祠"①。

"祠"的含义,《礼记·王制》说:"天子诸侯宗庙之祭,春曰礿,夏曰禘,秋曰尝,冬曰烝。"郑注:"此盖夏殷之祭名。周则改之,春曰祠,夏曰礿,以禘为殷祭。《诗·小雅》曰:'禴祠烝尝,于公先王。'此周四时祭宗庙之名。"②《尔雅·释天》:"春祭曰祠。"③"祠"在春天举行,主要方式是给祖先献敬献食物。"祠"本周人祭祀先公先王方式之一,如下论述,秦人因之,并发展成自己的特征性用词,一如饶宗颐先生所言。

在《山海经》中所有的"祠"字,都在《山经》之中,这是一个十分值得注意的现象。《山经》五篇中都使用"祠"字,表祭祀之义。方金华曾注意到《山经》中的"祠"字。她认为,《山经》中多用"祠"而较少用"祭",与"三礼"对比明显④。

"祭"字在《山海经》中出现较少,仅出现于《中山经》等处:

> 凡缟羝山之首,自平逢之山至于阳华之山,凡十四山,七百九十里。

岳在其中,以六月祭之,如诸岳之祠法,则天下安宁⑤。

加上《海外西经》及《大荒西经》的"女祭"之类,出现的次数非常少。

在云梦秦简中,有"公室祠"的记载,还有"王室祠",有学者们认为这两条形成时代不同,分别属于秦称王前与称王后两个不同的时期。前者"公室祠"之

---

① 饶宗颐:《历史家对萨蛮主义应重新作反思与检讨——"巫"的新认识》。
② [汉]郑玄注,[唐]孔颖达疏:《礼记正义》,上海古籍出版社影印阮刻《十三经注疏》本第12卷,第1335页。
③ 徐朝华:《尔雅今注》,南开大学出版社,1987年,第210—211页。
④ 方金华:《〈山海经·山经〉祭礼字词研究》,厦门大学2006年硕士论文,第12—14页。
⑤ 袁珂:《山海经校注》(增补修订本),第170页。

"祠"字表祭祀,是已知最早的秦的资料①。

在已知资料中较早用"祠"字的,还有秦祭祀华山玉册。玉册说的是秦惠王晚年祭祀"华大山"事,玉册就是用来告神的,其文有"祠用牛羲(牺)贰,其齿七"云云②。虽然国君为自身疾病祭祀华山,具有私人性质,与国祀不同,但此处用"祠",还是可以代表秦官方的用语习惯。

另一例与祭祀华山玉册年代相近的资料,即《诅楚文》。《诅楚文》的年代,郭沫若考证是在秦惠文王后元十三年(前312),楚悉全国之兵攻秦之时,秦求助于亚驼、湫水、巫咸三个水神的祭祀文字,性质与祭祀华山玉册相似,都是告神之辞。文中曰"皇天上帝及大神厥湫之血祠、圭玉、牺牲","祠"也列于其中③。

以上秦简、玉册、《诅楚文》三例,年代大约都在战国中期,此后"祠"字十分流行,在秦文字、文献中使用频率极高,可以确定为秦之地域特色。

例如云梦秦简。在《法律答问》《封珍式》以及《日书》甲乙种中,都有大量使用"祠"的例证,可见在战国晚期至秦代,"祠"是秦社会不同阶层广泛使用的一个词。

在云梦秦简中,"祠"与"祭"是同时出现的,但前者比后者出现频率要大得多。特别是,"祠"字同时出现在《法律答问》《封珍式》④与《日书》甲乙种中⑤;而"祭"字只出现于《日书》甲乙种中,还有个别例子作"祭祀",即二字连用的⑥。如《法律答问》:

"擅兴奇祠,赀二甲。"可(何)如为"奇"?王室所当祠固有矣,擅有鬼立(位)殹(也),为"奇",它不为⑦。

我们知道,《法律答问》《封珍式》都是官方的法律文书,《日书》则官民通用,

---

① 睡虎地秦墓竹简整理小组:《睡虎地秦墓竹简》(简装本),第161页、第163页。
② 李学勤:《秦玉牍索隐》;连邵名:《秦惠王祷祠华山玉简文研究》,《中国历史文物》2001年第1期。
③ 郭沫若:《诅楚文考释》。
④ 睡虎地秦墓竹简整理小组:《睡虎地秦墓竹简》(简装本),第161—163、第219页。
⑤ 睡虎地秦墓竹简整理小组:《睡虎地秦墓竹简》(精装本),第177—255页。
⑥ 睡虎地秦墓竹简整理小组:《睡虎地秦墓竹简》(精装本),第181页、第197页、第244页。
⑦ 睡虎地秦墓竹简整理小组:《睡虎地秦墓竹简》(简装本),第219页。

但具有很强的民间性质。二者用词的这种差异,即官方文书都用"祠"而绝不用"祭",具有民间属性的《日书》,则在较少地方用"祭"、更多的地方用"祠"字。

简牍资料还可举里耶秦简(一):

> 卅五年六月戊午朔己巳库建佐般出卖祠衍之斗二钱 (8—845)①

还有岳麓秦简(四):

> 祠焉。廷当:嘉等不敬祠,当……(0467)
>
> 如下邽庙者辄坏,更为庙便地洁清所,弗更而祠焉,皆弃市(0624)②。

北大秦简有"祠祝书""祠祝之道""祠道旁"等内容③。

秦封泥有"雍祠丞印""祠祝"(或为"祝")"祠祀"④,这个习惯被汉所继承,凡祭祀之事、祭祀之官,皆以"祠"名之。如汉初的张家山汉简《二年律令》:"大祝试祝,善祝、明祠事者,以为冗祝,冗之。"⑤

还有一条资料比较特殊,就是《墨子·迎敌祠》,其文中言祭祀为"祭",篇名则为"祠",本书"阴阳五行说与秦之关系探析"章已加引用,即"敌以东方来,迎之东坛,坛高八尺,堂密八,年八十者八人,主祭青旗,青神长八尺者八,弩八,八发而止,将服必青,其牲以鸡……从外宅诸名大祠,灵巫或祷焉,给祷牲"⑥云云。这段文字,应是出于东方的阴阳家,经秦墨之改作,所以篇中有"名大祠"、篇名也被叫作"迎敌祠"了。这与上文提及的《周礼》等书多用"祭"、而秦则多用"祠"的差别,十分类似。

总结起来,上述秦祭祀华山玉册、诅楚文、云梦秦简中的《法律答问》和《封

---

① 湖南省文物考古研究所编著:《里耶秦简(一)》,文物出版社,2012年,图版第122页、释文第53页。
② 陈松长主编:《岳麓书院藏秦简·四》,上海辞书出版社,2015年,附录一释文连读本,第294页。
③ 陈侃里:《北大秦简中的方术书》,《文物》2012年第6期;田天:《北大藏秦简〈祠祝之道〉初探》,《北京大学学报》(哲学社会科学版)2015年第2期。
④ 周晓陆等:《西安出土秦封泥补读》。
⑤ 张家山二四七号汉墓竹简整理小组:《张家山汉墓竹简(二四七号墓)》(释文修订本),第81页。
⑥ [清]毕沅校注,吴旭民标点:《墨子》,第232页。

珍式》、秦封泥,代表的都是秦官方正式的用法,所以都用"祠"表祭祀;《墨子》中的《迎敌祠》、秦简《日书》、北大秦简却有一定的民间性质,《迎敌祠》还有东方渊源,所以在兼用"祭"字。这说明,用"祠"字是秦官方的习惯。

《山海经》中之"祠"字,皆出自《山经》,故《山经》应摆脱不了与秦官方的关系。

第二,"正"字。

《史记·秦始皇本纪》云秦始皇名政,《集解》引徐广说政也作正,近年公布的北大秦简《赵正书》中都作正,政、正相通①。《山海经》避讳"正""政"字,元人吾衍已指出②:

> 《山海经》非禹书,其间言鲧入羽渊及夏后启等事,且又多祭祀鬼神之说,中间凡有"政"字皆避去,则知秦时方士无疑。柳宗元喜其文,效之为《柳州山水记》,用其事为天对。

谭其骧曾慨叹,吾衍此种卓识竟然六七百年无人注意③。《山海经》有许多地方叙述方位,如篇名多以东西南北命名、篇中也多言方位,却从未见出现"正东""正西""正南""正北"这样的表述,与同时代的著作适成对比。例如,《周礼·职方氏》叙述九州职贡,屡用"正"字表述正方向:

> 职方氏掌天下之图,以掌天下之地,辨其邦国、都鄙、四夷、八蛮、七闽、九貉、五戎、六狄之人民与其财用九谷、六畜之数要,周知其利害。乃辨九州之国,使同贯利。东南曰扬州,其山镇曰会稽,其泽薮曰具区,其川三江,其浸五湖,其利金锡竹箭,其民二男五女,其畜宜鸟兽,其谷宜稻。正南曰荆州,其山镇曰衡山,其泽薮曰云瞢,其川江汉,其浸颍湛,其利丹银齿革,其民一男二女,其畜宜鸟兽,其谷宜稻。河南曰豫州,其山镇曰华山,其泽薮曰圃田,其川荥雒,其浸波溠,其利林漆丝枲,其民二男三女,其畜宜六扰,其谷宜五种。正东曰青州,其山镇曰沂山,其泽薮曰望诸,其川淮泗,其浸沂沭,其利蒲鱼,其民二男二女,其畜宜

---

① 赵化成:《北京大学藏西汉竹书〈赵正书〉简说》,《文物》2011 年第 6 期;北京大学出土文献研究所编:《北京大学藏西汉竹书(叁)》(全二册),上海古籍出版社,2015 年,第 149—194 页。
② [元]吾衍:《闲居录》。
③ 谭其骧:《论〈五藏山经〉的地域范围》。

鸡狗,其谷宜稻麦。河东曰兖州,其山镇曰岱山,其泽薮曰大野,其川河泲,其浸卢维,其利蒲鱼,其民二男三女,其畜宜六扰,其谷宜四种。正西曰雍州,其山镇曰岳山,其泽薮曰弦蒲,其川泾汭,其浸渭洛,其利玉石,其民三男二女,其畜宜牛马,其谷宜黍稷。东北曰幽州,其山镇曰医无闾,其泽薮曰貕养,其川河泲,其浸菑时,其利鱼盐,其民一男三女,其畜宜四扰,其谷宜三种。河内曰冀州,其山镇曰霍,其泽薮曰杨纡,其川漳,其浸汾潞,其利松柏,其民五男三女,其畜宜牛羊,其谷宜黍稷。正北曰并州,其山镇曰恒山,其泽薮曰昭余祁,其川虖池呕夷,其浸涞易,其利布帛,其民二男三女,其畜宜五扰,其谷宜五种①。

《周礼》是战国时东方儒者为了统一天下所做的"设计"②,从年代和地域来看,都不用避讳秦始皇之名而用"正"字,这恰证吾衍的说法是有道理的。

上文所举《海内东经》最后的二十六条水道记录,已经肯定为秦代作品,其中东南西北四个方向都出现了,同样不见"正东""正南""正西""正北"的表述,正合于其产生的时代背景。

四、《山海经》与《吕氏春秋》关系密切

此有两方面的例证。

一是地名方面的关系。刘宗迪认为,《吕氏春秋·求人》篇所记之地名,大多出自《海经》③。按《吕氏春秋·求人》记载:

> 禹东至榑木之地,日出、九津、青羌之野,攒树之所,㩜天之山,鸟谷、青丘之乡,黑齿之国;南至交阯、孙朴、续樠之国,丹粟、漆树、沸水、漂漂、九阳之山,羽人、裸民之处,不死之乡;西至三危之国,巫山之下,饮露、吸气之民,积金之山,共肱、一臂、三面之乡;北至人正之国,夏海之穷,衡山之上,犬戎之国,夸父之野,禹强之所,积水、积石之山。不有懈堕,忧其黔首,颜色黎黑,窍藏不通,步不相过,以求贤人,欲尽地利,

---

① [汉]郑玄注,[唐]贾公彦疏:《周礼注疏》第三十三卷,上海古籍出版社影印阮刻《十三经注疏》本,第861—863页。
② 顾颉刚:《"周公制礼"的传说和〈周官〉一书的出现》。
③ 刘宗迪:《失落的天书——〈山海经〉与古代华夏世界观》(增订本),第310页。

至劳也。得陶、化益、真窥、横革、之交五人佐禹,故功绩铭乎金石,著于盘盂①。

按:刘说是有道理的,但也不排除另外一种可能,本段话中的一些地名虽与《山海经》相似,有可能二者出自共同的来源,如《天问》与《山海经》关系的类似。这段话载禹之行迹,地名许多也与《禹贡》合,所以这个来源,有可能就是当时的地理博物知识,是时人共有的,不能说《吕氏春秋》抄录了《山海经》。战国末秦王政时期,吕不韦大招天下之客作《吕氏春秋》,其书的作者多来自东方,他们拥有共同的地理博物知识是正常的。这样也可以解释《山海经》某些内容与东方的联系。总之,二书的相似,或是由于二者作者共有的东方背景;由《吕氏春秋》与《山海经》之间的联系,也可反映《山海经》与秦存在的关系。

二是二者神灵系统的联系。

《山海经·西山经》:

又西二百里,曰长留之山,其神白帝少昊居之②。

按:少昊在许多文献中也写作少暤。自春秋到战国中期,秦共立有青、黄、白、赤(炎)四帝之祠③。到了战国末期,东方的阴阳五行说对秦发生影响,这从秦地著作《吕氏春秋》中的《十二纪》可以反映出来。《十二纪》作者按照阴阳五行说,以秦之"四帝"为基础,加入了北方黑帝颛顼,造作了"五帝"系统,把西方"分配"给了少暤,称为白帝④。《史记·封禅书》记载:

秦襄公既侯,居西垂,自以为主少暤之神,作西畤,祠白帝,其牲用駵驹黄牛羝羊各一云。

这是在"五帝"系统形成后的追述。《西山经》与《封禅书》一样,都以少暤为西方白帝,都应是受《吕氏春秋》影响的结果;并可由此判定,白帝少暤居长留之山的说法,应产生于秦。故《西山经》说"白帝少昊",无意中透露了《山海经》与《吕氏春秋》和秦的密切关系。

在《山海经》中,少昊又在东方,《大荒东经》云:

---

① 许维遹撰,梁运华整理:《吕氏春秋集释》,第614—615页。
② 袁珂:《山海经校注》(增补修订本),第61页。
③ 《史记》卷二八《封禅书》。
④ 这"五帝"是:东方太暤、南方炎帝、中央黄帝、西方少暤、北方颛顼。参许维遹撰,梁运华整理:《吕氏春秋集释》,第5—261页。

东海之外大壑,少昊之国。少昊孺帝颛顼于此,弃其琴瑟。有甘山者,甘水出焉,生甘渊①。

少昊本东方神灵②,《大荒东经》此处记载,反映的就是这个事实,与《西山经》少皞又居于西并不矛盾,而恰透露了少皞传说源于东而迁于西的事实。

以上四类证据,都可以说明《山海经》与秦所存在的联系。当然这些证据还都局限于学术的范围之内,如果考虑秦代大的政治背景以及秦始皇的个人行为,我们极有理由做出这样的推测:《山海经》一书,应是秦代具有东方学术背景的方士之作。

《山海经》一书最基本的内容,是对山川博物、神怪的描述,其目的不为别的,就是为了通过祭祀山川以治病、求得长生。巧合的是,秦始皇本人,也有祭祀山川以求长生的行为,而这些行为许多都是由方士实施的(见下例)。笔者推测,很可能是出身东方的方士,为了讨好秦始皇而编了《山海经》一书,以迎合秦始皇对长生不老的追求;或者退一步讲,秦代统治者对长生的追求,至少给《山海经》的产生提供了土壤。

在秦早期的资料中,可举上文所引的秦祭祀华山玉册,此玉册就是秦惠王对华山神灵祭祀治病的记录。至于秦始皇时代,文献中也有多处例证:

《史记·封禅书》记载,秦始皇统一天下后第三年(前219)第二次出巡,在封禅之后,"始皇遂东游海上,行礼祠名山大川及八神,求仙人羡门之属"。《汉书·郊祀志》记载同事,颜师古注引应劭曰:"羡门名子高,古仙人也。"祠名山大川及求仙,目的无非一事,即为长生。

《蒙恬列传》所记秦始皇第五次出巡让蒙毅"还祷山川"事:"始皇三十七年冬,行出游会稽,并海上,北走琅邪道病,使蒙毅还祷山川。""还祷山川",指的是祷祠关中本土之山川,目的在于治病。

《李斯列传》所记秦始皇死后,"(李斯、赵高)于是乃相与谋,诈为受始皇诏丞相,立子胡亥为太子。更为书赐长子扶苏曰:'朕巡天下,祷祠名山诸神以延

---

① 袁珂:《山海经校注》(增补修订本),第390页。
② 如《左传》昭公十七年记载东方之国郯子之语:"我高祖少皞挚之立也,凤鸟适至,故纪于鸟,为鸟师而鸟名。"郯为东方古国,故本段话经常被当作少皞为东方神灵的根据。参见《春秋左传正义》卷四十八,上海古籍出版社影印阮刻《十三经注疏》本,第2083页。

寿命。'"其中"祷祠名山川以延寿命",虽然为李斯、赵高诈为秦始皇诏书中语,但时人认为祭祀山川可以延续寿命的观念,则当是流行的。

祭祀山川神灵可以治病、延长寿命甚至成仙。例如封禅是在泰山、梁父祭祀天地之神,在儒家那里是宣扬受命,在方士、神仙家口中则可与神通和成仙,其所凭借的,还是所谓"怪物"①,这是《山海经》多语怪之文的根源,原来这些文辞,本来就是出自方士之手!

秦代的方士,可以求仙问药,也可设立神祠、主持祭祀②,秦始皇对方士极为重视,对方士之言多有听信,不但听信他们花费巨资和大量人力去求仙问药,还信奉方仙道那一套,自称"真人"③。上有所好,下必迎合,在这个背景下,讲述山川神怪神灵祭祀的《山海经》的产生,应该是必然的。通观中国历史,《山海经》这样的著作,大概只能出自秦皇、汉武那样酷爱求仙问药、迷信鬼神的时代④。

第四节 结语

对于战国秦汉间"不可胜数"、其论"怪迂"⑤并被儒生讥讽为"放诞之徒"⑥

---

① 如《史记》卷一二《武帝本纪》:"天子既闻公孙卿及方士之言,黄帝以上封禅,皆致怪物与神通,欲放黄帝以尝接神仙人蓬莱士……复遣方士求神怪采芝药以千数。"又参顾颉刚:《汉武帝的郊祀与求仙》,氏著《汉代学术史略》,第17—21页。
② 如《汉书》卷二五《郊祀志》记载"方士所兴祠,各自主,其人终则已,祠官弗主"云云。
③ 《史记》卷六《秦始皇本纪》:"卢生说始皇曰:'臣等求芝奇药仙者常弗遇,类物有害之者。方中,人主时为微行以辟恶鬼,恶鬼辟,真人至。人主所居而人臣知之,则害于神。真人者,入水不濡,入火不爇,陵云气,与天地久长。今上治天下,未能恬倓。愿上所居宫毋令人知,然后不死之药殆可得也。'于是始皇曰:'吾慕真人,自谓真人,不称朕。'"
④ 参《史记》之《秦始皇本纪》《孝武本纪》《封禅书》等文献。
⑤ 《史记》卷二八《封禅书》记载:"自齐威、宣之时,驺子之徒论著终始五德之运,及秦帝而齐人奏之,故始皇采用之。而宋毋忌、正伯侨、充尚、羡门高最后皆燕人,为方仙道,形解销化,依于鬼神之事。驺衍以阴阳主运显于诸侯,而燕齐海上之方士传其术不能通,然则怪迂阿谀苟合之徒自此兴,不可胜数也。"
⑥ 《汉书》卷一〇〇《叙传》:"放诞之徒,缘间而起。"颜师古注:"谓方士言神仙之术也。"

的方士,学者此前的关注并不充分,其实,秦始皇、汉武帝等帝王对长生不老的追求及由此产生的对方士的重用,是一个大的突出的历史景象,他们曾与"儒生"构成了这一时期两个最重要的人群①,顾颉刚曾以这两类人为研究对象,确是得其要害的②。很可能的情况是,方士为了媚上,创作或改作了"相地形"的形法家著作《山海经》。但这类"相地形"之书③,并非如稷下学者那样为了"国用"④,即国家财用,而是为了山川神灵祭祀以求长生。

在今本《山海经》十八篇中,《山经》五篇与秦关系最为密切,《海内经》四篇次之。《海外经》四篇、《大荒经》四篇以及最后的《海内经》一篇,似与秦的关系最为疏远,但也不排除其产于东、并由秦地方士改作的可能。总的看来,从地域范围、用词习惯等方面来看,《山海经》与秦有密切关系,若再考虑秦代学术背景、秦始皇的个人爱好及行为等方面,更加深了这种印象。保守点讲,从《山经》以及《海内东经》附录等篇章所描述的地理范围来看,《山海经》成书或可晚至武帝早期未开西南夷之前,也存在着汉初人著录、改作的嫌疑。

作为战国至西汉前期最为显赫的人群之一,操方术、弄鬼神的方士,由于自身所恃本来的缺陷(如求仙那一套本来就是骗人的),加上他们的"对手"儒家的排斥,逐渐被历史所淘汰。虽然他们与史一样同出于巫,并且与后来的道教之兴有密切关系,但却与史有着不同的历史命运,西汉中期以后随着儒家变成主流,他们则逐渐走向历史的角落,最终沦落为民间的"先生"。由于方士的历史际遇,他们的著作《山海经》虽不被秦火所焚⑤,但最终的"待遇"还是与《禹贡》《月

---

① 儒生大约是指战国秦汉保守的、操儒术为主的读书人,即"文学之士"。
② 上引顾颉刚的名著《汉代学术史略》,又名《秦汉的方士与儒生》,是其在 1933 年任教燕京大学时使用的教案,1935 年刊印出书,名为《汉代学术史略》,1955 年上海群联出版社重版时名《秦汉的方士与儒生》。参氏著《秦汉的方士与儒生》王煦华"前言",北京出版社,2016 年,第 21 页。
③ 《汉书》卷三〇《艺文志》:"形法者,大举九州之势以立城郭室舍形,人及六畜骨法之度数、器物之形容以求其声气贵贱吉凶。"按此形法家所持的,就是通过观察天下地理形势、城郭室居,包括人及六畜"形容"来判断贵贱吉凶的技术。
④ 参上文引《管子·地数》。
⑤ 按《史记》卷六《秦始皇本纪》等文献记载,秦始皇三十四年(前 213)焚书,民间唯有"医药卜筮种树之书"不焚,方士的著作因属于"医药、卜筮"(方技、数术)之书而得存。笔者鄙见,对"医药卜筮"之书的特殊待遇,原因也不能排除方士在秦地位显赫这个背景。

令》相去甚远,后者是被归入儒家经典的。总之,方士阶层曾影响了秦的学术(如《吕氏春秋·十二纪》、地理)、政治生活(如五德终始说、求仙)等多个层面,并在西汉中期武帝时重新活跃于社会的上层。对方士及其作品《山海经》其书的重新认识,可再现他们曾经"风光"的历史,并加深我们对秦汉社会,包括祭祀的认识。

具体来说,在秦代祭祀中,不能忽视的是方士的作用;而《山海经》这类作品的产生和流行,我们也能隐约感到其与秦皇汉武整齐神灵祭祀系统之间的联系,并理解其中的含义。作为研究祭祀的资料,秦官方的祭祀,由太祝之类所掌握,《山海经》中的神怪系统则是方士眼中的,故作为地理著作,《禹贡》与《山海经》不同;作为祭祀材料,《封禅书》与《山海经》有别,根源就是因为它们是不同人的作品。研究秦代祭祀,如何看待《山海经》及其作者——方士,总的来说,是一个不可忽视的视角。

第八章　灵山之巫——兼论血池遗址发现的意义

第一节　序言

陕西关中西部的凤翔,春秋至战国中期曾为秦之首都,地形为典型的黄土塬,地势高亢,侧陡顶平。在距离县城西北约 15 公里的地方,有一片丘陵状山地,此即著名的灵山。近年,这里发现有血池秦汉祭天遗址,规模十分宏大,这是研究中国古代郊祀历史的重要证据①。成书于战国秦汉间的神怪之书《山海经》,作为方士之流的作品②,其中也有灵山。《大荒西经》记载:

　　有灵山,巫咸、巫即、巫盼、巫彭、巫姑、巫真、巫礼、巫抵、巫谢、巫罗,十巫从此升降,百药爱在③。

灵山之巫,首为巫咸。有关巫咸的传说年代不一,流布广泛。较早是《尚书》佚篇《咸乂》④《君奭》⑤及《世本·作篇》所记,巫咸为商王太戊之臣。按:

---

①　陕西省考古研究院:《陕西凤翔发现秦国国君和西汉皇帝亲临主祭的国家大型祭天场所》,《中国文物报》2016 年 11 月 9 日第 1 版。

②　[元]吾衍:《闲居录》,第十七页;李零:《战国秦汉方士流派考》。

③　袁珂:《山海经校注》(增补修订本),第 453—454 页。

④　孔安国《尚书序》:"伊陟相大戊,亳有祥,桑谷共生于朝,伊陟赞于巫咸,作《咸乂》四篇。"[唐]孔颖达:《尚书正义》卷八,上海古籍出版社影印阮刻《十三经注疏》本,第 166 页。

⑤　《尚书·君奭》记载:"在太戊时……巫咸乂(治理)王家。"[唐]孔颖达:《尚书正义》卷十六,上海古籍出版社影印阮刻《十三经注疏》本,第 223 页。《史记·殷本纪》"伊陟赞言于巫咸,巫咸治王家有成",与《书》序和《君奭》略似。

"咸"乃其名,前加"巫"字,说明其执掌应与卜筮、祭祀等神灵之事有关①。从甲骨文来看,巫咸在商朝已经被神化而成为祭祀的对象,称"咸巫"或"咸"②。综合各种文献记载,从商代开始的巫咸形象,除了商臣,已经被神化为神灵,成为上古神巫阶层之代表,如《诅楚文》就称其为"大神巫咸"、《离骚》"巫咸将夕降兮"云云③。《大荒西经》中的"十巫",也以巫咸领头。东周以后占星望气流行,巫咸还被看作"知天数"的占星家④。《汉书·地理志》《水经注·河水》言河东安邑(今山西夏县)有巫咸山,《史记·殷本纪》之《正义》又说:"巫咸及子贤冢皆在苏州常熟县西海虞山上,盖二子本吴人也。"《大荒西经》之灵山,也如夏县、常熟一样,都是巫咸传说的流行地。但对于这个灵山所在,学者们多未明白言及,有的则认为即山西夏县巫咸山,例如郦道元⑤;或认为即今重庆之巫山,如给《山海经》作注的任乃强、袁珂二位。任乃强认为,灵山可能为巫山字变⑥,即今重庆之巫山;袁珂认为灵、巫古本一字,此山复有诸巫采药往来,"百药爰在",与《大荒南经》巫山"帝药,八斋"之情景相类,因疑此灵山即彼重庆之巫山⑦。

《山海经》中除此巫咸记载之外,与巫咸相关的还有《海外西经》巫咸国的记

---

① 巫咸若非司神灵之事,则《书序》所记"桑谷共生于朝"这样的怪诞之事,伊陟恐怕也不会先去找他询问。
② 王国维:《古史新证——王国维最后的讲义》,清华大学出版社,1994年,第51—52页。按:王国维云"咸父"或当作"咸戊"。
③ 郑晓峰:《巫咸考》,《古籍整理研究学刊》2014年第1期。
④ 《史记》卷二七《天官书》中,就把巫咸与早年的重、黎与后来的甘德、石申并列,其云:"昔之传天数者:高辛之前,重、黎;于唐、虞,羲、和;有夏,昆吾;殷商,巫咸;周室,史佚、苌弘;于宋,子韦;郑则神灶;在齐,甘公;楚,唐眛;赵,尹皋;魏,石申。"另参江晓原:《天文·巫咸·灵台——天文星占与古代中国的政治观念》,《自然科学史通讯》1991年第3期。
⑤ [北魏]郦道元著,杨守敬、熊会珍疏,段熙仲点校,陈桥驿复校:《水经注疏》,中华书局,2014年,第583—584页。
⑥ [晋]常璩著,任乃强校注:《华阳国志校补图注》,上海古籍出版社,1987年,第53页。
⑦ 袁珂:《山海经校注》(增补修订本),第422页。

载①。另外,除此《大荒西经》,《海内经》②《中山经》中也有灵山③;与之相关的还有数次出现的巫山。灵山、巫山并存,强行以巫咸山为唯一之灵山,或以灵山为巫山之讹,证据并不充分而显迂曲。

图 31　从凤翔塬远眺灵山

图 32　灵山顶部

---

① 《海外西经》:"巫咸国在女丑北,(巫咸)右手操青蛇,左手操赤蛇,在登葆山,群巫所从上下也。"袁珂:《山海经校注》(增补修订本),第263—264页。

② 《海内经》:"有列襄之国。有灵山,有赤蛇在木上,名曰蝡蛇,木食。"袁珂:《山海经校注》(增补修订本),第508页。

③ 《中山经》:"又东北三百里,曰灵山,其上多金玉,其下多菁䔕,其木多桃李梅杏。"袁珂:《山海经校注》(增补修订本),第186页。

笔者认为，自商以来巫咸非常有名，虽然许多人认为巫咸是商代的政治家①，但其职事与事神有关，则当无疑，故后世都以之为灵巫大神②。这其中，巫者对巫咸的推崇应起了很大作用，证据就是被一些学者认定为"巫书"的《山海经》自身，其中巫咸的面目，基本就是个巫者。所以，《大荒西经》里的灵山，恐怕应当从巫的角度去理解，灵山就是巫山，即巫由此上下沟通神灵的神山。若再从血池遗址的考古新发现重新思考灵山的由来和宗教地位，可知《大荒西经》中的灵山，应非此前许多学者所认为的重庆巫山，而应即此凤翔灵山。灵山在秦、西汉神灵祭祀体系中，具有核心地位。

第二节 《大荒西经》之灵山在今陕西凤翔

灵山山地属广义的陇山向东伸出的支脉，最高处海拔约 1120 米，比今凤翔县城一带高出约 300 米。凤翔塬位于关中平原的西端，舒缓平坦，从北往南略微低斜，其东接周原，北侧为与岐山（箭括岭）相接的连绵山地，西侧隔渭河支流千河与贾村塬相望，塬西接连陇山，南侧塬下隔渭河谷地是高峻的秦岭主脉太白山。从凤翔县城向西北远望，灵山山地从塬面拔起，十分突出和醒目。从交通的角度看，这里也没有北侧山地那样崎岖的山前地带，登山相对容易。凤翔古为雍州，先秦以来就是神灵依聚之地，应该与这种地形有关。灵山长久以来都是宗教名山，以始建于唐的静慧寺等景观而著名，是关中西部佛教的香火胜地。笔者怀疑，灵山之名，也当因此而来。有如下证据，可知《大荒西经》的灵山，当为凤翔灵山。

第一，《大荒西经》所记，多涉及西北地名或族名，如前有北狄，后有西王母之山、轩辕之台、轩辕之国、日月山、昆仑之丘，等等。按此则灵山为西北之山，应无问题。

第二，宋代《巫咸文》出土于此，是个确证。

---

① 参饶宗颐：《历史家对萨蛮主义应重新作反思与检讨——"巫"的新认识》。
② 如《离骚》王逸注："巫咸，古神巫也。"参［汉］王逸撰，黄灵庚点校：《楚辞章句》，上海古籍出版社，2017 年，第 28—30 页。

宋仁宗嘉祐(1056—1063)年间,《巫咸文》出土于凤翔开元寺,所在即今凤翔县城①。《巫咸文》是《诅楚文》三种石刻之一,另外两种分别出土于朝那湫(今宁夏固原东南东海子)、要册湫(今甘肃正宁湫头村),内容大致一样,唯所对之三神——巫咸、大沉厥湫和亚驼不同,后二者为水神,前者巫咸则为灵巫之神。惠文王后元十三年(前312),楚举全国之力以攻秦,危急之下秦求之于境内大神,以求"克剂(翦)楚师"。这三个地点,朝那湫本属乌氏戎地,此时已经入秦为朝那县②;要册湫本属义渠,此时已属于秦。秦在这两个地方祭祀当地神灵,具有战前动员的意味,因为这两个地方可能是秦重要的军赋基地。祭祀巫咸的地点在秦都雍,意义更不必说。祭祀的告神之辞,由宗祝宣读("布橏"),其文勒于石,或埋于地(《巫咸文》),或沉于水(《大沉厥湫文》《亚驼文》)③。《大沉厥湫文》《亚驼文》二种文告,各发现在水旁,则《巫咸文》的出土地,也当在巫咸神祠附近。《巫咸文》形成于战国中期,与《大荒西经》成书时代接近。考虑《巫咸文》出土地点、年代与《大荒西经》的吻合,先秦以来本地存在巫咸崇拜,应是历史事实;而近旁存在一座群巫活动的神山,也是自然的。这跟夏县有巫咸山又有巫咸祠,情况近似④。所以,《巫咸文》与《大荒西经》中巫咸、灵山的关系,应是不可否认的。《大荒西经》中的灵山,就是此凤翔之灵山,是巫咸等群巫"升降"的地方。

第三,血池祭天遗址的考古发现,亦可证明灵山古代具有神山、圣山地位,其称"灵山",恰如其分,是古代沟通天地的阶梯,是巫咸等群巫"升降"之处。

近些年,考古工作者在灵山山地,发现了血池秦汉祭天遗址。秦人祭天之处,在《史记·封禅书》等文献中称作畤,《史记·秦本纪》之《索隐》:"畤,止也,言神灵之所依止也。亦音市,谓为坛以祭天也。"现已发现的祭天遗址,包括有中心坛场、建筑、道路、祭祀坑、烽燧等,构成了一个完整的祭天神祠系统。遗址的年代主体虽属汉代,但由于秦汉祭天遗址的连续性,推测这里也是秦人祭天之处。按照《秦本纪》《封禅书》的记载,秦人在春秋早期至战国中期,立有六个畤:襄公立西畤、文公立鄜畤、宣公立密畤、灵公立吴阳上下畤、献公作畦畤,祭祀对

---

① 郭沫若:《诅楚文考释》。
② 后晓荣:《秦代政区地理》,社会科学文献出版社,2008年,第175—176页。
③ 陈昭容:《秦系文字的演变:从汉字史的角度考察》,《"中央研究院"历史语言研究所专刊》103,"中央研究院"历史语言研究所,2003年,第210—246页。
④ 《汉书》卷二八《地理志》《水经注·涑水》。

象为天神白帝、黄帝、炎（赤）帝、青帝，汉初刘邦加上了黑帝，成了"五帝"。这其中的鄜、密、吴阳上下畤，都在凤翔附近，在秦被称作"雍四畤"，加上汉代黑帝祠，称"雍五畤"。

笔者鄙见，鄜畤、吴阳上下畤、黑帝畤有可能都在灵山山地或其附近。例如鄜畤，《封禅书》记载，秦文公从西犬丘东猎至"汧渭之间"，即今宝鸡市区东至陈仓区一带，梦见黄蛇从天上一直身及地上，口在"鄜衍"，史敦认为乃上帝之征，故作鄜畤以祠上帝。鄜之所在，司马贞《索隐》认为即汉代左冯翊之鄜县，即今陕西延安市之富县，与"汧渭之间"相去甚远，明显不对。衍，《集解》引李奇说"山阪为衍"，是衍即山坡，故鄜之所在，必为山陵地带。灵山山地距离"汧渭之间"只有20公里左右，所以很可能鄜畤就在于此。在血池遗址发现的一些陶器残片上，有"上""上畤"隶书陶文，按秦汉制度，众多神祠所拥有的器物，都是专用的，血池发现的这类陶器也不例外，可证此处应是吴阳上畤所在。灵山海拔比吴山低500米以上，位于后者东南，正在吴山之阳，故把血池遗址认定为吴阳上畤，也能说得过去。血池遗址的考古发现，明确说明了灵山的神山地位，结合上文《巫咸文》的发现，灵山乃神巫群聚、沟通天地的阶梯，是可以肯定的。

文献中所谓灵山，与巫山一样，都是神灵依止、巫者活动的场所，如齐地有灵山①，又有巫山②。在《山海经》的《大荒南经》中有登备山、《海外西经》又记载巫咸国有登葆山，郭璞注认为二山为一，乃"群巫所从上下也"，这是正确的，但他却认为"上下"为往来采药③，表明的是巫者的职事之一——医药，袁珂已经指出其非：

"采药"只是群巫所做次要工作，其主要者，厥为下宣神旨，上达民

---

① 《晏子春秋·内篇谏上》记载齐景公欲用楚巫祠灵山、河伯以求雨。此灵山在今山东临朐东北二十里。参史为乐主编：《中国历史地名大辞典》（增订本），中国社会科学出版社，2007年，第1442页。
② 《左传》襄公十八年记载"齐侯登巫山以望晋师"，地在今山东肥城西北。参杨伯峻：《春秋左传注》（修订本），第1038页。
③ [晋]郭璞注，[清]郝懿行笺疏，沈海波校点：《山海经》，第358页。

情。登葆山盖天梯也,"群巫所从上下"者,"上下"于此天梯也①。

袁珂指出了山陵因高耸而成为巫以山沟通天地神灵的凭借,是一种普遍性的说法。所谓灵山,就是此类神明之山,具有神性,而在此上下通神活动的,也正是这些巫者。论者多认为,灵字从巫,也有从玉者,巫以玉事神,故灵山即是巫山②。凤翔灵山之名,当由此而来。

总之,综合传世文献、文字资料和新的考古发现,可证《大荒西经》中的灵山,就是今天凤翔县西北之灵山,不必以此灵山为重庆之巫山。

第三节 灵山之宗教地位

确认了《大荒西经》中的灵山,就是今凤翔西北之灵山,可与正在发掘的灵山祭天遗址相印证,反映了灵山在先秦、秦汉时期重要的宗教地位。

对于灵山的宗教地位,我们可从祭祀和巫术两个角度来观察。

先说灵山在秦祭祀系统中的地位。按照《史记·封禅书》等文献记载,秦人自春秋初年文公立鄜畤,特别是德公定都雍城之后,在这里修建了大量神祠,使雍城成了秦之宗教祭祀中心,上帝又是这个系统中最为尊贵者,并与灵山有密切关系。雍城所在,西周为王畿之地,春秋早中期至战国中期为秦都,战国晚期秦虽迁都咸阳,但雍重要的祭祀中心地位,一直到秦亡都没有失去。这个情况一直延续到西汉后期南郊郊祀系统确立后才得改变。

司马迁在《封禅书》中说:

> 自未作鄜畤也,而雍旁故有吴阳武畤,雍东有好畤,皆废无祠。或曰:"自古以雍州积高,神明之隩,故立畤郊上帝,诸神祠皆聚云。盖黄帝时尝用事,虽晚周亦郊焉。"其语不经见,缙绅者不道。

司马迁对所谓"缙绅者不道"者,即黄帝时已经在此祭祀上帝之说法,也不

---

① 袁珂:《山海经校注》(增补修订本),第264页。有的学者从郭璞之误,认为《大荒西经》之灵山、《海外西经》之登葆山,都是群巫"上下"采药往来之处。参林富士:《汉代的巫者》,第10—11页。

② 饶宗颐:《历史家对萨蛮主义应重新作反思与检讨——"巫"的新认识》;李零:《先秦两汉文字史料中的"巫"》(上)。

太相信,但既然有此种传说存在,也应是秦人在此立畤祭祀上帝的重要原因①。对于其他两事,司马迁认为是真实的:一是春秋早期文公作鄜畤之前,即西周以前,雍城附近吴阳武畤、好畤的存在。吴阳武畤在雍附近,具体位置现在不好确定,但好畤则是明确的,秦汉有好畤县,在今陕西乾县东,现在仍有好畤一地,证明好畤的存在是确凿无疑的。二是在雍城附近祭祀上帝等神明,原因是雍州地形积高,容易激发人神交通的想象。

随着秦德公迁都雍城,《封禅书》说"雍之诸祠自此兴",从春秋早中期之交到战国中期,雍不仅一直是政治中心,作为宗教祭祀中心的地位,也得以逐渐确立。至于秦代,秦始皇整齐祭祀制度,构建了一个庞大的神灵系统,这个系统具有十分明显的多神崇拜特征,其由上帝(四帝)、祖先、山川(如四大冢、河、渭)及众多的杂祀(如伏、陈宝、天象等)组成,仅雍城附近就"百有余庙",其中最尊贵的神灵就是"雍四畤"的上帝,《封禅书》说"唯雍四畤上帝为尊",《正义》云:"言秦用四畤祠上帝,青、黄、赤、白最尊贵之也。""雍四畤"不仅是整个神灵系统中最尊贵的,在上帝之中,也最为显赫,这是十分值得注意的历史文化现象,因为在西(今甘肃礼县)还有西畤、栎阳(今西安阎良区)还有畦畤,但对其祭祀都没有雍之上帝隆重②。战国中期以后,秦都城从雍迁到咸阳,举行郊祀之礼都在雍,而不是西或栎阳。西汉前期,由于政府忙于恢复生产,在内有诸侯王的割据,在外还有匈奴那样的外患,祭祀格局遂延续了秦,从景、武之后,才有大的改变。

在雍的上帝祭祀中,灵山是最重要的祭祀地。从汉代的情况来看,汉立北畤而成"雍五畤",明显受阴阳五行说影响。按此推测,血池遗址就是祭祀黄帝的上畤所在。这除了上述陶文、与吴山的相对位置等证据之外,按照阴阳五行理论,黄帝在"五帝"中具有核心地位,所以推测"雍五畤"平时可能由祠官分别以"岁时奉祠",在皇帝亲行郊祀时则同时被加以祭祀③,但很可能是在吴阳上畤对青、黄、白、赤、黑"五帝"集中进行祭祀,这样不但符合阴阳五行说,也有方便祭祀的实际效用。血池遗址所发现的大量汉代遗迹,包括数量庞大的两千多个祭

---

① 周振鹤主编:《中国历史文化区域研究》,第53页。
② 汉代前期仍如此,例如文帝、武帝都曾郊祀雍五畤;雍五畤牲具也比西畤、畦畤级别为高,《封禅书》记载文帝时"有司议增雍五畤路车各一乘,驾被具;西畤、畦畤禺车各一乘,禺马四匹,驾被具",所用路车(大车)与"偶车"(明器)就级别不同。
③ 《史记》卷二八《封禅书》。

祀坑,正是这个情况的反映;其他四畤(青、白、赤、黑)的祭祀遗迹,虽然现在情况还不明朗,但推测是不会达到如此规模的。至于北畤,按照阴阳五行,应在血池遗址更北求之①。从战国到西汉,灵山山地用来祭祀黄帝的上畤,地位由"四畤"之一,变成了"雍五畤"之中心,逐渐演化成秦上帝祭祀、以至于整个祭祀系统的核心。

观察灵山宗教地位的另一个视角,就是巫术。

巫术与祭祀有一定的区别,巫术通过一定的仪式使人与鬼神相通,从而避凶趋吉,多少表达了人类要控制自然的某些信念;祭祀则是单纯地通过祷告、奉献牺牲等仪式以取悦、讨好神灵,达到取得福佑的目的②。如许多学者从思想史和制度史角度论述的那样,早期中国虽然有颛顼"绝地天通",但巫术并未因此而绝③,除了祭祀,巫术也是沟通人神的重要方式;在"祝宗卜史"④之外,还有巫者阶层的存在作为其"补充"⑤。商周巫者存在的实例,此前学者已有很好的辑录⑥,下文略举其例加以论述。

商代有巫者。林沄总结到,在殷墟卜辞中,有许多国内各族或诸侯国"取巫""以巫"的记载。这些族群(包括周)向商王室进贡巫,可见巫者在商朝数量并不少。这些巫的作用,应自然是沟通人神的中介,按照晚出的《周礼·司巫》

---

① 后世北方族群受阴阳五行说之影响,例可举《魏书》卷一《序纪》所记拓跋鲜卑认为其祖"昌意少子受封北土",即认为其祖与北帝颛顼为兄弟。
② 晁福林:《商代的巫与巫术》。
③ 如商代,商王经常被目为大巫或群巫之长,持此观点的如陈梦家、张光直等人。参陈梦家:《商代的神话与巫术》;张光直:《商代的巫与巫术》,氏著《中国青铜时代》,生活·读书·新知三联书店,2013年,第261—290页。许多学者已经对这个看法提出批评,如饶宗颐、余英时,参饶宗颐:《历史家对萨蛮主义应重新作反思与检讨——"巫"的新认识》,第396—412页;余英时:《论天人之际:中国古代思想起源试探》,中华书局,2014年。
④ 《左传》定公四年,记载周初分封,鲁分有"祝宗卜史",周有此类职官,应承商而来。西周金文中也有大祝、祝、五邑祝以及司卜等祝卜类官。参张亚初、刘雨:《西周金文官制研究》,第36—37页。
⑤ 李零:《先秦两汉文字史料中的"巫"》(下)。
⑥ 张光直:《商代的巫与巫术》;李零:《先秦两汉文字史料中的"巫"》(上);林富士:《汉代的巫者》,第1—69页。

记载,大旱舞雩、除灾、祭祀、丧事,等等,都有巫者参与①。

起源于西方的周人也是如此。1980年在扶风召陈西周宫殿遗址发现有两件蚌雕骨笄帽,形象为戴尖帽、高鼻深目的塞人,顶部截面刻有一"巫"字②;还有凤雏建筑遗址板瓦上的"巫"字。蚌雕人像,被认为可能是塞人曾充任周之巫师的证据③,有似于汉代活动于长安的"胡巫"④。在周原甲骨文中,有周人曾经向商进贡巫的例证,卜辞云:"贞:周氐(致)巫。"(《甲骨文合集》5654)周人向商朝进献巫者,若非出自当地,就是"胡巫"那样的异族。厉王"弭谤",所用为卫巫⑤。《周礼》中有司巫"掌群巫之政令",下有男巫、女巫之类,此书虽然为东周以后东方儒者的作品,但所记周制有巫,应近史实。至于东周时期的列国,也各有巫,如鲁、齐、晋、越等,也可看作商周巫风的延续,其例不胜枚举⑥。

秦巫传统也于史有证。春秋前期德公二年(前676),《史记·秦本纪》记载"以狗御蛊",这类似于商周时期的宁风之祭,即祭祀不同方向的神灵以消除灾害⑦。《正义》:"《年表》云:'初作伏,祠社,磔狗邑四门。'按:磔,禳也。狗,阳畜也。以狗张磔于郭四门,禳却热毒气也。"用狗为牺牲,具有一定的巫术性质,"以狗御蛊"说的是巫术在官方背景下的存在。另有一例,即对待神灵的移过之法。《封禅书》记载,在秦代,祝官掌握天下群神祭祀,但"祝官有秘祝,即有菑祥,辄祝祠移过于下",《正义》:"谓有灾祥,辄令祝官祠祭,移其咎恶于众官及百姓也。"这个方法与汤桑林祷雨让神灵归罪其身一样,都有很强的巫术色彩⑧。

---

① 林沄:《商王的权力》,氏著《商史三题》,第95—138页。
② 尹盛平:《西周蚌雕人头像种族探索》;陈全方:《周原与周文化》,第189页图3;图版第20页。
③ 尹盛平:《西周蚌雕人头像种族探索》。
④ 按:文献中有多处"胡巫"祭祀九天的记载。如《封禅书》:"九天巫,祠九天。"《索隐》引《三辅故事》云"胡巫事九天于神明台"。参谢剑:《匈奴宗教信仰及其流变》;王子今:《西汉长安的"胡巫"》,《民族研究》1997年第5期。
⑤ 《史记》卷四《周本纪》:"(周厉)王行暴虐侈傲,国人谤王。召公谏曰:'民不堪命矣。'王怒,得卫巫,使监谤者,以告则杀之。"
⑥ 相关资料辑录可参李零:《先秦两汉文字史料中的"巫"》(上)。
⑦ 陈梦家:《殷墟卜辞综述》,第575—576页;李零:《先秦两汉文字史料中的"巫"》(下)。
⑧ 《吕氏春秋·顺民》。

从云梦秦简来看,秦代巫的地位并不高,这与商周以来巫作为"祝宗卜史"的附庸和补充、处于边缘化的历史地位是延续一致的。在云梦秦简中有许多巫的记载,说明巫在民间还是有相当大的市场,民间应是巫者的主要活动地。汉定天下后,高祖在长安"置祠祝官、女巫",分别以晋、秦、梁、荆巫祭祀不同的神灵,这虽然有显示自身正统的政治含义①,但秦巫之存在,应反映的是此前秦地的传统。秦巫所祠,有"杜(社)主、巫保、族累之属",其中杜主,《索隐》认为即同文的三杜(社)主,地在关中杜县(今西安南郊);巫保、族累,《索隐》云为两神之名,其中巫保,以名推断,应与巫咸一样,原来都是秦地受祭的灵巫。

以上事实说明,从商周到秦,巫风不绝,秦地也不例外。作为沟通人神的灵山的存在,是有浓厚的地域传统和文化背景的,秦以巫咸为大神,并以灵山为其依附之地,说明灵山不仅是官方祭祀系统的核心,也是巫者心目中的神山,一如《山海经·大荒西经》所描绘的那样。

第四节 结语

凤翔灵山上的血池遗址,是近些年发现的最重要的祭天遗址,2016年被评为全国十大考古发现。在血池遗址发现前,类似的还有礼县鸾亭山秦汉祭天遗址,学者们已经肯定其为春秋早期秦文公所立西畤②。鸾亭山与血池遗址一样,都属早期的祭天遗存,但鸾亭山地形狭窄、位置偏远,所以重要性远不如血池遗址,考古发现的规模、内涵也无法与血池遗址相比。

血池遗址是已知最大的秦汉国家祭天遗址,与西安南郊唐祭天遗址、北京天坛具有一以贯之的源流关系,是研究古代郊祀制度的重要资料。本章从《山海经》出发,肯定了《大荒西经》中的灵山与凤翔灵山的关系,并从祭祀与巫术两个

---

① 高祖认为刘氏出自尧,晋之范氏为其后,后入秦为刘氏,刘氏又入魏(其都后为大梁,今河南开封),高祖祖上所在之丰,战国为楚地,故立晋、秦、梁、荆之巫祠,以宣示"汉承尧运,德祚已盛……得天统矣"。参《汉书·高帝纪》班固赞语及注。另可参杨华:《秦汉帝国的神权统一——出土简帛与〈封禅书〉〈郊祀志〉的对比考察》。

② 早期秦文化联合考古队:《2004年甘肃礼县鸾亭山遗址发掘主要收获》;梁云:《对鸾亭山祭祀遗址的初步认识》,《中国历史文物》2005年第5期。

角度,对血池所在的灵山在先秦至秦汉时期的宗教地位进行了考证。对于解读新的考古资料,这些工作是基础性的、十分重要的。

本章可归结如下:

《山海经·大荒西经》中的灵山,就是陕西凤翔西北方的灵山,而不是重庆巫山。灵山之名,至少已沿袭两千多年,其位于东周秦都雍城附近,是先秦以来有名的神山。这里发现的血池秦汉国家祭天遗址,是灵山重要宗教地位的绝好证据,与《山海经》、诅楚文可以相互印证。先秦至西汉早期,灵山曾长期作为国家祭天之处,在整个祭祀系统中处于核心位置,其发展为今天的佛道名山,是后来才有的,对于灵山在古代中国的宗教地位,应给予充分的肯定。

第九章　秦代祭祀的意义

本书主要探讨的是秦代祭祀制度及其所反映的政治和社会含义。其中,第二个方面的探讨是不足的,特别是秦社会下层的祭祀,并无更多的资料可资利用,所以本书所说的神灵祭祀,以上层官方的为主。

钱穆说:

> 中国社会上之宗教信仰,向来是十分自由的。而政府则有一套制度,对此民众信仰,有颇为开明的管制与调节。因此在中国历史上,政教分离,又是自古已然,并亦极少有因民间信仰冲突而酿成宗教战争的。直到今天,还未有人能仔细来加以研究。我想在中国历史传统中,宗教与政府与社会三方面如何配合,于自由开放之中,有其节制调整之用心的种种制度,在今日依然值得注意①。

按此钱先生之说颇为中的,秦虽然对祭祀对象严加管理,但确实在"管制"的同时,也存在"调节"行为,在如云梦秦简所记的不许"擅兴奇祠"②"淫祀"之外,还有"郡县远方神祠者,民各自奉祠"③的情况。在钱先生所言的宗教—政府—社会三者所构成的系统中,秦政府无疑处于核心地位,政府是宗教的掌控者,社会也是政府管控的对象和被影响者。

还有一点非常重要,商周时期的巫、史分离,中原社会从神治走向人治,宗教色彩去除,即所谓"政教分离",从此奠定了中国历史中神权对政治的从属地位,所以,中国历史中的神灵祭祀,大多具有政治的含义,并非对神灵笃信的产物。

虽然秦代已经非神权时代,但秦最高统治者对神灵及其祭祀的重视,也是十

---

① 钱穆:《如何研究政治史》,氏著《中国历史研究法》,九州出版社,2012年,第26页。
② 睡虎地秦墓竹简整理小组:《睡虎地秦墓竹简》(简装本),第219页。
③ 《史记》卷二八《封禅书》。

分突出的。《封禅书》记载秦统一天下后,对神灵祭祀系统及其制度的统一,就是个证据。对国家祀典以及礼仪的掌控,是国家治理的一个重要方面。关于此方面,有如《封禅书》那样传世文献的记载,近年新公布的简牍资料,也是值得重视的。

传世文献除了《封禅书》之外,还有《韩非子·外储说右下·说二》的记载:

> 秦昭王有病,百姓里买牛而家为王祷。公孙述出见之,入贺王曰:"百姓乃皆里买牛为王祷。"王使人问之,果有之。王曰:"訾之人二甲。夫非令而擅祷,是爱寡人也。夫爱寡人,寡人亦且改法而心与之相循者,是法不立,法不立,乱亡之道也。不如人罚二甲而复与为治。"①

这条记载与简牍可以对应,说明国家对祭祀对象立废的控制。《秦始皇本纪》记载,秦始皇三十二年(前215),"徙谪,实之初县,禁不得祠",这里的"初县",就是秦在驱逐匈奴出"河南地"后,所设立的三十四(或说四十四)县。由于对本条律令的理解存在偏差,曾经有学者把其与佛教相联系,也有人把其与下文的"明星出西方"连读,实际上说的是禁止来自"逋亡人、赘婿、贾人"的军士(就是被流放于此者)参加公私祭祀②。即使在这样边缘的地方,被流放之人参与祭祀,也是被加以管控的。在里耶秦简中,有学者认为存在一个《祠律》,而里耶简中的一些条文,就属于此律③。祭祀在秦之重要,也可由此想见。

除了上述对祭祀控制这样一些大的方面,简牍资料也可让我们看到秦祭祀的更多细节。例如里耶秦简中,详细记载了秦迁陵县祠先农(农神)等神灵的情况,包括祭品种类以及祭祀结束后的情况。祭祀先农及其他神祇的祭品,主要有酒、盐、黍米、㹗(母羊)、豷(公猪)、豚(小猪)④。而云梦秦简中,也有对诸如偷盗祭品处罚的一些法律规定⑤。

本书纠结于秦代对神灵祭祀控制原因的探讨,是想知道神灵在秦最高统治者心目中真正的地位是什么,为什么要统一祭祀制度?是否如先秦时期,通过对

---

① [清]王先慎撰,钟哲点校:《韩非子集解》,中华书局,1998年,第335—336页。
② 胡文辉:《〈史记〉"禁不得祠明星出西方"问题再议》。
③ 曹旅宁:《里耶秦简〈祠律〉考述》。
④ 曹旅宁:《里耶秦简〈祠律〉考述》。具体的相关简文,可参湖南省文物考古研究所编著:《里耶秦简(壹)》,文物出版社,2012年。
⑤ 例如本书第一章所引云梦秦简对盗窃"公祠"之"具"及"奇祠"的规定。

祭祀权的控制,来达到对人的控制这个政治目的。这个角度的观察还可深究。战国中期以后,随着君主集权制的确立,国君在政治等诸方面都具有至高无上的权威,与西周贵族体制下周王名义上的"予一人",权力有很大区别,此时的王、皇帝,权威是实实在在、通达郡县之下国内的每个角落的,不但与更早的"霸"的控制方式不同,也与此前周王在地方上无行政权力的局限不同。但是,神灵祭祀——特别是"淫祀",恰是这个权威的反面,是挑战这个权威的,所以,秦始皇在统一天下后,即对祭祀制度进行统一。

另外,笔者鄙见,原因可能不止于此。这还与秦的宗教传统有一定关系,也符合秦始皇好大喜功的性格。第一个方面,秦之多神崇拜的传统,使秦在祭祀上显得"宽容"而易于接受另外的神灵。第二个方面,对祭祀制度贡献最大、设立神祠最多的,是秦始皇和汉武帝,这是他们的性格使然,强势而好大喜功,是他们共同的性格。若此,秦始皇一面统一神灵而以官方之力加以祭祀,又对神灵表现出蔑视——如梦与海神战、伐湘山树等貌似矛盾的行为,就容易解释了。

故秦对祭祀的统一和控制,与车同轨、书同文等文化政策,并无本质的区别,既是集权制王朝的必然要求,也是有作为的专制者的共性。

祭祀作为一种具有政治、趋吉避凶等多种意义的文化现象,在先秦、秦汉时期,经历了从祭到礼的演变,即从讲求祭祀的内涵,过渡到礼仪形式,政治宣示的意味加强。虽然秦最高阶层经常把神祠当作自己表现的"道场",以达到宣示权威、教化百姓等政治目的,但对于下层百姓来说,按时节进行的祭祀,却不啻是一个个盛大的节日。因为在官方的祭祀中,社会的不同阶层参与的目的不同,"陈宝"等神灵,不仅存在于百姓的口耳之中,也很可能有大量百姓的参与和"围观",郡县远方之官方神祠祭祀,想来必有更多的百姓置身其中。至于社会下层自己所祭祀之祖先、"五祀"之类,也当已渗透到各自的生活之中,成为生活的一部分。对于下层百姓来说,神灵宛然是构成现实世界的有机部分,他们并不十分恐怖和神秘,而是具有人性和充满"烟火气"的存在,人们通过祭祀与神灵沟通,求得福佑和心灵的慰藉,防止他们作祟;或把祭祀当作娱乐、社交的舞台。祭祀作为人神之间最为重要的桥梁,它的重要社会功能,也由此显现出来。

除了从政治、社会角度的观察,秦代祭祀也具有文化史的意义。秦长期偏处西方一隅,崤函之阻使秦与山东文化相对隔绝,战国中期商鞅变法之前,秦在思想、文化方面已经全面落后于东方,在与东临魏国的交手中也处于下风。由于文化传统、地理条件等局限,秦地不大可能产生稷下学宫那样大的学术、思想中心,所能做的只是"拿来"和学习。长久的政治分裂和地理阻隔,使秦与东方文化表现出明显差异,神灵祭祀也是如此。在统一天下之后,如何面对这个局面,是摆在秦始皇面前的急切问题。在具体的做法上,秦对齐地的神灵表现出了相当大的包容甚至膜拜,例如对"八神"的继续祭祀以及对传说很久的封禅的具体实现,就是不能单独以政治寓意来解释的,而应具有一定的文化心理背景。如同中国历史上许多时期,及秦在文化的其他方面(例如文字)、政治、交通等所做的努力一样,政治力量是文化传播、整合的主要推手,但对祭祀的整合,却没有单凭政治强力。对祭祀的整合,比其他措施要来得更显柔性和温和。这使我们联想到此前秦对东方阴阳五行说的引入以及对方士的重用,恐怕都是同一心理作用的结果。

秦对山东旧地的神灵的态度和措施,更多的是留存而非消灭,表现了秦在宗教方面多神崇拜的特点,这与秦把天象作为神灵加以祭祀而非占星望气的对象一样,反映的是同一个传统。这个传统被汉所继承,并影响了后来中国人对外来宗教的态度。从更早的齐等诸侯国开始,秦始皇、汉武帝对方士之流都大量任用,这是战国秦汉时期突出的历史现象,也是方士历史上的"黄金"时代。这些方士不但对神灵之祠的废立和实行产生影响,也很难否认他们与后来的道教之间的联系。

对于秦之祭祀,可以从多种角度加以研究,本书只做了两方面的工作:一是陈述事实,二是发掘其含义。随着近年甘肃礼县、陕西凤翔血池、陈仓区吴山等秦汉祭祀遗迹的发现,对秦祭祀的重新思考和研究,是十分必要的。本书既是长期思考的结果,也有新的考古资料的刺激。对于书中的错误,自应归于鄙人的浅薄,请读者不吝指正。